에스라서와
민족의 회복

에스라서와 민족의 회복

발행   2020년 9월 14일

지은이   총회한국교회연구원
발행인   윤상문
디자인   박진경, 이보람
발행처   킹덤북스
등록   제2009- 29호(2009년 10월 19일)
주소   경기도 용인시 기흥구 동백동 622- 2
문의   전화 031- 275- 0196 팩스 031- 275- 0296

ISBN 979-11-5886-189-6   03230

Copyright ⓒ 2020 총회한국교회연구원
이 책은 저작권법에 따라 보호받는 저작물이므로 무단전재와 복제를 금지하며,
이 책의 내용의 전부 또는 일부를 이용하려면 반드시 저작권자와 킹덤북스의
서면 동의를 받아야 합니다.

※ 잘못된 책은 구입한 곳에서 교환하여 드립니다.
※ 책 가격은 표지 뒷면에 있습니다.

킹덤북스 킹덤북스(Kingdom Books)는 문서사역을 통해 하나님의 나라를 확장하고,
한국 교회와 세계 교회를 섬기고자 설립된 출판사입니다.

에스라서와 민족의 회복

대한예수교장로회총회 지음

킹덤북스

목 차

권두언　신정호 목사(대한예수교장로회 제105회기 총회장) ● 6
발간사　채영남 목사(총회한국교회연구원 이사장) ● 8
서　문　노영상 원장(총회한국교회연구원) ● 10

제1부 | 에스라서의 배경

제1장 에스라서의 역사적 배경: 페르시아 시대 이스라엘 회복의 사회·종교적 터전 _박정수 교수(성결대학교) ● 28

제2장 에스라서의 중심 주제: 민족의 회복 _강성열 교수(호남신학대학교) ● 54

제3장 에스라의 생애와 인간 됨 _김진명 교수(장로회신학대학교) ● 75

제4장 에스라서의 구조와 메시지 _유선명 교수(백석대학교) ● 96

제5장 에스라서에 나타나는 엑소더스와 유토피아, 그리고 현실 _이종록 교수(한일장신대학교) ● 118

제2부 | 에스라서와 민족의 회복

제1장 에스라와 영성의 회복 _박세훈 교수(장로회신학대학교) ● 144

제2장 에스라와 하나님 말씀의 회복 _허요환 목사(안산제일교회) ● 168

제3장 에스라와 인간의 회복 _하경택 교수(장로회신학대학교) ● 191

제4장 에스라와 교회의 회복 _최현준 교수(대전신학대학교) ● 219

제5장 에스라와 국가의 회복 _민경진 교수(부산장신대학교) ● 240

제3부 | 복음으로 회복되는 마을공동체

제1장 에스라와 공동체의 회복 _소형근 교수(서울신학대학교) ● 268

제2장 오늘 우리 삶에서 공동체성의 중요성 _정재영 교수(실천신학대학원대학교) ● 290

제3장 에스라서에 나타난 하나님께서 창조하신 생명 공동체의 참모습: 코로나 19시대의 생명 윤리적 대응 _김창모 목사(광주기독병원 원목실장) ● 314

제4장 에스라의 성전: 예배 회복에 있어 성전 전통과 회당 전통의 공존 _조성돈 교수(실천신학대학원대학교) ● 339

권두언

대한예수교장로회 제105회기 총회장
신정호 목사(전주동신교회)

    온 세계가 코로나19로 어려움과 고통 가운데 처해있습니다. 사회와 교회는 코로나19 이전으로 회복하려 노력하는 중이지만, 고통의 신음 소리는 더 커가고 있습니다. 기후 변화로 인한 전지구적 위기, 세계적 경기 침체, 전쟁과 핵으로 인한 위험, 인종과 종교 간의 갈등과 반목 및 각종 자연재해로 인해 이 세상은 아무도 예상할 수 없는 궁지에 몰려있습니다. 이런 정황에서 제105회기 대한예수교장로회 총회는 그 주제를 "주여, 이제 회복하게 하소서!"라고 정했습니다. 어느 것 하나 우리의 힘만으론 극복할 수 없는 매우 복합적이며 전방위적인 환난 앞에서 우리는 주님의 도우심을 바라봅니다.

    코로나19의 세계적 대유행의 원인은 의료 문제나 방역의 문제만으로 해결될 사안이 아니며, 인류의 다차원적 삶의 부조화에 따른 것임을 우리는 깨닫게 됩니다. 방역의 불충분, 기후의 변화, 의료 체제의 미비, 경제적 침체, 정치적인 미숙한 대처, 시민 의식과 윤리 의식의 부재 등 다양한 원인들이 코로나19 문제의 원인들이 됩니다. 코로나19의 대유행은 얼핏 보면 육체적이며 의료적인 문제로 보이지만, 그 원인을 깊이 고찰할수록 우리는 그것의 문제가 내면적이고 근원적인 것에 있음을 파악하게 되는 것입니다. 그것은 위생과 방역의 노력만으로 해결될 수 없는 사안으로, 개인의 삶의 스타일과 정치사회적이며, 윤리적이며, 철학적이며, 정신적이고, 영적인 문제들에 대한 다차원적인 성찰을 통해서만 극복이 가능할 것입니다.

선지자 에스라는 바벨론 포로에서 귀환한 백성들을 중심으로 이스라엘 민족을 회복하였습니다. 70년의 포로 생활을 통해 뿌리까지 다 뽑힌 민족을 부추겨 새로운 나라를 건설한 것입니다. 오늘 우리 교회와 사회는 무너져 가는 이스라엘과 같이 휘청이고 있습니다. 마약의 기운으로 잠시 소생하는 것 같아 보이지만, 그 근원에는 엄청난 위기가 도사리고 있습니다. 코로나19 사태로 경제가 침체하고 있는 상황에서 역으로 집값은 오르고 있는 이 비정상적인 모습을 보면서, 국민들 특히 젊은이들은 크게 실망하고 있습니다.

이제 우리는 한계 선상에 서서 주님의 회복하심을 기다려 봅니다. 에스라가 하나님의 성전 앞에 엎드려 울며 기도하면서 죄를 자복할 때 많은 백성이 크게 통곡하고 회개한 것처럼, 우리 삶의 대전환이 없인 참다운 회복이 불가능할 것입니다. 수문 앞 광장에서 대형집회를 하며 하나님의 말씀을 듣고 회개 기도를 드렸으며 그들의 삶의 패턴을 전환시킨 이스라엘과 같이, 오늘 우리도 주님 앞에서의 참다운 회복이 필요한 때입니다.

특별히 이 일을 위해 성경적이며 신학적인 기반을 마련해 주신 목사님들과 교수님께 감사드립니다. 또한 이 책의 발간을 위해 애써 주신 총회한국교회원구원의 모든 분들께도 감사의 마음을 전합니다. 제105회기를 시작하며 치유하시는 하나님을 믿고 더욱 정진하는 교회가 되어, 교회의 회복을 시작으로 온 세상이 회복되는 주님의 역사가 일어나길 소망하여 봅니다.

발간사

총회한국교회연구원 이사장
채영남 목사(본향교회)

『에스라서와 민족의 회복』이란 책을 출간하게 된 것을 기쁘게 생각합니다. 대한예수교장로회 제105회기 총회의 주제, "주여! 이제 회복하게 하소서"에 대한 연구 서적으로, 본 주제의 신학적 기반과 교회의 실천 문제를 다룬 책입니다. 금번 본 교단은 '회복'을 총회의 주제로 삼으며, 그 내용의 기반이 되는 성경으로 에스라서에 주목하였습니다. 선지자 에스라가 포로기 이후 민족을 새롭게 회복하였듯 우리도 오늘의 이 교회와 사회를 새롭게 회복해나가자는 의도에서입니다.

이 책은 크게 3부로 구성되어 있습니다. 제1부 에스라서의 배경, 제2부 에스라서와 민족의 회복, 제3부 복음으로 회복되는 마을공동체입니다. 1부에선 에스라서의 중심 주제와 전체적 구조에 대한 파악, 에스라서의 역사적 배경, 에스라 개인의 인품과 비전에 대해 다루었으며, 2부에선 하나님 말씀의 은혜를 통한 영적인 회복과 회개, 교회의 회복, 국가의 회복과 전 피조물의 회복의 문제를 검토하였습니다. 마지막 3부는 이러한 에스라의 민족의 회복 역사를 오늘 우리 사회의 공동체 회복과 연관하여 분석하였습니다. 민족의 회복을 주창하였던 에스라에게 가장 필요했던 일은 민족의 구심점을 모으고 공동체성을 강화하는 것이었습니다. 이를 위해 그는 말씀 공동체와 성전 공동체, 예배와 축제 공동체의 회복을 통해 민족의 정체성을 만들어내려 노력하였습니다. 또한 3부에선 우리의 삶을 전 생명체 회복의 시각에서 다시 조망하며 네트워크된 생명체의 모습을 드러내려 하였습니다.

지난 3년 동안 본 연구원은 '마을목회'란 주제를 강조하며 18권의 책을 출간한 바 있습니다. 현시대의 사사화된 우리의 삶을 분석 조망하고 이를 극복하는 방안으로 공동체적 행복을 강조하는 마을목회의 개념을 부각시킨 것입니다. 이런 마을목회의 개념은 개인에 앞서 민족의 회복을 도모하였던 에스라의 공적 신앙의 모습과 일맥상통하는 것으로서, 바로 그 하나님의 말씀은 공동체의 회복과 긴히 연결되어 있습니다.

이번 연구에 동참하여 원고를 내주신 교수님들과 목사님들께 먼저 감사의 말을 전합니다. 동시에 연구원의 노영상 원장, 실장 김신현 목사, 간사 구혜미 목사 그리고 책을 출판하여 주신 킹덤북스 윤상문 대표의 노고를 치하드립니다. 이 책을 집필하여 주신 분들은 대부분 본 교단의 목회자나 신학자들이지만 성결대의 박정수 교수, 백석대의 유선명 교수, 서울신대의 소형근 교수, 실천신학대학원의 정재영, 조성돈 교수 등이 귀한 옥고를 주시기도 하였는데, 이 자리를 빌어 그분들에게 심심한 감사의 마음을 전합니다.

바라기는 이 책이 제105회 총회를 위해 유용하게 쓰여, 전 지구적으로 어려운 시기에 회복의 한 줄기 빛을 던져주길 기대하여 봅니다. 코로나19 시대에 이 사회가 그 위기로부터 다시 회복될 뿐 아니라, 영적으로도 성숙해지는 기회가 되길 바라는 것입니다. 어두움이 깊어질수록 새벽이 가까워지듯이, 우리 모두 우리 앞에 예비된 주님의 새벽을 바라볼 수 있게 되길 소망하여 봅니다.

서 문

총회한국교회연구원 원장
노영상

1. 혁신과 회복

대한예수교장로회 제105회 총회는 2020년 9월부터 2021년 9월까지 1년간의 주제를 "주여! 이제 회복하게 하소서"로 정했다. 이 주제에 따라 두 가지의 주제성구를 택하였는데, 구약의 에스라 10장 1-2절과 신약의 사도행전 3장 19-21절이다. 제105회 총회장으로서의 중임을 맡게 된 신정호 목사는 에스라서를 염두에 두며 이 같은 주제를 정하게 되었는데, 이 주제는 제104회 총회의 주제, "말씀으로 새로워지는 교회"와 상응한다.

제104회 총회의 김태영 총회장은 느헤미야서를 강조하며 위와 같은 주제를 정하였다. 총회는 104회부터 107회까지 4년간의 총회의 주제 방향을 '복음'으로 정한 바 있으며, 이에 김태영 총회장께서는 복음과 혁신이란 두 단어를 강조하시며, 이 두 단어를 조합하여 "말씀으로 새로워지는 교회"란 주제를 정하게 된 것이다.

이에 신정호 총회장은 104회 총회의 주제와 연속성을 갖는 주제를 정하려 하면서, 일단 느헤미야서와 짝을 이루는 에스라서를 취하여 그 에스라서에서 "주여! 이제 회복하게 하소서"라는 주제를 찾아내게 되었다. 알다시피 히브리어 성경에선 본래 에스라서와 느헤미야서가 한 권의 책이었던 것으로, 이 둘은 역대서와 함께 한 저자에 의해 쓰인 책으로 보고 있다.

그러나 김태영 총회장의 주제와 신정호 총회장의 주제엔 하나의 큰 차이가 있다. 김 총회장은 역대기서의 역사에서 '혁신'을 보려고 하였으며, 신 총회장은 '회복'을 보았다. 김 총회장은 70년의 바벨론 포로 생활을 마치고 예루살렘으로 귀환한 귀향 공동체의 새 국가 건설에서 혁신이 핵심 주제를 찾았던 반면, 신 총회장의 경우 그것은 회복을 바탕으로 하는 것임을 강조하였다.

이에 있어 우리는 김 총회장의 시각과 신 총회장의 시각이 상보적 관계에 있음을 파악하게 된다. '온고이지신'이란 우리말이 있다. "옛 것을 익히어 새것을 앎"이란 뜻이다. 옛것을 제대로 알아야 새것도 알 수 있다는 말이겠다. 혁신은 과거를 무시하고 완전 새로운 것에 귀의하는 것을 말하지 않는다. 혁신은 과거를 되새겨 그것으로부터 좋은 것은 취하고 그른 것은 버리는 일로부터 시작된다. 이런 의미에서 미래를 향한 혁신과 과거의 좋은 것으로의 회복은 서로 다른 것이 아니다.

이스라엘 백성은 민족을 새롭게 혁신하여 새로운 국가를 건설하는 것을 위해 과거의 좋은 전통을 회상하고 있으며, 그것으로부터 혁신의 요소들을 찾아내려 하였다. 느헤미야나 에스라가 공히 소중히 찾아냈던 과거의 좋은 전통에는 다음의 같은 것들이 있다. 하나님으로부터 받은 율법과 말씀에 의한 이스라엘 백성들의 정체성 회복, 그리고 함께 예배드렸던 성전과 함께 참여하였던 절기 축제들, 국가의 안전을 보장하였던 튼튼한 성벽, 행복하고 평화로운 생활을 하였던 때의 추억 등이다. 이에 에스라와 느헤미야는 그 예전의 좋던 때로 돌아가려는 노력을 시도하였으며, 그 방법은 회복과 갱신에 의한 것이었다고 할 수 있다.

이에 있어 이런 회복과 갱신의 방편으로서 에스라서는 회개의 기도를 강조한다. 회개란 가던 길을 멈추고 다시 되돌아가는 것으로서, 그 단어는 회복의 강한 뜻을 담고 있다. 회개란 가던 길을 멈추는 것과 함께 잘못 왔던 길을 되돌아가 새로 시작하는 것을 말한다. 그것이 미래의 시점으로 보면 혁신이지만 과거의 시점에서 보면 회복인 것으로, 이 혁신과 회복은 오늘이란 한 시점에서 만나게 된다.

이제 우리는 오늘의 잘못 가고 있는 것을 바로잡기 위해 예전에 좋았던 일들을 상기할 필요가 있다. 한국교회가 잘 되었던 시기의 내용을 분석하여 오늘의 위기에 대처해야 한다는 말이다. 더 나아가 세계 교회의 과거 좋았던 내용을 다시 음미함으로 우리는 우리 교회의 나아가야 할 바른 방향을 바라보게 된다.

바른 신앙과 바른 교회의 모습을 우리는 우리의 과거로부터 찾을 수 있어야 하는데, 그것의 가장 기본이 되는 전거가 성경임을 우리는 알고 있다. 성경은 왜 개인과 민족이 망하게 되며, 어떤 경로를 통해 구원받고 잘 되게 되는가의 역사를 우리에게 드러내는 책이다. 곧 우리는 성경의 말씀을 통해 회복하고 혁신하여야 함을 깨닫게 된다. 이에 본 교단에선 그 성경의 말씀을 '복음'이란 단어로 다시 표현하였으며, 이 복음이 우리 교회의 사는 길이며 혁신과 회복의 길임을 강조하였던 것이다.

9월 총회를 앞두고 우리는 코로나19 사태를 걱정하는 중이다. 총회도 반 나절로 축소하여 열릴 예정에 있다. 많은 사람이 이젠 다시 예전으로 돌아가지 못할 것이라 말한다. 회복 불가의 상황이 전개되고 있는 것이다. 계속 비대면 사회로 갈 것이며 학교의 공부도 온라인에 크게 의존하여 진행될 것이라 예상된다. 세계 경제는 곳곳에서 무너질 것이며, 경제난으로 야기되는 전쟁의 광풍이 세상을 덮을 것이라는 말들을 하고 있다. 이처럼 인간의 만용으로 인해 온 피조물들이 신음하고 있는 중이며, 우리의 삶의 스타일을 과감히 변화시키지 않는 한 인류는 이런 인수공통감염병과 기후 변화로 인해 멸망의 길로 치닫게 될 것이라는 예측들이 난무하다. 그러면 과연 이런 상황을 돌려 회복할 수 있는 길을 찾을 수 없는 것일까?

에스라서는 민족의 회복에 착목하고 있지만, 오늘 우리는 인류의 회복을 크게 걱정해야만 하는 상황 가운데 있다. 오늘의 이런 상황은 인류를 향해 회복과 혁신의 방안이 무엇인지를 되묻고 있다. 이제 우리는 에스라서가 말하는 방안의 구체적 내용이 무엇인지 살펴 이러한 난국을 타개하는 시금석으로 삼아야겠다. 우리 스스로는 갈기갈기 찢긴 이 상처를 싸맬 수 없지만, 하나님께서는 우리에게 새날을 주실 수 있으리라 확신한다.

> 여호와께서 자기 백성의 상처를 싸매시며 그들의 맞은 자리를 고치시는 날에는 달빛은 햇빛 같겠고 햇빛은 일곱 배가 되어 일곱 날의 빛과 같으리라(사 30:26).

2. 에스라와 느헤미야의 일차적 관심

에스라와 느헤미야의 일차적 관심은 개인의 구원이라기보다는 국가적 회복이었다. 에스라서는 민족적 회복과 인류의 회복을 전망하는 책이다. 오늘 우리는 우리의 복음을 너무 사사화하고 있는 것이 아닌가 생각하게 한다. 공적인 의미의 복음의 내용은 거의 삭제시키고 개인의 문제를 해결하는 것에 전 복음을 소비하고 있는 것이 우리의 모습이다. 하지만 우리는 성경의 내용을 살피면 살필수록 그 복음이 우리의 공동체적 삶에 미치는 강한 영향력을 보게 된다.

에스라의 일차적 관심은 개인을 행복하게 하는 일에 머물러 있지 않았으며, 전 민족과 국가를 새롭게 세우는 일에 초점을 맞추고 있다. 우리 민족의 역사에서 우리는 에스라의 사역을 다음과 같이 비견할 수 있다. 우리 민족은 일제 치하에서 36년간을 고생한 적이 있다. 그러한 고난의 길은 연합군의 승리를 통해 마감되게 되는데, 그것은 페르샤의 왕 고레스의 조서에 따른 이스라엘의 회복을 연상하게 한다. 고레스의 칙령에 따라 이스라엘은 새로운 나라 건설의 기회를 맞게 되었으며, 그 새로운 나라를 건설하는 기틀을 어디서 찾을 것인지를 에스라와 느헤미야는 고심하였던 것이다.

이러한 고심을 하며 이전 이스라엘 백성이 가지고 있던 율법에서 새로운 나라 건설의 기본을 찾아내야 할 것을 그들은 결심한다. 이스라엘에 있어 율법책이란 오늘 우리의 국가 헌법책과 같은 것으로, 이스라엘의 국가를 운영하는 기본 이념을 담은 것이라 할 수 있다. 이에 에스라는 그 율법책의 내용을 백성에게 읽어주게 되며, 백성들은 그 내용을 듣고 감동하여 그 기초 위에 그들의 새로운 국가를 세울 것을 다짐하게 된다. 에스라는 수문 앞 큰 광장에서 백성들을 모아놓고 대집회를 하며 이 율법을 읽어주는데, 그 장엄한 광경을 느헤미야 8장은 다음과 같이 묘사하고 있다.

이스라엘 자손이 자기들의 성읍에 거주하였더니 일곱째 달에 이르러 모든 백성이 일제히 수문 앞 광장에 모여 학사 에스라에게 여호와께서 이스라엘에게 명령하신 모세의 율법책을 가져오기를 청하매, 일곱째 달 초하루에 제사장 에스라가 율법책을 가지고 회중 앞 곧 남자나 여자나 알아들을 만한 모든 사람 앞에 이르러, 수문 앞 광장에서 새벽부터 정오까지 남자나 여자나 알아들을 만한 모든 사람 앞에서 읽으매 뭇 백성이 그 율법책에 귀를 기울였는데, 그 때에 학사 에스라가 특별히 지은 나무 강단에 서고 그의 곁 오른쪽에 선 자는 맛디댜와 스마와 아나야와 우리야와 힐기야와 마아세야요 그의 왼쪽에 선 자는 브다야와 미사엘과 말기야와 하숨과 하스밧다나와 스가랴와 므술람이라. 에스라가 모든 백성 위에 서서 그들 목전에 책을 펴니 책을 펼 때에 모든 백성이 일어서니라. 에스라가 위대하신 하나님 여호와를 송축하매 모든 백성이 손을 들고 아멘 아멘 하고 응답하고 몸을 굽혀 얼굴을 땅에 대고 여호와께 경배하니라. 예수아와 바니와 세레뱌와 야민과 악굽과 사브대와 호디야와 마아세야와 그리다와 아사랴와 요사밧과 하난과 블라야와 레위 사람들은 백성이 제자리에 서 있는 동안 그들에게 율법을 깨닫게 하였는데, 하나님의 율법책을 낭독하고 그 뜻을 해석하여 백성에게 그 낭독하는 것을 다 깨닫게 하니, 백성이 율법의 말씀을 듣고 다 우는지라 총독 느헤미야와 제사장 겸 학사 에스라와 백성을 가르치는 레위 사람들이 모든 백성에게 이르기를 오늘은 너희 하나님 여호와의 성일이니 슬퍼하지 말며 울지 말라 하고(느 8:1-9).

　에스라는 수문 앞에서 대형집회를 하며 율법책을 읽어주었고, 백성들을 그 내용을 들으며 감동하며 회개하였음을 이 본문은 말하고 있다. 느헤미야 9장 3절은 이런 율법책 낭독의 결과를 기술하고 있는데 그 내용은 다음과 같다. "이 날에 낮 사분의 일은 그 제자리에 서서 그들의 하나님 여호와의 율법책을 낭독하고 낮 사분의 일은 죄를 자복하며 그들의 하나님 여호와께 경배하는데." 이 본문에선 세 가지의 행위가 강조된다. 율법책 낭독과, 죄의 자복과 여호와 경배다. 다른 말로 표현하면 말씀 선포, 회개 그리고 예배의 세 행위라 할 수 있다. 말씀의 회복, 예배의 회복, 새로운 결단의 세 가지 행동이 새 역사 창조의 핵심적인 길이라는 것이다.

3. 역사의 회상을 통한 민족적 회개

　그러한 에스라 시대의 회개는 개인적인 회개라기보다 국가적인 회개라 볼 수 있다. 온 백성이 수문 앞 광장에 모여 그들의 역사의 잘못을 바라보며 전 공동체적 회개를 하였던 것이다. 우리는 오늘날 회개를 너무 사사적인 적으로 바꾸어 놓았다. 공동체적이며 역사적이고 사회적인 회개가 생략된 채, 개인적인 회개만이 풍성한 것이 우리의 실정이다. 이제 우리는 우리 사회의 문제를 밝혀 회개하는 역사를 이루어 나갈 필요가 있다. 우리 모두가 참여하여 지은 죄들을 하나님 앞에서 아뢰는 범민족적 회개를 통해, 국가를 새롭게 하는 우리가 되어야겠다.

에스라서와 느헤미야서를 읽으면서 우리는 민족적 회개를 전망하게 되며, 이런 공동체적 회개는 공동체의 결속이 없인 불가능한 것임을 알게 된다. 국가적 회개를 위해 국민 모두의 결속이 필요한데, 이런 결속을 위해 이스라엘 민족은 전 민족을 아우르는 성전을 짖고, 율법 안에서 하나 되며, 축제를 통해 공동체적 결속을 하였으며, 전 민족을 감싸는 성벽을 완성하였던 것이다.

특히 느헤미야 9장은 이런 에스라의 공동체 사역이 그들의 민족적 역사이해에 기반하고 있음을 설명한다. 일단 9장에서 이스라엘 백성들은 자기 민족과 함께하셨던 하나님의 임재와 구원에 대해 회상한다. 출애굽으로부터 시작하여 가나안 땅에 정착한 다음 그들을 축복하셨던 하나님의 손길을 회상하였다. 우리가 잘 알고 있는 대로 성경은 일종의 교훈집이라기보다는 하나의 역사책이다. 구약은 이스라엘 백성들이 하나님을 만나서 발생한 역사를 그리고 있으며, 신약은 예수 그리스도와의 만남의 역사를 말하고 있다. 하나님과 그리스도와 성령과의 만남을 통해 그의 영광이 어떻게 우리에게 드러났으며, 그 영광으로 우리가 어떤 행복과 영광을 누리며 살게 되었는지를 기술하고 있는 것이다. 역사란 영어로 'history'라 하는데, 'his story'(그의 역사)를 말한다. 역사는 '그의 역사,' 곧 하나님의 역사이며 우리에게 성육신하신 예수 그리스도의 역사 곧 그의 행적을 담아놓은 역사이다.

이에 우리 민족도 이런 삼위 되신 하나님과의 만남의 기록들을 간직할 필요가 있다. 그런 역사가 우리 교회와 민족을 갱신하는 밑거

름이 될 뿐 아니라, 민족의 미래를 그리는 초석이 되기 때문이다. 이에 우리 총회한국교회연구원에선 우리 민족의 역사를 간섭하신 하나님의 손길에 대한 기록들을 모아 두 권의 책으로 정리한 바 있다. 노영상 편,『대한예수교장로회 제103회 총회 주제 연구 시리즈 2/ 우리 민족과 한국교회』(2018)와 노영상 편,『대한예수교장로회 제103회 총회 주제 연구 시리즈 5/ 민족과 함께한 우리 교회 이야기』(2019)이다.

먼저『우리 민족과 한국교회』란 책에선 한국 역사의 시기를 구분하여 그 각 시기에 섭리하셨던 하나님의 구원 행동을 분석하였다. 근대화 시기, 삼일운동의 시점, 일제 강점기, 정부 수립 시기, 한국전쟁 시기, 20세기 후반의 경제 발전기, 민주화 운동의 시기, 한국의 세계화 시기 등 각 시기에서의 하나님과의 만남의 역사를 하나하나 검토한 것이다. 이 책은 우리나라의 주요한 신학자들이 결집하여 만들어낸 책으로 소중히 읽으면 유익이 되리라 생각한다.

다음으로 두 번째 책,『민족과 함께한 우리 교회 이야기』에선 민족과 함께 한 교회들의 이야기를 기술하며, 그 속에서의 하나님의 섭리에 대해 고찰하였다. 이 이야기는 크게 4부로 나누어져 있는데, 북한 소재의 교회들, 서울 경기 지역의 교회들, 기타 국내 지역의 교회들, 그리고 해외에 설립된 한인교회들의 이야기들로 구성되어 있다. 북한 소재의 소래교회, 장대현교회, 산정현 교회, 서울 경기 지역의 정동제일교회, 새문안교회, 남대문교회, 연동교회, 제암리교회, 안동교회, 수표교교회, 영락교회, 그리고 국내 기타 지역의 서문밖교회, 대구제일교회, 문창교회, 공주제일교회, 자천교회, 순천중앙교회, 안동교회, 해외 설립된 한인교회들로서의 이양자교회, 동경한인교회, 명동교회, 상해한인교회 등의 이야기들을 포함되어 있는 것이다. 모든 필자들이 그 분야에 전문가들로, 독자들은 이 책에서 교회들의 역사를 되짚는 즐거움을 느낄 수 있을 것이다.

이 두 권의 책은 우리가 새로운 회복을 하기 위해 정경으로서의 성경과 함께 살펴야 보조적인 책으로 앞으로 한국교회의 미래를 타진할 때마다 되새겨야 할 귀중한 자료 중 하나가 되면 좋겠다. 옛날 이스라엘 백성들이 그들의 역사에 간섭하신 하나님의 모습을 회상하며 그들의 신앙을 지켜나갔듯이, 우리도 성경에 비춰 우리의 역사에 나타난 하나님의 모습을 새기며 우리의 신앙을 바르게 세워나가야 할 것이다.

느헤미야 9장은 이와 같이 그들의 역사 안에 자신을 드러내신 하나님의 모습을 살피면서 다음과 같이 역사에 대한 그들의 이해를 정리하고 있다. 느헤미야 9장 34절부터 38절의 말씀은 다음과 같다.

> 우리 왕들과 방백들과 제사장들과 조상들이 주의 율법을 지키지 아니하며 주의 명령과 주께서 그들에게 경계하신 말씀을 순종하지 아니하고, 그들이 그 나라와 주께서 그들에게 베푸신 큰 복과 자기 앞에 주신 넓고 기름진 땅을 누리면서도 주를 섬기지 아니하며 악행을 그치지 아니하였으므로, 우리가 오늘날 종이 되었는데 곧 주께서 우리 조상들에게 주사 그것의 열매를 먹고 그것과 아름다운 소산을 누리게 하신 땅에서 우리가 종이 되었나이다. 우리의 죄로 말미암아 주께서 우리 위에 세우신 이방 왕들이 이 땅의 많은 소산을 얻고 그들이 우리의 몸과 가축을 임의로 관할하오니 우리의 곤란이 심하오며, 우리가 이 모든 일로 말미암아 이제 견고한 언약을 세워 기록하

고 우리의 방백들과 레위 사람들과 제사장들이 다 인봉하나이다 하였느니라.

그들은 오늘의 역사를 과거의 역사에 비춰 재해석하고 있는 것이다. 그들이 바벨론의 종이 되었던 것은 다른 데 문제가 있었던 것이 아니라, 그들이 하나님의 말씀을 바로 순종치 못해서 야기된 일이라고 고백한다. 이에 우리는 우리 역사의 이야기를 통해 그 속에서 하나님의 말씀을 들을 수 있어야겠다. 우리 민족이 흥하게 된 일과 우리 민족이 망하게 된 이유들을 영적으로 잘 성찰하여, 우리 앞에 놓여 있는 난관을 헤쳐나가는 민족이 되었으면 하는 것이다.

오늘 우리는 복음을 너무 개인적인 것으로만 적용하는 성향이 있다. 민족과 인류를 향한 복음의 위력을 망각한 채, 우리 개인 앞에 놓인 문제들만을 해결하기에 급급하며 이 복음을 좁게 사용한 것이다. 우리는 이제 이러한 에스라서와 느헤미야서의 본문들을 읽으며 한 민족이 흥왕하는 길에 대한 지혜를 얻어야 할 것 같다. 공동체 전체의 문제가 해결될 때, 우리 개인의 문제들도 그 속에서 녹아져 내리리라 생각한다.

에스라의 개혁은 율법과 말씀을 통한 개혁이었다. 오늘 우리는 국회를 통해 법을 개폐하고 있는데, 그 법이 만들어질 때마다 하나님의 통치의 원리들이 되새겨져야 할 것이라 생각한다. 하나님께서는 모든 피조물을 창조하신 분으로 우리 인간들이 어떻게 살아야만 천국의 희열을 맛볼 수 있는지를 우리에게 성경을 통해 제시하신 바 있다. 이에 우리는 이러한 성경의 초석 위에 국가의 법을 세워야 할 것이며, 이런 노력에 앞장서는 교회와 기독교인들이 되는 것이 필요하다. 이전 인류와 민족을 행복하게 하였던 법의 내용을 정리하여 바꿀 수 없는 원칙들로 인봉하고(느 9:38), 그 위에 현실의 많은 법을 세워 나가는 자세가 요청된다. 우리의 실정법들은 이러한 성경의 신성한 법 위에 기반을 두어야 하는 것으로 이를 위한 연구도 하고 실천도 하는 교회가 될 때, 우리 사회가 보다 건전히 발전할 수 있을 것이라 생각한다.

하나님의 율법을 국가와 신앙 공동체의 법으로 받아들여 새 국가 건설을 위해 노력하였던 에스라 시대의 이스라엘 백성들의 노력은 그 시대 그 민족에게만 해당하는 것이 아니며, 오늘을 사는 우리 민족에게도 요구되는 것으로, 우리는 이런 법을 세우는 실력을 갖추어나가는 교회가 되려는 노력이 요청된다. 하나님의 말씀에 기반한 국가 통치 원리를 세우는 것이 에스라 개혁의 근본이었던 것이다.

기실 성경의 복음은 교회 안에만 폐쇄되어있는 복음이 아니며, 모든 인간이 살아야 할 방향을 제시하는 원칙이다. 우리는 이런 복음을 우리만 누리고 살아서는 안 되며, 공적인 복음으로서 교회 밖의 사람들에게도 전해야 하며, 이 복음이 그들의 삶과 국가 운영에도 적용될 수 있도록 노력해야 할 것이다. 그렇게 주님의 복음을 교회 밖으로 확산하는 행위가 교회의 선교로서, 예수를 안 믿는 자들이 이 복음의 원리를 깨달아 모두 구원받고 행복하게 살기를 바라는 성도들이 되어야 할 것이다. 성경의 복음은 우리 영혼을 구원하여 천국에 이르게 할 뿐 아니라, 우리의 현세의 삶을 하나님의 뜻에 맞게 변화시키는 힘을 갖고 있는 것이다.

4. 기쁨으로 이웃과 함께 나누는 축제

에스라서와 느헤미야서는 말씀을 깨달은 자가 기뻐서 드리는 축제의 예배를 우리에게 소개한다. 그들은 바벨론의 종살이 가운데에서도 하나님의 회복의 은총을 기대하였으며, 그러한 단초를 예루살렘으로의 귀향을 통해 얻게 되는 것이다. 70년의 모진 세월을 견디며 그들은 희망의 끈을 놓지 않았다. 이를 통해 그들은 그들의 삶에 주님의 함께 계심을 깨달았던 것이다. 그들은 그러한 하나님의 용서와 은혜를 다음과 같이 말하고 있다.

> 이제 우리 하나님 여호와께서 우리에게 잠시 동안 은혜를 베푸사 얼마를 남겨 두어 피하게 하신 우리를 그 거룩한 처소에 박힌 못과 같게 하시고 우리 하나님이 우리 눈을 밝히사 우리가 종노릇하는 중에서 조금 소생하게 하셨나이다. 우리가 비록 노예가 되었사오나 우리 하나님이 우리를 그 종살이하는 중에 버려 두지 아니하시고 바사 왕들 앞에서 우리가 불쌍히 여김을 입고 소생하여 우리 하나님의 성전을 세우게 하시며 그 무너진 것을 수리하게 하시며 유다와 예루살렘에서 우리에게 울타리를 주셨나이다(스 9:8-9).

> 그러나 주께서 그들을 여러 해 동안 참으시고 또 주의 선지자들을 통하여 주의 영으로 그들을 경계하시되 그들이 듣지 아니하므로 열방 사람들의 손에 넘기시고도, 주의 크신 긍휼로 그들을 아주 멸하지 아니하시며 버리지도 아니하셨사오니 주는 은혜로우시고 불쌍히 여기시는 하나님이심이니이다(느 9:30-31).

이 두 본문은 공히 주님의 은혜와 용서를 묘사하고 있다. 우리의 행한 대로 갚으신다면 우리 모두 멸망할 수밖에 없지만, 하나님께서는 길이 참으시고 우리에게 은혜를 베푸시는 분이시다. 하나님은 심판 중에도 우리에게 사랑의 얼굴을 비추시는 분이시며 진노 중에도 미소를 보이시는 분이시므로, 우리는 그를 찬양하고 예배하는 것이다. 우리의 예배는 주님의 은혜에 대한 응답이며, 주님의 사랑에 대한 기쁨의 반응이다.

그러므로 우리는 주님이 우리를 심판하시기 때문에 두려워 회개하는 것이 아니며, 먼저 용서하시는 주님의 은혜에 기반하여 회개하는 것이다. 우리가 회개함으로 용서받는 것이 아니다. 먼저 우리를 용서하신 하나님을 믿고 회개하는 것이다. 우리의 회개 행위가 주님의 은혜의 용서를 불러온다면 그것은 공적이 된다. 오직 우리의 죄에 대한 용서는 하나님의 은혜에 기반하는 것으로, 그러한 값없이 내리신 은혜로 말미암아 우리는 하나님께 감사의 제사를 드리게 된다.

우리의 제사는 두려움이 제사가 아니며 기쁨과 감사의 제사로서, 주님의 자녀들에겐 무서움의 종의 영이 역사하지 않으며 아들로서의 사랑의 영이 우리 안에서 역사하는바, 이로 인해 우리는 아들이 갖는 기쁨 안에서 주님께 제사를 드리게 된다(롬 8:14-15).

이에 이스라엘 백성들은 에스라와 같이 초막절과 유월절의 축제를 지내면서, 주님 안에 있는 기쁨을 온 백성과 함께 나누었다. 그들은 주님을 향한 번제와 소제를 회복하였으며, 더 나아가 성전을 다시 세워 주님께 봉헌하였던 것이다. 에스라 6장 22절은 이런 예배의 기쁨을 다음과 같이 언급한다.

즐거움으로 이레 동안 무교절을 지켰으니 이는 여호와께서 그들을 즐겁게 하시고 또 앗수르 왕의 마음을 그들에게로 돌려 이스라엘의 하나님이신 하나님의 성전 건축하는 손을 힘 있게 하도록 하셨음이었더라.

이 같은 하나님에 대한 섬김의 기쁨은 가난한 이웃을 위한 섬김의 기쁨으로 화하게 된다.

> 나와 내 형제와 종자들도 역시 돈과 양식을 백성에게 꾸어 주었거니와 우리가 그 이자 받기를 그치자. 그런즉 너희는 그들에게 오늘이라도 그들의 밭과 포도원과 감람원과 집이며 너희가 꾸어 준 돈이나 양식이나 새 포도주나 기름의 백분의 일을 돌려보내라 하였더니(느 5:10-11).

이와 같이 하나님에 대한 섬김은 자연스레 이웃을 향한 섬김으로 이어지게 되는 것으로, 하나님에 대한 섬김의 제사는 인간을 향한 섬김의 제사와 하나 되어있는 것이다. 이 같은 하나님을 향한 찬미의 제사와 이웃을 향한 나눔의 제사의 통전성을 히브리서 13장 15-16절은 다음과 같이 그리고 있다.

> 그러므로 우리는 예수로 말미암아 항상 찬송의 제사를 하나님께 드리자 이는 그 이름을 증언하는 입술의 열매니라. 오직 선을 행함과 서로 나누어 주기를 잊지 말라 하나님은 이 같은 제사를 기뻐하시느니라

이 본문은 두 가지의 제사에 대해 언급한다. 먼저는 하나님에 대한 찬미와 경배의 제사이며, 다음으론 이웃을 향한 선을 행함과 나누어줌의 제사이다. 여기서 제사란 오늘 우리의 예배를 일컫는데, 우리는 이 본문을 통해 예배가 헬라어 '프로스퀴네오'로서의 하나님에 대한 순종과 경배의 한 요소와 '레이투르기아'로서의 이웃을 위한 봉사의 요소로 구성되어 있음을 알게 된다(마 5:23-24; 고후 9:13). 그러므로 우리의 주님 앞에서의 회개는 이웃을 향한 우리의 사랑의 결단으로 이어질 수밖에 없다. 곧 주님 앞의 회개는 우리의 행위의 결단을 요구한다는 것이다.

> 에스라가 하나님의 성전 앞에 엎드려 울며 기도하여 죄를 자복할 때에 많은 백성이 크게 통곡하매 이스라엘 중에서 백성의 남녀와 어린아이의 큰 무리가 그 앞에 모인지라. 곧 내 주의 교훈을 따르며 우리 하나님의 명령을 떨며 준행하는 자의 가르침을 따라 이 모든 아내와 그들의 소생을 다 내보내기로 우리 하나님과 언약을 세우고 율법대로 행할 것이라(스 10:1, 3).

위 본문에서 회개를 통해 이스라엘 백성은 큰 결단을 내리게 됨을 본다. 그들의 이방 사람들과의 결혼을 파기하였던 것이다. 이 시대엔 이 같은 잡혼을 하지 않기로 한 결단이 시대적 결단이었다면, 오늘의 시대에 또 다른 큰 결단이 우리에게 요구되고 있다. 오늘과 같은 자유주의의 사회에서 우리의 삶은 너무 개인주의적으로 파편화되어있다. 우리 공동체에 대한 관심을 점점 엷어져, 우리의 머리엔 나 개인의 행복과 안위에 대한 생각으로만 가득 차 있는 것이다. 이런 시대에 우리의 회개에 합당한 결단은 우리 공동체 모두를 위한 삶의 스타일을 배우는 것이다. 구약의 율법이 약자를 보호하는 율법이었던 것과 같이 우리는 우리 주변의 약자들의 삶에 관심을 두는 것이 필요하다. 신약에서 예수 그리스도께서는 우리에게 "서로 사랑하라"는 새 계명을 주신 바 있다. 나만을 위한 삶에서 우리 모두를 위한 사랑의 삶으로 전환할 것을 주님께서는 요구하시는 것이다.

이런 각도에서 지난 3년 동안 총회한국교회연구원은 '마을목회'에 대한 18권의 책을 내며 공동체적 삶의 중요성을 강조한 바 있다. "하나님의 진정한 사랑으로 마을을 품고 세상을 살리는 교회"란 의미를 담고 있는 마을목회는 주민을 교인으로, 마을 전체를 교회로 생각하는 선교적 교회 모델을 강조한다. 함께 잘 살기 위한 마을 만들기 운동, 협동조합 운동, 지역 사회복지 운동, 사회적 기업 운동을 강조하며, 마을 친화적인 교회를 만들기 위한 우리 교단의 이런 노력들이 결실하길 바라고 있으며, 이런 우리의 새로운 전망이 세계교회의 목회를 바꾸길 바라는 것이다.

오늘 우리 교회와 한국 사회는 새로운 전환기에 와있다. 여기서 한 단계 더 도약하여 인류 역사에 큰 공헌하는 민족이 되느냐, 아니면 전쟁과 대결 구도 속에서 무너지는 국가가 되느냐의 선택은 우리의 결단에 달려 있다. 우리는 하나님께서 우리 민족과 교회를 선히 인도하시길 바라며, 이에 우리 모두 하나님 앞에서 겸손히 회개하며 새 역사를 바라는 성도들이 되어야겠다.

제1부

에스라서의 배경

1 에스라서의 역사적 배경:
페르시아 시대 이스라엘 회복의 사회·종교적 터전[1]

박정수 교수(성결대학교)

바빌로니아 제국의 포로로 끌려간 유다인들은 페르시아 시대 거대한 세계사적 변화의 무드를 타고 바벨론에서 돌아왔다. 포로기 이후 이스라엘의 회복이 실현되고 있었다. 물론 이스라엘의 왕정 회복은 허락될 수 없었기에 그것은 정치적 독립이 아니라 종교적 회복에 국한되었다. 그 결과 이스라엘 종교사에서 고대 유대교가 형성되었다. 그 내력을 좀 더 자세히 살펴보자.

---

1 이 글은 필자의 책 『고대유대교의 터·무늬: 신구약중간사와 기독교의 기원 탐구』(서울: 새물결플러스, 2018)의 2부(4~6장)의 내용과 각주를 축약·편집하여 제공한다.

1. 페르시아 제국의 역사

1) 키루스 대왕과 관용 정책

이스라엘은 기원전 722년 북 왕조가 아시리아에 의해 멸망한 후, 약 150년이 못 되어 기원전 587/6년에 갈대아인이 일으킨 바빌로니아 제국에 의해 남 왕조 유다마저 멸망하게 된다(왕하 25:18-21, 27-30; 렘 52:13-27). 유다 지역은 그 뒤에도 약 50여 년간을 바빌로니아의 지배를 받았다.

그러나 얼마 안 가 이곳은 다시금 세계 대제국의 흥망이 걸린 한 판 힘겨루기의 장이 된다. 기원전 691년 아케메네스(Achaemenes) 가문의 테이스페스(Teispes)가 안샨(Anshan)을 점령하고 왕조를 세워 확장했으나, 그의 사후 왕국은 둘로 나뉘어 북부는 차남 아리아라메스(Ariarames)가, 남부는 장남 키루스(Cyrus)가 통치했다. 키루스 1세(Cyrus I)는 페르시아인들을 통합했으며, 그의 아들 캄비세스(Cambyses)는 메디아 왕국(Media)의 공주 만다인(Mandane)과 혼인함으로써 페르시아와 메디아를 통합했다. 캄비세스의 장남 키루스 2세(Cyrus Ⅱ, BC 559-530)는 주변국들을 점령하고, 왕위에 오른 후 기원전 550년 메디아의 수도 엑바타나(Ecbatana)를 점령하여 페르시아 제국을 일으키는 데 성공하였는데, 이 왕이 바로 성경의 고레스 대왕이다. 그러자 페르시아에 대항하여 카르디아와 리디아, 이집트가 동맹을 체결한다. 이에 키루스는 기원전 545년 우선 리디아를 쳐서 수도 사르디스를 함락하고, 소아시아 연안의 많은 그리스 식민 도시를 수중에 넣었다. 그는 계속해서 군대를 카르디아로 진격시켜, 드디어 기원전 539년에는 무혈로 수도 바빌론을 점령함으로써 세계 대제국 페르시아를 이루고 대왕의 지위에 오르게 된다.

페르시아 제국은 다민족, 다문명이 함께 공존하는 체제를 건설한 첫 번째 제국이었다. 이 정책은 키루스 대왕에 의해 시행되었다. 그는 굳이 제국의 성전을 약탈하거나 신민을 착취하기보다는 토착민의 문화와 관습을 포용하는 정책을 시행했다. 키루스는 사실 이렇다 할 큰 전투도 없이 바빌로니아를 차지할 수 있었다. 고브뤼아스 장군은 바빌론에 입성한 후 키루스에게 승리를 안겨주고는 불과 며칠이 안 되어 그 달 제11일에 사망했기 때문이다(Nab. Chr. 3.22). 그 후 키루스는 일종의 다문화적 관용 정책으로 제국을 관리했다. 이 정책은 그가 등극하던 539년에 제작한 키루스 실린더(Tonzylinder-Inschrift)에 잘 나타난다. 키루스 실린더는 고대 근동의 전형적인 이른바 왕위 선전문서(royal propaganda)로서 천대의 왕들을 비난하고 자신을 신이 선택한 통치자로 부각시킨다. 키루스가 시행한 일련의 개혁 조치는 고대 메소포타미아에서 전승된 미샤룸(masharum) 칙령과 유사하게 부역 및 세금 면제와 토지반환, 신상(神像)과 포로들의 귀환 및 도시나 신전 재건 등을 단행하는 내용을 담고 있다. 키루스 실린더는 새로운 정복자 키루스가 신들의 뜻에 반하여 통치되던 바빌로니아를 해방하는 자요, 자신의 발 앞에 엎드린 모든 신민에게 정의와 복리를 시혜하는 자임을 선포한다. 특히 피정복민들의 신전과 신상을 원래의 처소로 돌려보냈던 일련의 조치는 페르시아 대왕의 관대함을 신민들에게 공포하고자 함이었다. 이 포고문은 그의 종교적 관용 정책을 포함하고 있는데, 특히 유다인들의 귀환과 성전 재건이라는 내용과 연관되어 있기에 역사적 가치가 매우 높은데, 포로 귀환에 관련되

는 내용만 인용해보자.[2]

> 28. (중략) ⋯ 보좌의 기초에 앉은 모든 왕들, 29. 높은 바다(지중해. 역주)에서 낮은 바다(페르시아만. 역주)까지⋯에 거하는 전 세계의 왕들, 장막에 거했던 서쪽 지방의 왕들 모두가 30. 최선의 조공을 가져와 바빌론에서 나(키루스)의 발에 입 맞추었다. ⋯로부터 도시 아수르와 수사 31. 아가데(Agade), 에슈누나크(Eshnunak), 잠반(Zamban), 메-트르누(Me-turnu), 데르(Der), 구티움 땅 부근과 **옛적부터 사람들이 거주하던 티그리스 강 [건너편] 도시들에 이르기까지 32. 나는 거기에 거했던 신(상)들을 원래의 처소로 돌아가게 하고 그들의 영원한 처소를 세웠다. 나는 그 거주민들 전체를 통합하여 그들의 거처를 다시 세웠다.** 33. 그리고 위대한 주 마르둑의 명령으로 나는 나보니도스가 신들의 주의 진노를 일으키며 바빌론으로 가져왔던 수메르와 아카드의 신(상)들을 상하지 않게 옮겨 34. 그들이 가슴깊이 기뻐할 처소에 안착시켰다("신들의 거처를 세웠다." *ANET*역).

여기서 포로 귀환과 성전 재건 및 거주지 복원 명령(32-34, 36, 38)이 단지 포로로 잡혀온 유다인에게만 내려지지 않는다는 것(31, 36)

---

2 키루스 실린더 원문은 F. H. Weissbach, *Die Keilinschriften der Achaemeniden* (Leipzig: J.C. Hinriche Buchhandlung, 1911), 2-9의 독일어 번역과 이것에 기초하여 업데이트 된 James B. Pritchard (ed.), *Ancient Near Eastern Texts Relating to the Old Testament* (Princeton: Princeton University Press, 1969)=*ANET*, 315f.의 영문 번역을 참고하여 번역하여 여기 제공한다. 여기서 말줄임표(⋯)는 파손된 부분을, 대괄호[ ]는 파손되었지만 추측 가능한 내용을, 소괄호( )는 의역을 의미한다.

이 중요하다. 즉 유다인 포로의 귀환과 예루살렘 성전 재건 명령은 키루스의 포괄적인 관용 정책이 실행된 하나의 사례였다. 특히 바벨론에 정착했던 유다인 엘리트들은 이 기회를 선용하고자 키루스의 정책을 적극적으로 지지했다. 이러한 상황에서 유다인들은 페르시아 시대의 속주 '예후다'로 귀환을 추진했고, 더 나아가 예루살렘 성전 재건까지 생각할 수 있었다.

페르시아로서는 북아프리카와 소아시아 에게해 연안까지, 고대 이집트와 그리스 문명의 영향 아래 있었던 영토까지 점령하여 제국의 일부로 삼아야 했기에 새로운 제국의 통치 기술로 관용적 태도와 종교적 포용 정책이 필요했을 것이다. 그리스가 찬란한 문명을 건설한 것은 사실이었지만, 영토는 지중해 연안 지방에 국한되었다. 그들은 무역과 문자를 통해 피정복지와 그 주민들에게 그리스의 통치 기술과 폴리스의 우월함을 전파할 뿐이었다. 그래서 폴리스 밖의 인간, 비그리스인은 교육받아야 할 '야만인'(barbaroi)으로 생각되었다. 그런가 하면 이집트는 오랜 파라오 체제가 이미 이집트의 종교와 문화에 깊이 토착화되어 국제화된 제국의 체제로 사용될 수는 없었다. 페르시아는 이제 그리스는 물론 이집트와도 차별화된 통치 체제로 제국을 관리해야 했다. 이렇게 하여 알렉산드로스 대왕이 이 제국을 무너뜨리기까지 200여 년 이상 문명들이 다문화적으로 공존하며 지속 가능한 통치 체제가 수립된 셈이다.

2) 다리우스와 크세르크세스, 아르타크세르크세스

우리는 이제 키루스 대왕 이후 페르시아를 반석 위에 올려놓은 다리우스 시대에 제2성전 재건, 그리고 크세르크세스와 아르타크세르크세스 시절 예루살렘의 재건과 행정 체계의 보완 등, 이스라엘 회복의 배경이 되는 페르시아 시대의 사회정치적 상황을 설명해보자.

키루스 대왕의 아들 캄비세스 2세는 기원전 530년 왕위에 올라 부친이 이루지 못한 이집트 정벌을 준비하여 525년 원정에 나섰다. 당시 이집트는 새로운 파라오 왕조로 등장한 프삼메티코스 3세가 다스리고 있었다. 저항은 거세었지만 결국 이집트는 페르시아 제국의 지배 아래 넘어왔다.[3] 그런데 그는 기원전 522년 수도 페르세폴리스에서 자신의 형제 스메르디스(Smerdis)라고 자칭하는 자가 반란을 일으켜 귀환 길에 사망하고 만다.

캄비세스가 죽자 그와 함께 이집트 정벌에 나섰던 아케메네스의 왕족 다리우스(522-486년)가 귀환하여 곳곳의 반란을 장악하고 522년에 왕위를 이었다. 다리우스는 숱한 정적들을 물리치고 가장 광대한 제국을 이루었다. 그리고 이 넓은 영토를 행정과 군사를 담당하는 20개 지방관구(官區)로 나누어 통치했다.[4] 또한 그는 페르시아에서는 처음으로 그리스 주화를 모방한 페르시아 주화를 주조하여 사용하였다. 그는 기원전 513년 스키타이인들을 공략하여 북쪽으로는 다뉴브 강까지 진출하였고, 서쪽 그리스 지역의 트라케를 예속하고 마케도니아에도 강력한 지배력을 행사했다. 그러나 기원전 500년경 소아시아의 이오니아 그리스인들의 반란에 직면했고, 유명한 마라톤 전투에서 패배했다. 결국 다리우스 대왕은 기원전 486년 그리스 본토를

---

3 Weissbach, *Die Keilinschriften der Achaemeniden*, LXIXf.
4 헤로도토스, 『역사』 3. 89-97.

공략하기 위해 준비하던 중에 사망한다(헤로도토스 『역사』 4.83-144; 5.1-27; 5.28-6.48).

그 후 페르시아는 크세르크세스 1세(486-465년)와 아르타크세르크세스 1세(465-424년) 시대에 제2의 중흥 시기를 맞이한다. 크세르크세스는 부친 다리우스 1세가 죽은 직후 이집트의 반란을 진압하고 왕위에 오른다(485년). 기원전 484년과 482년 바빌론에서는 연속하여 심각한 반란이 일어났는데, 크세르크세스는 이 반란들을 진압하고 혹독한 징벌을 가했다. 이때 느브갓네살이 쌓아올린 바빌론 성곽이 허물어지고, 성전들은 물론 거대한 마르둑 금신상들이 파괴되어 알렉산더 시대까지 그대로 방치된다. 그리고 마침내 "바빌론의 왕"이라는 칭호도 벗어버린다. 이 반란 진압 이후 예후다 지방이 소속된 이른바 유프라테스 "강 서쪽" 지방의 안정을 추구하는 일단의 조치를 취하게 된다. 크세르크세스의 모든 비문은 다리우스와는 다르게 항상 아후라마츠다에 대한 찬양으로 시작하고 있는데, 이렇게 종교에 관심이 지대했던 것으로 보이는 그가 왜 자신의 조부 키루스의 종교적 관용 정책을 포기했는지는 의문이다.

그의 뒤를 이어 아르타크세르크세스가 왕이 되었다. 이 왕은 재위 초기에 많은 반란을 진압하고 약 40여 년간 제국을 안정적으로 통치하였다. 재위 초기 그는 자신의 측근 아르타바누스는 물론, 자신의 셋째 아들까지 반란을 도모하였으나 모두 진압하였다. 하지만 이집트에서 일어난 반란은 상황이 심각했다. 460년경 이집트에서는 아테네의 후원으로 프삼메티코스의 아들 이나로스(Inaros)가 반란을 일으켰다. 이 반란은 기원전 455년 '강 건너' 지방 태수 메가뷔조스(Megabyzus)에 의해 일단은 진압되고, 아테네 함대는 새로운 이집트

태수 아르사메스(Arsames)에 의해 패배한다. 결국 기원전 449년 아테네와 페르시아는 이른바 칼리아스(Callias) 조약을 체결하자 의해 그리스와 페르시아의 전쟁은 일단락되고 제국의 서쪽 지대, 유프라테스 '강 건너' 지대의 불안은 잠재워진다.

다음 절에서 상세히 논의하겠지만, 성서의 연대기에 의존하는 전통적인 견해처럼 에스라의 파견 시기를 458년, 느헤미야 파견을 445년으로 잡는다면 그들은 모두 아르타크세르크세스 제7년과 제20년에 파견된 셈이 된다. 그렇다면 당시 '강 건너' 지방의 불안과 끊임없이 일어나는 이집트의 반란들이 에스라와 느헤미야를 파견한 이유였을까? 하지만 에스라-느헤미야서는 이 반란에 대하여 아무런 언급도 하지 않고 있다.

2. 유다 공동체의 건설

1) 초기 귀환과 성전 재건

이제 에스라서에 나타난 귀환과 성전 재건, 유다 공동체의 재건을 서술함으로써 이스라엘 회복의 사회정치적 토대를 내부적 관점에서 설명해보자. 에스라-느헤미야서는 동일 저자의 기록물로 여겨지는데, 저자는 독특한 신학적·이데올로기적 관점으로 기술하고 있다. 첫 단계에서는 에스라와 느헤미야가 각자의 역할을 통하여 전통적 이스라엘 종교를 새롭게 갱신하며 이스라엘 회복의 터전을 놓아간다. 두 번째 단계에서는 귀환한 유다 공동체가 성전 재건을 통하여 포로기 이전 이스라엘의 종교적 전통을 계승한다는 사실을 기술한다. 또한 유다 공동체가 종교적으로 예후다 주변은 물론 그 땅의 백성들과도 분리되는데, 이로써 저자는 그들이 이스라엘의 참된 정통성을 가지게 되었다는 주장을 암묵적으로 표현하려 한다. 이러한 관점에서 느헤미야 8~10장(에스라의 율법 반포, 백성들의 회개, 언약 갱신 의식)이 그 정점을 이루고 있다.[5]

에스라와 느헤미야가 활동한 정확한 시기 결정은 논쟁이 심한 주제다. 느헤미야서의 1차 파견 시기에 대해서는 대체로 느헤미야 1:1과 2:1에 등장하는 "아닥사스다"(아르타크세르크세스 1세) 제20년(434년)이라는 데 큰 이견이 없다. 그는 이후 12년 동안 그는 총독으로 재직하였고(느 5:14), 어떤 형태로든 408년 예후다의 총독 바고히(Bagohi) 이전까지는 재임하였다고 추측할 수 있다. 문제는 에스라의 파견 시기다. 전통적으로 이 시기는 에스라 7:7f "아닥사스다 왕 제7년"에 의해 458년이라고 생각하였는데, 이 견해는 최근까지 비평적인 학자들에 의해 지지되고 있다.[6] 이 사실은 앞서 언급한 대로 에스라 4:11-16에 나오는 "유프라테스 강 서쪽 지역"의 "잦은 반란"과도 부합한다.[7] 따라서 에스라-느헤미야서에서 중첩되어 등장하는 율법 중심으로 귀환 공동체를 개혁하는 활동도 이 파견 순서에 따르는 것

---

[5] H. G. M. 윌리엄슨, 조호진 옮김, 『에스라-느헤미야』 WBC 16 (서울: 솔로몬, 2002), 45-48.

[6] 이견을 보이는 가장 중요한 주장은 두 가지다. 하나는 "아닥사스다 왕"을 아르타크세르크세스 2세라고 보아 398년으로 보는 것이고, 다른 하나는 "제7년"의 본문이 "제37년"을 잘못 읽은 결과라는 주장이다. 이렇게 되면 에스라의 개혁과 밀접한 연관 속에 있는 느헤미야의 개혁을, 첫 번째가 아니라 두 번째 재임기간 활동(느 13장)으로 잡아 에스라-느헤미야 활동을 조화롭게 결합할 수 있게 된다. 윌리엄슨, 『에스라-느헤미야』 54f.

[7] 459-448년 이 지역의 정치적 상황은 심각했다. 이집트에서 반란이 시작되고, 이어 메가비조스(Megabyzus) 반란으로 이 지역까지 아르타크세르크세스 1세가 파급되어 큰 위기를 맞는다.

으로 생각하여 에스라의 활동에 중심을 둘 수 있다.

유다인의 초기 귀환은 예루살렘 성전의 재건과 함께 추진되었다. 초기 귀환과 성전 재건에 관한 상세한 내용은 에스라 1-6장에 담겨 있는데, 귀환을 추진하여 고대 유대교를 형성시킨 디아스포라 공동체의 관점으로 기록된 내러티브로이긴 하지만 연대기적 사실을 기술하는 데는 관심이 적다. 우선 에스라 4-6장에 나오는 편지는 전반적으로 키루스 시대보다는 다리우스 재위 초기 상황에 더 가깝다고 볼 수 있다. 4:6f에서는 다리우스보다 후대 왕들인 크세르크세스(486-465년, "아하수에로")와 아르타크세르크세스(465-424년)가 언급되고 있으므로 더욱 그렇다. 또 이 내러티브에 반영된 사료들인 키루스 조서(1:1-4)와 성전 기기 목록(1:9-11), 귀환자 목록(2:1-72), 학개서 전체와 스가랴 1-8장, 그리고 아람어로 기록된 여러 가지 페르시아 시대의 문헌들(스 4:11-16, 17-22; 5:7-17; 6:3-5, 6-12; 7:12-26)[8]은 기본적으로 성전 완공을 가정하고 있다고 볼 수 있다. 그러므로 1-6장의 이야기는 역사를 연대기적 사실 관계에 기초해서 묘사한다기보다는 에스라-느헤미야서 저자가 가진 신학적 관점을 요약하고 있다고 생각할 수 있다. 하지만 초기 귀환과 성전 재건을 상세히 다룬 것으로는 거의 유일한 자료는 중요한 사료로 다루어져야 한다.

최초의 귀환과 성전 재건 자체는 앞서 언급한 키루스 실린더를 통

---

8 이 자료들은 거의 페르시아 왕의 포고문이나 관리들의 편지들인데, 스 1:2-4만 히브리어로 되어 있다. 자료 문제에 두 가지 대립된 의견이 있다. 아람어 자료들이 대부분 이미 아람어 도입구와 함께 기록되어 있다고 주장하는 학자들(Torrey와 Clines)이 견해에 대하여 윌리엄슨(『에스라-느헤미야』, 28-30)은 "여러 원자료들(아람어 원자료와 같은)이 그의 손에 주어지기 전에 이미 내러티브 구조를 따라 하나로 묶여 있었다는 견해를 지지해주는 아무런 증거도 발견하지 못한다"(29)고 한다.

해서 그 역사성을 충분히 인정받을 수 있다. 바빌로니아의 역사 기록물에도 이와 연관된 내용이 기록되어 있다.

> 키슬림(Kislimu) 월로부터 아달(Adar) 월까지 나보니도스가 바벨론으로 가져온 아카드(Akkad)인들의 신(상)들은…그들의 거룩한 도시들로 되돌려 보내졌다(나보니도스『연대기』3. 21-22).

그럼 귀환의 역사적 상황은 어떠했을까? 에스라 2:68f에는 귀환자 수가 이스라엘 회중 가운데서만 대략 42,360명, 그 밖에 노예 7,337명, 노래하는 남녀 245명이라고 기록되어 있다. 이 자료의 원본으로 생각할 수 있는 느헤미야 7:69-71의 귀환자 수도 이와 일치한다. 하지만 10만 명 이상이 되는 인구가 과연 귀환했는지, 그것도 일시에 귀환했는지는 의문이다. 고고학적 자료에 의하면 당시 예후다 지역에 급격한 인구 변동은 없었고 4세기 초에나 인구 이동에 관한 자료들이 간혹 발견된다.[9] 예레미야 52:28-30에 의하면 바벨론 유배는 597년과 586년, 그리고 마지막으로 582년 세 번에 걸쳐 일어났다(왕하 24:14-16; 25:11f).[10] 그 후 기원전 539년 페르시아 제국이 바빌로니아를 지배하면서 약 20여 년간 세 차례에 걸쳐 귀환이 이루어졌다. 그러므로 학자들은 성서의 귀환자 수를 초기의 귀환자와 더불어 좀

---

9 Lester L. Grabbe, *A History of the Jews and Judaism in the Second Temple Period*, Vol. 1 (London·New York: T&T Clark International, 2004), 271-76.

10 예레미야에 의하면 세 번에 걸친 유배는 대략 4,600명 정도인데, 이는 예후다 인구의 약 10%를 넘지 않았고, 반면 왕하 24:14-16에 의하면 첫 유배자는 총 18,000명 가량으로 추산된다. 학자들은 예레미야서에 더 역사적 신빙성을 두고 있다. J. Blenkinsopp, *Judaism: The First Phase* (Michigan: William B. Eerdmans, 2009), 45.

더 후대 아르타크세르크세스 1세 7년째(458년) 에스라와 함께 돌아온 전체 인구수로 생각하려 한다.[11]

이런 역사적 배경에서 에스라 1-6장의 내러티브는 다음과 같이 전개된다. 페르시아의 시조 키루스 대왕은 유대인들에게 귀환하라는 조서를 내린다. 그리하여 539년에 "총독" 세스바살의 인도로 1차 귀환이 이루어지고, 총독 스룹바벨과 대제사장 예수아가 이끄는 2차 귀환이 이루어진다. 이들은 예루살렘에 제단을 세우고 희생 제사를 시작한다. 새로이 성전 기초가 놓였지만 "유다와 베냐민의 대적"들의 반대로 다리우스 왕 제2년(519년)까지 공사는 중단된다(4:6f). 그러자 예언자 학개와 스가랴가 성전 재건을 독려하고 나섰다(5:1f). 그러다가 다리우스 시절 다시 "유프라테스강 서쪽" 지방의 "총독" 닷드내(Tattenai)의 반대에 부딪힌다. 그러나 이번엔 성전 재건에 관한 키루스 시대의 조서를 발견하고 공사를 재개하여 515년 다리우스 왕 "제6년 마지막 달"에 성전이 완공된다.

제2성전 재건은 귀환 공동체의 귀환 명분이자 이스라엘 회복의 핵심 프로젝트였다. 그런데 왜 성전은 키루스 왕 때에 완공되지 못하고 무려 20여 년이나 중단되다가 다리우스 왕 때에 완공되었을까? 에스라 1장에 의하면 키루스는 "유다의 왕자 세스바살에게"(1:8) 성전을 재건할 권한을 부여하였다. 하지만 이 신비의 인물은 에스라 5장에

---

11 R. 알베르츠, 강성열 역, 『이스라엘 종교사 II』 (서울: 크리스천다이제스트, 2004), 151. 에스라 시대에 귀환한 사람들은 1,513명이었다(에스라1서 8:28-40에는 1,690명). 물론 모든 수는 성인 남성을 기준으로 한다. 그러므로 전체의 인구는 최소한 4배는 잡아야 한다. 반면 Grabbe(*A History of the Jews and Judaism* I, 46)는 고고학 자료에 의하면 기원전 6세기 말에서 5세기 초에 예후드에서 10만 정도나 되는 대량 이주로 인해 인구가 급증한 흔적은 찾기 어렵다고 주장한다. 반면 Blenkinsopp은 에스라-느헤미야서, 그리고 외경 에스라1서에 기록된 수보다 더 많았던 것으로 생각한다. Blenkinsopp, *Judaism*, 59f.

서 과거를 회고하는 유대인들의 답변에서 한 번 더 언급되고는 성서에서 사라진다. 거기서 그는 성전의 기초를 놓았던 인물로 언급되지만(5:16), 이번엔 왕자가 아니라 "총독"(5:14)이라고 묘사된다. 세스바살은 성전 재건과 연관되어 에스라에서는 더 이상 언급되지 않는다.

왜일까? 알베르츠(R. Alberts)는 이렇게 설명한다.[12] 귀환 이후 예후다에서는 다윗 왕권을 회복하려는 움직임이 있었고, 게다가 학개와 스가랴의 예언은 민족주의적인 메시아니즘의 경향을 띠고 있었다(특히, 학 2:20-23; 슥 6:9-14). 그런데 스룹바벨은 다윗 가문에 속한 지도자로서, 말하자면 유다 왕조의 후예였다(학 2:21-23; 비교. 슥 6:9-15). 알베르츠는 이러한 상황이 페르시아 제국을 자극하기에 충분했을 것이라고 생각한다. 페르시아 제국하의 성전 완공이 다윗 왕조를 재건하려는 민족주의 세력을 배제해야 비로소 가능하였으리라는 정황은 납득이 간다.

그러므로 우리는 전체적으로 성전 재건이 가능했던 상황을 이렇게 추측할 수 있다. 초기 키루스 대왕은 스룹바벨에게 '예속 왕' 지위를 허락했을지도 모른다. 그러나 페르시아는 성전 재건으로 예후다의 민족주의적 열망이 고조되는 것을 방관할 수만은 없었을 것이다. 결국 페르시아는 닷드내(Tattenai)를 '강 건너' 지방의 '총독'으로 파견하여(스 5:3, 6; 6:13) 유다를 병합하도록 상황을 일단락 지었지만, 이들이 성전 재건을 방해한다(5:3-6). 그들은 다리우스 왕에게 유다인들이 주장하는 키루스 칙령의 진위를 조사하도록 요청한다(5:17). 하

---

12 알베르츠, 『이스라엘 종교사 II』, 154f.

지만 다리우스는 키루스 왕의 성전에 관한 "칙령"(6:3b-5)을 발견하고, 마침내 성전 건축을 재개하도록 후원하는 조서를 내린다(6:6-12). 이는 일종의 타협안으로 그간 중단되었던 성전 재건을 다시 시작하도록 재가하여주되, 스룹바벨을 제거하고 두 예언자의 메시아니즘적이고도 민족주의적인 예언을 잠재우고 현실적으로 성전 재건에 힘을 모으게 했을 것이다.

그러므로 페르시아 시대 예루살렘 성전 재건은 분명 종교적인 차원에 한정되었다고 볼 수 있다. 하지만 이것만으로도 귀환 공동체는 유다인들에게는 이스라엘의 전통을 회복한다는 정당성을 주장할 수 있었고, 다른 한편으로 페르시아에게는 제국의 정책에도 부합한다는 명분을 얻을 수 있었다. 그러므로 포로로 끌려갔던 유다인들이 귀환하여 이루게 될 유다 공동체는 페르시아 제국의 관할 하에서 종교적 자치권을 갖는 일종의 '신전자치주' 성격을 띤다. 이는 고대의 '신전국가'(temple state) 형태였을 것이다(스 6:10).

블렌킨숍(J. Blenkinsopp)에 의하면 고대의 신전들은 그 지역의 관료들이 배치된 일종의 행정 센터로서 대부(貸付)의 인허가나 부동산에 대한 징세와 전체 세입 통제, 그리고 학자와 서기관들을 기르는 학문의 전당으로 사용되어 제국의 중앙행정부서와 유기적으로 연결되었다.[13] 그러므로 신전은 단지 제사와 기도처가 아니라 독자적인 관료들을 가진 행정 센터라 할 수 있다. 보통 신전국가에서 일상적인

---

13 그리하여 희생제사 관리나 제빵, 도축 등의 업무를 맡는 담당자를 고용한 흔적이 있었다고 한다. J. Blenkinsopp, *A History of Prophecy in Israel* (Philadelphia: Westminster Press, 1983), 228f. 페르시아가 성전에 관심을 가졌던 이유는 징세가 중심이었다는 J. Schaper의 견해도 Blenkinsopp의 견해와 일맥상통한다. J. Schaper, "The Jerusalem Temple as an Instrument of the Achaemenid Fiscal Administration," *VT* 45 (1995), 428-39.

업무는 대제사장이 권력을 가지고 집행하였는데, 예후다의 예루살렘 성전에 소속된 성직자들의 직무도 희생제의 집행에만 국한되는 것은 아니었다. 이 모든 성전 관리 체제는 중앙 정부의 법률적인 통제를 받게 되는데, 성전의 최고관리자는 왕에게 예속되어 있었다.

하지만 유대 성전 국가는 유프라테스 "강 건너" 지방의 여러 속주들의 위상과 동등한 자치체로서의 성격을 띠어야 했다. 그래서 이에 필요한 예루살렘 성벽의 재건과 법규 정비가 뒤따라야 했기에 오랜 시간을 필요로 했다. 기원전 445년경 느헤미야가 예루살렘이 황폐된 상황을 접하고 소명을 가지게 된 느헤미야서 1~2장의 묘사는 실제로 유다 공동체가 성전 재건 이후에도 오랫동안 안정되지 못하고 표류하였음을 암시한다. 에스라와 느헤미야가 파견되어 페르시아의 속주 예후드의 정치적·종교적 토대를 놓은 이후에야 페르시아 제국의 "강 건너" 지방 예후다는 비로소 성전 공동체로 자리 잡을 수 있었을 것이다.

2) 에스라와 이스라엘 종교의 회복

에스라서의 나머지 내러티브(7~10장)는 515년 성전 완공 이후 약 50여 년의 시간을 훌쩍 건너뛰어, "아닥사스다 왕 제칠 년"(스 7:7), 즉 아르타크세르크세스 1세(465-424년) 재위 458년에 에스라가 파견되는 사건으로 시작한다. 최초의 귀환에서 성전 재건은 어렵사리 나마 이루어졌다. 하지만 해결해야 할 또 다른 과제가 남아 있었다. 그것은 귀환한 유다 공동체가 명실상부한 이스라엘의 정통성을 가지고 있느냐였다. 에스라의 등장은 바로 이 문제를 해결하는 실마리가 된다.

에스라는 많은 귀환자들, 특히 제사장들과 레위 가문과 함께 바빌론을 출발하여 5개월간의 귀환 길에 올라 마침내 예루살렘에 도착한다. 이 내러티브는 왕의 공식적인 조서와 극진한 후원으로 귀환 공동체가 성전 제사를 회복하여 명실상부한 성전 예배를 드리게 되었다는 데 초점이 모인다. 왕은 중앙 정부에서 후원하는 모든 재물을 성전 예배에 사용하도록 하고, 그 지역의 관리들에게는 성전에 고용된 사람들에게 세금을 면제해주도록 배려하고 있다(7~8장). 에스라서의 마지막 부분에는 에스라가 이방인과 예후다 원주민 여자들과 결혼한 지도자들과 제사장, 레위인의 죄를 발견하고 통탄하는 장면이 나온다. 에스라는 이런 종교적 위기를 극복하는 데서 느헤미야서와 중첩된다(스 9~10장; 느 9~10장). 이 장면은 내용상 예루살렘에서 에스라가 율법을 반포했던 사실을 묘사해야 해서 내러티브는 자연스럽게 에스라 8장과 9장 사이에 느헤미야 8장(~10장)을 필요로 한다. 에스라는 초막절에 희생 제사를 준비하기 위해 "수문 앞 광장"에서 율법을 낭독한다(느 7:73[MT 72]~8장). 이 모든 이스라엘 총회를 주관한 것은 총독 느헤미야였다(느 8:9). 온 백성은 일곱째 달 24일에 죄를 고백하고 참회의 제사를 드릴 뿐만 아니라, 언약을 지키고 성전을 유지하기 위한 규약에 서명한다(느 9~10장).

그렇다면 페르시아는 어떤 목적으로 에스라를 파견했을까? 아르타크세르크세스가 내린 조서(스 7:12-26)에서 에스라의 임무는 네 가지로 나타난다. 즉 예루살렘으로 가는 귀환자들을 인도하고(13절), 성전 기기와 성전 운영 자금을 확보하고 운반하며(15-20절), 유다와 예루살렘에서 성전 제사를 비롯하여 하나님의 율법질서가 확립되어 있는지를 조사하며(14절), 예후다는 물론 강 서쪽 지역에 사는 유다인들에게 율법을 확립하고 가르치는 일(25절)이다. 페르시아의 입장에서 본다면, 에스라의 일차적인 임무는 유다와 예루살렘 지역의 법 집행이 잘 이루어지는지를 살피고, 유프라테스강 서쪽에 있는 모든 백성의 재판을 담당할 사람들을 선발하여 "하나님의 율법과 왕의 명령"을 실행하고 강화하라는 것이었다(스 7:14, 25f). 조서 전후 내러티브의 초점은 반복되고 있는 (하늘의) "하나님의 율법"(14, 21, 23, 25, 26절)을 반포하는 데 있다.

에스라는 제국 내의 여러 지방에 대한 행정 통제 정책의 일환으로 파견되었을 것이다. 이는 피지배 민족 구성원들이 살아왔던 전통적인 규범과 법률들을 중앙 정부의 차원에서 제도화하는 것으로, 에스라 시대에 추진된 오경의 성문화도 바로 이런 정책과 연관되어 실행되었을 것이다.[14] 에스라가 파견된 것과 유사하게 캄비세스가 이집트를 정복한 후 내과 의사 우댜호레스네트(Udjahorresnet)를 모국으로 파견한 사례가 있었다. 사이스(Sais)의 성소를 정화하고 그곳 제사와 제사장들을 회복시키려 한 것이다. 그 후 다리우스가 제국의 행정 개혁을 단행하면서 다시 우댜호레스네트를 파견하여, 제사장들을 위해 의학과 제의를 교육하는 이른바 "생명의 집"을 재건하였다. 이를 통해 다리우스는 이집트의 법과 종교를 관할하는 서기관과 종교 교육

---

14 E. Blum, *Studien zur Komposition der Pentateuch* (Berlin&New York: Walter de Gryter, 1990), 345-60. 알베르츠, 『이스라엘 종교사 II』, 192ff. 왕의 조서에 "율법"(7:12, 14, 21, 25, 26)으로 번역된 아람어(다트)는 "토라"가 아니라, 페르시아 '제국의 법'인데, 에스라는 왕의 명령과는 별도로 유다 공동체에 하나님의 율법을 선포하여 이스라엘의 신앙을 개혁하는 일을 했다고 생각한다. 민경진, "페르시아 제국 시대의 유대 역사 재구성: 기원전 458년에서 430까지. 에스라-느헤미야를 중심으로", 『구약논단』, 14/1(2008), 113-37(125f).

기관을 재편하였다.[15] 비록 우댜호레스네트가 에스라처럼 제사장과 서기관(학자)의 역할을 수행하며 법과 종교 제의를 관장하지는 않았지만, 다리우스의 정책적 측면에서 볼 때, '강 서쪽' 지방 예후다에도 예루살렘 성전과 제사를 회복시키기 위해 에스라를 파견했다고 생각하는 데는 문제가 없을 것 같다.

문제는 에스라가 선포한 법이 과연 무엇인가다. 페르시아가 제국의 안정을 위해 모세의 율법(책), 즉 토라를 그대로 사용할 수 있었을까? 에스라를 파견하는 왕의 조서는 "네 하나님의 법"과 "왕의 법"(스 7:26, 사역)을 분리하여 표현한다. 그러므로 왕의 조서에 담긴 법이 하나님의 율법(오경)과 완전히 동일시될 수는 없다.[16] 또 에스라가 시행한 율법을 페르시아 제국이 추진한 법과 분리해서 생각하기도 어려울 것이다. 왜냐하면 성전을 유지 관리하는 조항에서 "하늘의 하나님이 규정하신 것"(7:23)과 "제국의 세금에 관한 것"(7:24) 모두 다루기 때문이다.

그렇다면 에스라의 미션은 성공적으로 수행되었을까? 정치적인 측면에서 본다면 에스라의 활동은 그리 성공적이지 못했다고 판단할 수 있다. 에스라 4:6 이하에 나오는 "르훔과 심새"와 대적들의 반대는 아르타크세르크세스 시대에 일어난 사건들로서, 에스라 자신이 당대에 겪었던 정치적 음모와 반대의 정황을 보여주는 밑그림으로 삼을 수 있을 것이다. 이렇게 에스라는 자신의 임무를 수행하는 데 안팎으

---

15 Blenkinsopp, *Judaism*, 94-97. 또 다른 사례로 다리우스 왕실의 이오니아 특사 히스티에토스(Histaetos)를 밀레토스로 파견하여 그곳의 안정을 도모했던 이야기를 들 수 있다. 헤로도토스, 천병욱 옮김, 『역사』 (고양: 도서출판 숲, 2009), 5.106-8; 6.1-5.

16 R. Rendtorff, "Esra und das Gesetz," *ZAW* 96 (1984), 165-84.

로 많은 어려움을 겪고 있었다. 사실 에스라서에는 이 중요한 미션을 수행하는 핵심적인 조치였던 율법을 반포하는 장면조차 생략되어 있다. 느헤미야 8장을 통해서 그 내용만을 찾아볼 수 있을 뿐이다. 에스라의 파견 기간에 대한 정보를 정확히 판단하기는 어렵지만, 에스라서가 갑작스럽게 9~10장으로 끝나는 것을 보면, 그가 예루살렘에서 오랫동안 활동했다고 보기는 어렵다. 에스라서에서 실제로 두드러진 그의 활동은 혼합 결혼에 대한 진상을 파악하고 그것을 척결하는 내용이 대부분이다.

그러나 종교적인 측면에서 그의 활동은 오랫동안 기억되었다.[17] 에스라가 파견되는 장면을 묘사하고 있는 에스라 7장의 내러티브는 에스라를 모세와 밀접하게 연관시키고 있다. 즉 그는 "모세의 율법에 능통한 학자"(소페르 7:6, 11)로 "주님의 율법을 깊이 연구하고 지켰으며, 또한 이스라엘 사람들에게 율례와 규례를 가르치는 일에 헌신하였다"(7:10)고 묘사된다. 그는 학자이면서 동시에 사독 가문과 아론 지파에 속한 "제사장"이었다(7:1-4).

또한 에스라의 실제적인 활동을 무엇보다도 성전 제사와 공동체의 제의적 정결에 집중하여 묘사하고 있음을 알 수 있다(8:1-36). 이는 귀환 공동체의 정체성의 토대를 제2성전과 그 제의에 두려는 저자의 신학적이고 이데올로기적인 관심에서 나온다. 8장 2절 이하의 귀환자 목록은 총독과 제사장 순서로 언급되는 2장과는 달리 제사장 비

---

17 에스라-느헤미야서 이후의 정경과 외경에 그는 어디에도 등장하지 않는다. 그러나 미쉬나 야다임 3:5에서 그는 정경의 계보를 기록하여 귀환하고, 느헤미야는 역대기의 마무리를 하는 인물로 나타난다. Lawrence H. Schiffman, *Text and Traditions* (New Jersey: KTAV, 1998), 119.

느하스 가문이 가장 먼저 언급되고(8:2), 다음으로 다윗 왕족 핫두스(8:2b), 그리고 일반인들(8:3ff)이 그 뒤를 따르고 있다. 또한 "사로잡혀 갔던 사람들"을 대변하는 리스트에서는 귀환 공동체가 12지파 전통을 전수받은 자들이라는 의식이 곳곳에 배어 있다. 예컨대, 12가문(8:1-14)과 12제사장(8:24)은 물론 희생제물도 12배수인 96과 72로 되어 있다. 귀환 공동체는 모세의 율법에 규정된 성전제의를 준수하는 참된 이스라엘이며, 이를 대변하는 자들이 제사장과 레위 사람들이라는 관점을 부각시키고 있는 셈이다. 에스라 2장의 초기 귀환 공동체 명단에 제사장들은 973명이었던 반면 레위 사람은 74명에 불과했다. 에스라는 귀환 준비를 위해 특별히 레위 사람의 수를 채우기 위해 노력한다(8:15-20). 왜냐하면 유다 공동체의 구성원 가운데 제사장과 레위인은 이스라엘 회복의 종교적·제의적 상징을 나타내기 때문이다.

자료의 배열상 에스라 7-8장을 보완하고 있는 느헤미야 8장은 수문 앞 광장에서 제사장 에스라가 율법을 반포하고, 레위인들이 백성들에게 그것을 해석해주고 있는데, 여기서 에스라는 '율법 수여자' 모세를 연상시킨다. "학자이자 제사장"인 에스라가 히브리어로 된 모세의 율법(책)을 낭독하면 레위 사람들이 그것을 백성들에게 아람어로 통역하고 설명해주었다(8:8). 이 본문이 후대 유대교의 회당 예배에 깊은 영향을 주고 있음은 분명하다.[18] 백성들에게 율법을 가르치는 유대교의 전형적인 '서기관'의 모델은 여기 에스라에게서 시작된다.

---

[18] 다만 이 본문이 후대의 영향을 받았는지 아니면 그 반대인지가 논쟁이 될 뿐이다. 윌리엄슨, 『에스라-느헤미야』, 524ff

하지만 코흐(K. Koch)는 에스라가 서기관이라는 전통적인 관직을 맡았다 하더라도, 이는 에스라 당대의 언어와 정치적 문맥에서 그 의미를 찾아야 한다고 주장한다. 비록 에스라가 현실적인 행정관의 임무를 수행하기는 했지만, 이스라엘의 종말론적 회복을 포기하고 단지 성전 체제에 안주하려는 것은 아니었다는 것이다.[19]

3. 이스라엘 회복의 사회적 갈등

회복된 이스라엘 공동체는 서로 다른 문화적·정치적 성향을 가지고 있었다. 그래서 이방인들과의 결혼 금지와 같은 분리주의적인 이데올로기를 받아들일 수 없는 집단이 존재할 수 밖에 없었다. 종교적 규범으로 민족적 정체성을 강화하는 데 부담을 느낀 이방인 친화적인 귀족층이 바로 그들이다. 그런가하면 공동체의 정체성을 강요하는 종교적 이상주의는 이미 혼합주의적인 생활양식을 받아들인 가난한 사람들에게도 부담이 되었을 것이다. 그리하여 이제 이스라엘의 회복의 과제는 성전과 성벽 재건과 같은 하드웨어에서 구성원의 자격 문제라는 소프트웨어로 향하게 된다. 즉 에스라-느헤미야서의 내러티브는 점차 외부적인 변수에서 내부적인 과제로 담론이 옮겨진다. 이스라엘의 백성이 되는 자격에 오랫동안 이방인의 지배를 겪으면서 민족으로서의 정체성이 중요해졌다. 자연스럽게 제의적 정결을

---

19 K. Koch, "Ezra and the Origin of Judaism," *JSS* 19 (1974), 173-97 (196).

통한 공동체의 율법 준수가 점점 더 중요시되었다.

그런가하면 당시 귀환 공동체와 그 지역에 남은 백성들의 갈등은 첨예화되었다. 유배되지 않고 그 땅에 남은 자들에 대한 구약의 보고는 양면적이다. 열왕기하 25장 12절은 "그 땅의 가장 비천한 자들"이 유다에 남았다고 하는 반면, 예레미야 40-43장은 바빌로니아가 유다의 총독 그달랴를 임명했으나, 그를 암살할 만한 귀족과 군인 제사장, 거짓 예언자들까지 남아 있었다고 묘사한다. 그곳에는 이집트로 피난하려는 집단도 있었다. 느브갓네살은 여호야긴 시대에 약 1만 명(왕하 24:14)의 관리와 용사들과 약 7,000명의 용사를 사로잡아 갔다고 한다. 이 보고에 의하면 유배된 사람들의 수는 그리 많지 않다. 예레미야 25:28-30은 그 수를 예루살렘에서만 약 3,000명 정도로 추산한다. 즉 당시 유배당한 자들은 오히려 소수였고 상당수가 남았다고 볼 수 있다.

그런데 역대기 사가는 예루살렘이 포위당했을 당시 생존자 모두가 바벨론으로 끌려갔을 뿐만 아니라, 그 땅은 마치 안식년을 누림과 같이 황폐하여 비어 있었다고 기록한다(대하 36:21). 에스라-느헤미야서 저자도 유다 왕조의 멸망과 유배 이후 수십 년이 지나 스룹바벨과 예수아가 귀환했을 때 그 땅에는 주민들이 살고 있지 않아서, 귀환자들은 자기 땅으로 돌아갔다고 묘사한다(스 2:1=느 7:6). 그런데 "그 땅의 백성들"은 원래 바빌로니아 왕 에살핫돈이 이주시켜 그곳에 정착한 사람들로서, 에스라서는 그들을 "유다와 베냐민의 대적"으로 묘사한다(4:1-4). 사실 그들은 이방 여인들과 결혼을 금하는 에스라 10장에서 "외국인"(나크리)으로 여러 번 언급되고 있다(10:2, 10, 11, 14, 17, 18, 44; 비교. 느 13:26, 27). 느헤미야 9-10장도 "이방인의 모든 자녀들로부터 자신을 구별"하려는 의지는 강하게 나타난다(9:2; 10:29, 31f). 이로 보건대 에스라서는 유다 백성이 추방된 이후 그 땅에는 다른 유다인들이 남아 있지 않았다는 관점을 견지한다. 이는 페르시아 시대 후기 자료들(스 1-6장; 에스라1서 2-7장)에서 분명히 드러나는데,[20] 귀환 공동체의 정체성을 무너진 유다 왕조의 "정제되고 정결한 남은 자"로 규정하는 하나의 '신학적 관점'이다.

에스라-느헤미야서에서 귀환공동체는 "사로잡힌 자들"(골라)이라는 독특한 용어로 정의된다. '사로잡힘, 감금, 포로'(쉐비. captivity)라는 일반적인 용어와는 별도로 사용되는 이 용어는 유배, 추방 혹은 망명(exiles)을 표현한다. 이 두 용어가 연결되어 사용되고 있는 본문은 에스라-느헤미야서가 공유하고 있는 귀환자 명단을 소개하는 대목이다.

> 옛적에 바벨론 왕 느부갓네살에게 바벨론으로 사로잡혀 갔던 자들의 자손들 중에서 (포로에서) 놓임을 받고 (예루살렘과 유다) 지역으로 돌아온 자(브네이…미쉐비 하골라) 돌아와 각기 각자의 성읍으로 돌아간 자는…(스 2:1=느 7:6. 개역개정).

이 용어는 "유배의 사로잡힘에서 올라온 그 지역의 자손들"(2:1. 저자 사역)이라는 표현에서 유래한 것으로 보인다. 에스라-느헤미야서의 저자는 이 표현에서 "자손들"과 "유배된 자들"을 붙여 "유배된 자들

---

20 Grabbe, *A History of the Jews and Judaism I*, 286

의 자손들"(브네 하골라)이라는 용어를 사용하여, 특히 에스라에서 "그 지역(땅)의 사람들"과 대립된 개념으로 사용하여 귀환 공동체를 정의하고 있다.

사실 "그 땅의 백성들"은 이방인이 아니었다. 그들은 바빌로니아의 침공으로 경제와 사회는 물론, 성전조차 파괴되어 수가 축소되었지만 유다 왕조 아래에서 살아갔던 유다인의 후손들이었다.[21] 유배된 자들이 이스라엘의 '남은 자들'(the remnant)이었다면, 그 땅의 백성들은 '남겨진 자들'(the remainees)이었다. 이 두 그룹의 갈등은 귀환 초기의 상태에서도 발생했겠지만 심각하지는 않았을 것이다. 일시에 많은 사람이 대거에 귀환했던 것이 아니라, 소수의 귀환자들이 오랫동안 귀환 대열에 합류했다면 말이다. 초기 귀환을 통해서 성전 재건이 좌절되고, 다시 다리우스 시절에 학개와 스가랴가 성전 예언으로 사회적 통합을 이루려 했고, 결국 이 과정을 통해서 비로소 성전이 완공되었기 때문이다.[22] 아마도 심각한 갈등은 5세기 중반 에스라-느헤미야의 이상화된 종교·사회적 개혁 추진으로 발생했으리라.

요약해보자. 에스라 1-6장에 의하면, 페르시아 시대 초기에 일어난 귀환과 성전 재건은 키루스 시대부터 다리우스 1세까지(538-515년) 약 23년에 걸쳐 진행되었다고 볼 수 있다. 이제까지 초기 귀환과 성전 재건의 동기에 대한 여러 가지 다양한 가설이 있었지만 이런 모든 주장의 전제는 성전 재건이 587년 이스라엘의 패망 이후 '유다의 회

---

21 Bedford, *Temple Restoration*, 274-76.
22 Bedford는 성전 재건의 현실적인 동력은 오히려 귀환자들이 돌아왔을 때 이미 그 땅에 있었던 사람들에게서 나왔고, 학개는 그들을 격려했을 것이라고 주장한다. Bedford, *Temple Restoration*, 298.

복'을 목표로 한다는 데서 일치한다. 귀환 정책이 페르시아 대왕들의 주도로 시작되었다고 볼 수는 없다. '유다인들'에 의해 추진되고 페르시아 제국의 재가를 받았다. 이스라엘의 회복은 이렇게 바빌로니아 제국에 의해 유배되었던 디아스포라의 엘리트 '유다인'들에 의해 추진되었다. 그들은 유배지에서 성공적으로 지배 계층과 융합되어 제한적이나마 제국의 정치에 참여할 수 있었고, 새로이 페르시아 제국이 등장하자, 페르시아의 통치 정책에 부합하는 범위 안에서 귀환을 얻어낼 수 있었을 것이다. 반면 성전 재건은 초기부터 귀환 공동체를 반대하는 예후다 안팎의 세력에 부딪혀 중단되어 있었다. 그러다가 다리우스 시대 페르시아 제국 전체는 물론 특히 유프라테스 '강 서쪽' 지방의 정치적 안정을 추구하는 제국의 정책에 부합하여 이른바 '유다 성전 공동체' 건설의 일환으로 다시 추진되어 드디어 완공되었다. 에스라는 에스라가 총독으로 파견되었다는 암시는 없다. 그는 하나님의 백성의 삶의 토대로서 율법을 확립하고, 율법을 당시의 역사적 상황과 그들의 실제 생활에서 해석하고 적용되도록 했다. 그는 그렇게 토라를 이스라엘의 종교적 회복의 중심에 놓는 데 결정적인 역할을 하였다. 그러나 회복된 이스라엘을 구현할 진정한 유다 성전 공동체 건설을 위해서는 귀환자들과 그 땅에 남겨진 자들 사이에 종교 공동체 내부의 정체성을 둘러싼 갈등을 풀어야 했다. 그러나 이스라엘 역사의 정통성이 과연 유배된 자들, 즉 귀환을 추구한 디아스포라 유다인에게 있는가, 아니면 유배되지 않고 예후다 지역에 살아남은 '그 땅의 백성'들에게 있는가? 결과적으로 역사는 귀환 공동체에게 '이스라엘 전통의 계승자'라는 지위를 부여했다. 이것은 '그 땅의 사람들'에 대한 귀환 공동체의 종교적·정치적 승리를 의미했다. 하지만 에스라 느헤미야가 세운 고대 유대교의 준엄한 율법 준수라는 이상주의적 사상은 이스라엘의 사회적 통합을 어렵게 했을 것이다. 그나마 귀환 공동체가 주도한 제사장 주도의 이른바 신정(神政) 체제의 신학이 예언자들이 주도한 사회 통합의 신학과 결합할 수 있었던 것은 이스라엘의 회복을 사회적으로 견인하는 역할을 했을 것이다.

2

에스라서의 중심 주제:
민족의 회복

강성열 교수(호남신학대학교)

1. 에스라 시대의 혼란스러운 상황

1) 에스라서

에스라서는 역대하의 마지막 본문(대하 36:22-23)을 거의 그대로 이어받아 시작(스 1:1-3)하고 있는 책이다. 이것은 에스라서가 역사적인 순서를 따라 역대상하의 내용을 이어가고 있는 책임을 뜻한다. 넓은 의미에서 본다면, 에스라서를 포함하여 역대상하에서 에스더서까지 이어지는 책들은 바벨론에 포로로 잡혀갔던 사람들을 중의 일부가 유다와 예루살렘으로 귀향한 이후의 삶을 배경으로 하는 책들이다. 이른바 귀향 공동체의 삶과 신앙을 다루고 있는 책들이라는 얘기다.

범위를 좁혀서 에스라서를 보도록 하자. 에스라 7장을 보면, 율례 "학자"-더 정확하게는 "서기관"(scribe, '소페르')-요 제사장인 에스라가 언제 예루살렘에 귀향했는지를 알 수 있다. 당시 상황을 7-9절은 이렇게 설명한다: "아닥사스다 왕 제 칠년에 이스라엘 자손과 제사장들과 레위 사람들과 노래하는 자들과 문지기들과 느디님 사람들 중에 몇 사람이 예루살렘으로 올라올 때에 이 에스라가 올라왔으니 왕의 제 칠년 다섯째 달이라. 첫째 달 초하루에 바벨론에서 길을 떠났고 하나님의 선한 손의 도우심을 입어 다섯째 달 초하루에 예루살렘에 이르니라." 이 본문에 의한다면, 페르시아의 아닥사스다 왕이 주전 465년부터 424년까지 통치했으니, 그 왕의 제7년은 주전 458년 경이 될 것이다. 따라서 에스라는 주전 458년 1월 1일에 페르시아 땅을 떠나 4개월 정도의 여정을 마친 후인 5월 1일에 예루살렘에 도착했다는 얘기가 된다.

그가 예루살렘에 도착했을 무렵의 상황은 제사장인 에스라의 가슴을 답답하게 만들 정도로 어지럽고 혼란스러운 상태에 놓여있었다. 에스라의 회개 기도를 담고 있는 9장과 에스라의 개혁 조치에 관해 다루는 10장에 그것이 잘 설명되어 있다. 한마디로 말해서 많은 지도자들과 백성들이 가나안 원주민들이나 주변 나라들의 딸들을 아내로 맞아 통혼(通婚)함으로써 하나님의 백성으로서의 정체성을 상실하고 말았다는 점이 그렇다. 에스라의 회개 기도나 개혁 조치가 통혼 풍습 한 가지에만 맞추고 있지만, 그것은 에스라의 시대가 총체적으로 부패하고 타락한 시기였음을 상징적으로 보여 준다.

2) 느헤미야서와 말라기

이러한 총체적 위기의 상황은 에스라보다 조금 더 늦은 시기인 아닥사스다 왕 제20년(주전 445년)에 총독으로 예루살렘에 부임한 느헤미야의 개혁 조치들에 훨씬 더 자세하게 설명되어 있다. 귀족들이나 민장들을 비롯한 많은 지도자가 극심한 흉년으로 인하여 많은 가난한 백성이 고통과 절망에 빠져 있는데도 그들의 고통을 경감시키거나 함께 나누려 하기는커녕 도리어 고리대금으로 그들을 괴롭히는가 하면 빚을 핑계로 하여 그들의 밭과 포도원을 탈취하고 심지어는 자녀들을 종으로 사들이는 파렴치한 모습을 보이고 있었다는 지적이 그렇다(느 5:1-7). 무엇보다도 이전 총독들의 타락상을 고발하는 느헤미야의 다음과 같은 말은 그 시대의 혼란상을 실감나게 잘 표현해 주고 있다: "나보다 먼저 있었던 총독들은 백성에게서, 양식과 포도주와 또 은 사십 세겔을 그들에게서 빼앗았고 또한 그들의 종자들도 백성을 압제하였으나 나는 하나님을 경외하므로 이같이 행하지 아니하고"(느 5:15).

비슷한 시기에 활동했던 예언자 말라기의 메시지에서도 동일한 상황 묘사를 찾아볼 수 있다. 특히 제사장들의 타락상(말 1:6-2:9)과 잡혼, 이혼, 가정 폭력 등의 혼란스러운 상황에 대한 비판 메시지(말 2:10-16)가 그렇다. 그의 예언 메시지에 의하면, 제사장들은 하나님의 이름을 더럽히는 불량한 제물들을 드림으로써 하나님을 공경하거나 두려워하기는커녕 하나님의 이름을 공개적으로 멸시하였다(1:6), 또한 그들은 하나님께서 주신 지식의 법을 지켜야 하고 백성들에게 율법을 가르쳐야 마땅했는데도, 도리어 올바른 길에서 떠나 많은 사람으로 하여금 율법을 버리고 곁길로 가게 했다(2:7-8). 그뿐만이 아니었다. 그들은 하나님의 율법을 사람들에게 편파적으로 적용하기까지 하였다. 그 까닭에 하나님께서는 희생제물의 똥을 그들의 얼굴에 칠하여 그들이 모든 백성 앞에서 멸시와 천대를 당하게 하겠다고 말씀하신 것이다(2:9).

이렇듯이 제사장들이 타락하고 부패했기에, 이스라엘 백성 역시 그들과 마찬가지로 불성실한 제사로 하나님의 제단을 더럽혔을 뿐만 아니라, 하나님의 성결을 욕되게 하여 이방 신의 딸들, 곧 이방 신을 섬기는 여자들과 마음대로 결혼하는 잘못까지 범하였다(2:11). 또한 그들은 젊은 날에 하나님께서 짝지어주신 아내와 쉽게 이혼하고서 마음에 드는 이방 여인을 찾아 무분별하게 간음을 행하였다(2:14). 심지어는 자기 아내에게 폭력을 행함으로써 아내를 학대하기까지 하였다(2:16). 더 나아가서 그들은 십일조와 봉헌물을 도둑질하는 비뚤어진 모습을 보이기도 했다(3:7-9).

2. 민족 회복의 출발점: 성전 건축

1) 제2성전의 건축과 중단

율례 학자(scribe)이면서 제사장인 에스라의 눈으로 볼 때 이러한 상황은 정말 견디기 어려웠을 것이다. 그 자신이 제사장이기에 더욱 그러했다. 그처럼 혼란스러운 상황이 초래된 것에 대해서는 제사장들에게 가장 큰 책임이 있었기 때문이다. 이 점은 그를 칭할 때 유대인 직책인 제사장 직분을 페르시아 정부에 의해서 부여된 서기관 직분보다 항상 먼저 언급된다는 사실에서 간접적으로 확인된다(스 7:11, 12, 21; 느 8:9; 12:26).[1] 그는 제사장이기에 아버지의 이름만 소개(느 1:1)될 뿐인 평신도 총독 느헤미야와는 달리, 족보가 첫 번째 제사장인 아론까지 16대나 거슬러 올라간다(스 7:1-5).

에스라의 이러한 제사장 직분은 그가 열 장이나 되는 자신의 책에서 자기 시대와 아무 상관이 없는 제2성전, 곧 스룹바벨 성전의 건축에 관해 3-6장에 걸쳐서 매우 상세하게 설명하고 있다는 사실에 의해 뒷받침된다. 제사장의 역할 중에서 가장 중요한 것이 성전 제사에 있다는 점을 염두에 둔다면, 그가 앞선 시대에 이루어진 성전 재건에 깊은 관심을 두는 것은 지극히 당연한 일이 아닐 수 없다. 성전 공동체의 회복이야말로 무너져 내린 이스라엘 백성의 정체성을 회복함으로써 민족 재건과 회복을 가능하게 만드는 가장 중요한 출발점이었기 때문이다. 물론 3-6장에 설명된 바와 같이 성전 재건 작업이 순조롭게 잘 진행된 것은 결코 아니었다.

그렇다면 구체적으로 어떠한 과정을 거쳐서 성전 재건 작업이 완료된 것일까? 제사장 에스라의 주요 관심사에서 확인할 수 있듯이, 페르시아 제국의 도움으로 고향으로 돌아온 이스라엘에게 가장 시급하게 요청된 것은 그들의 삶의 중심을 이루는 성전을 건축하는 일이었다. 그래서 귀향민들은 즉시 힘을 모아 성전 건축을 시작했다. 이

---

1 에스라는 구약성서에서 이 두 직분이 한 사람 안에서 합쳐진 유일한 인물로 소개된다: V. P. Hamilton, 『역사서 개론』, 강성열 옮김 (서울: 크리스챤 다이제스트, 2005), 660-661. 그런데 개역 개정판은 흥미롭게도 느헤미야서의 경우에는 "제사장 겸 학사"로 순서를 옳게 번역하고 있으나 에스라서에서는 "학자 겸 제사장"으로 순서를 뒤집어서 잘못 번역하고 있다.

작업은 바벨론으로부터 귀향민들을 이끌고 돌아온 유다 총독 세스바살과 스알디엘의 아들 스룹바벨 및 대제사장 예수아(여호수아) 등에 의해 시작되었다(스 2:1-2; 3:1-8). 그러나 불행하게도 성전 공사는 과거에 앗수르 제국이 사마리아에 포로로 잡아 왔던 이방인들과 귀향민들을 대적하는 무리들에 의하여 금방 중단되고 말았다(스 4장).

이러한 상황은 거의 18년이 다 지나도록 변함이 없었다. 누구 하나 나서서 성전 건축을 추진하려고 하지 않았다. 총독도 대제사장도 반대 세력의 위협에 눌린 나머지 감히 엄두를 내지 못했다. 거기에는 다른 이유도 있었다. 대부분의 귀향민들은 바벨론에서 옮겨온 뒤로 새로운 환경에 적응하기 위해 발버둥치고 있었다. 가뭄과 농작물의 피해로 인해 땅은 메말라 있었고 사람들은 절망 속에 빠져 있었다(학 1:6, 9-11; 2:16-17). 따라서 그들 대부분은 경제 사정이 나아지기 전까지는 성전을 그대로 버려둘 수밖에 없다고 생각했을 것이다.

2) 성전 건축의 재개와 완공

사태가 이 지경에 이르자, 신앙의 회복과 공동체의 재건을 위해 반드시 성전을 지어야 한다고 생각하는 사람들이 생겨났다. 학개는 바로 그러한 사람 중의 대표자 격이었다. 그는 비극적인 경제 사정에도 불구하고 성전에 대해 무엇인가를 해야 한다고 생각한 것이다. 하나님은 이러한 생각을 하고 있던 학개를 예언자로 부르셨다. 스가랴도 마찬가지로 성전 재건을 외치는 예언자로 부름을 받았지만(스 5:1; 6:14), 정작 스가랴서는 스가랴의 성전 재건 운동에 대해서는 별로 얘기하지 않고, 오히려 그가 본 여덟 가지 환상과 예루살렘의 회복과 번영에 대해서 기록하고 있다. 또한 스가랴서는 메시아가 곧 올 것이며 마지막 날에 전면적인 하나님의 심판과 구원이 이루어질 것이라는 예언을 포함하고 있다.

그러나 학개서는 그렇지 않다. 학개의 예언 활동은 거의 전적으로 성전 건축에 초점을 맞추고 있다. 따라서 제2성전 건축의 구체적인 과정은 학개서에서 확인할 수 있다. 학개서에 의하면, 그는 정확하게 다리오 왕 제2년인 주전 520년 6월 1일에 하나님의 말씀을 받아 성전 건축에 관한 말씀을 선포하게 되었다. 하나님의 말씀을 받은 학개는 맨 먼저 여호와의 전을 건축할 때가 이르지 않았다는 핑계로 선전 건축을 기피하고 있는 귀향민들의 잘못된 생각을 지적하였다(학 1:2). 아울러 그는 그들이 자기들만 판벽(板壁)한 집에 살면서 폐허가 된 채로 방치된 하나님의 집에는 전혀 신경을 쓰지 않는다고 비난하였다(학 1:4, 9).

세스바살을 이어 유다 총독으로 임명된 스룹바벨과 대제사장 여호수아 및 모든 백성은 학개의 책망에 크게 찔림을 받았다. 학개를 통해 주어진 하나님의 말씀을 듣고 하나님을 두려워하게 된 것이다. 학개와 스가랴의 예언 활동에 힘입어 사태가 이처럼 순식간에 바뀌면서 스룹바벨과 여호수아 및 남아 있는 모든 백성은 그 마음에 하나님의 감동을 받아 중단되었던 성전 공사를 다시 시작하기에 이르렀다(스 5:1-2). 학개 1:15은 이때가 다리오 왕 제2년, 곧 주전 520년 6월 24일이었음을 밝히고 있다. 방해자들의 상소문이 있기는 했지만, 성전 건축은 다리오 왕의 조서에 따라 순조롭게 잘 진행되었고(스 5:3-6:14), 5년여의 우여곡절 끝에 마침내 다리오 왕 제6년, 곧 주전 515년 아달월 3일에 성전 건축이 완료되기에 이르렀다(스 6:15). 이날에 이스라엘 자손과 제사장들 및 레위 사람들 등 모든 귀향민들은 즐거운 마음으로 하나님의 성전 봉헌식을 거행하였다(스 6:16-18).

이렇듯이 앞 시대의 성전 재건을 통한 신앙 공동체의 회복을 강조함으로써 재건된 성전을 민족 회복의 출발점으로 이해한 에스라는 총체적인 위기의 상황에 처해 있는 자기 시대의 상황으로 관심의 초점을 옮김과 아울러, 예루살렘으로 떠나기 전에 하나님의 성전을 위하여 섬길 레위 사람들을 찾아서 성전 일꾼들로 지명하였으며, 예루살렘 여정에 야웨 하나님께서 함께 하시기를 금식하면서 간구하는 모습을 보였다. 또한 그는 재건된 예루살렘 성전을 위해 사람들이 바친 예물들을 한데 모아 예루살렘으로 가지고 온 다음에, 그것들을 제사장들에게 넘겨주었으며, 귀향민들과 함께 하나님께 풍성한 번제를 드리기도 했다(스 8:15-36).

3. 민족 회복을 위한 첫걸음: 에스라의 회개 기도

1) 에스라의 회개 기도와 민족 회복

앞서 살핀 바와 같이, 에스라는 민족 회복의 출발점을 하나님과의 관계 회복을 상징하는 성전 재건과 성전 공동체의 회복에서 찾았지만, 그것만으로는 하나님과의 관계 회복에 뿌리를 둔 민족 회복의 과제가 완성되지 않는다. 재건된 성전에서 하나님을 예배하고 섬기는 자들의 삶이 여전히 비뚤어진 채로 남아 있기 때문이다. 그 점을 누구보다도 잘 알고 있는 제사장 에스라는 앞선 시대의 성전 재건에 더

하여 자기 시대의 상황 속에서 가장 먼저 이루어야 할 과제가 잘못된 현재에 대한 철저한 회개와 반성에 있음을 절실하게 느꼈다. 그 까닭에 그는 귀향 공동체의 무너진 신앙생활에 경종을 울리는 차원에서 간절한 참회의 기도를 하나님께 드린다(스 9장).

그의 회개 기도는 무엇보다도 이스라엘 백성과 제사장들과 레위 사람들이 "이 땅 백성들," 곧 가나안 사람들과 헷 사람들과 브리스 사람들과 여부스 사람들과 암몬 사람들과 모압 사람들과 애굽 사람들과 아모리 사람들의 가증한 일을 행하되, 그들의 딸을 아내와 며느리로 삼아 거룩한 하나님의 백성으로서의 본문을 망각했다는 사실에 근거한 것이었다. 그 계기는 에스라가 오랫동안 페르시아에 머물러 있었기에 귀향 공동체에 관한 정보가 어두운 터에, 귀향민들을 이끄는 방백 중 소수의 의인이 그를 찾아와 잡혼(雜婚)에 관한 사실을 알려줌으로써 이루어졌다. 아마도 에스라의 개혁적인 행보를 마음속으로 응원하고 있었을 그들은 자신들을 제외한 다수의 방백들과 고관들이 그러한 범죄 행위에 빠져들었음을 에스라에게 알려주었다(스 9:1-2).

물론 그들이 말하는 잡혼 행동은 하나님께서 모세를 통하여 시내 산에서 주신 율법 규정에 따라 엄격한 금지의 대상이 되는 것(출 34:15-16; 레 18:24-30; 신 7:1-5; 18:9; 수 23:12-13)이었다. 그것은 이스라엘 민족이 거룩한 하나님의 백성으로서의 정체성을 지키기 위한 노력으로 매우 중요한 의미가 있는 것이었다. 제사장으로서 그러한 율법 규정을 잘 알고 있던 에스라는 기가 막힌 나머지 속옷과 겉옷을 찢고 머리털과 수염을 뜯는 등의 애곡 의식²을 행하는 중에 주저앉고 말았다.

그러나 다행스럽게도 모든 사람이 그러한 잡혼 행위에 빠져든 것은 아니었다. 하나님의 말씀을 두려워하는 사람들도 있었다. 그들은 아마도 1절에 언급된 소수의 의로운 방백들을 가리키거나 에스라의 개혁 활동을 음으로 양으로 지지하는 자들이었을 것이다. 그 까닭에 그들은 귀향 공동체의 많은 유력한 자들이 하나님께서 금하시는 잡혼의 죄악에 빠져든 것을 걱정한 나머지 자연스럽게 에스라에게 모여들었을 것이다(9:4). 에스라는 슬픔을 가누지 못한 채로 저녁 제사 드릴 때까지 앉아 있다가 속옷과 겉옷을 찢은 상태 그대로 무릎을 꿇고서 두 손을 치켜든 채로 하나님께 귀향 공동체의 죄를 대신 고백하는 참회의 기도를 드렸다(9:5).

2) 민족 회복의 첫걸음인 회개 기도의 세 가지 구성 요소들

그가 드린 참회의 기도는 세 가지 요소들로 구성되어 있다. 가장 먼저 그는 조상들의 무수한 죄가 하나님의 진노와 심판을 초래하여 민족의 멸망이라는 불행한 결과에 이르렀음을 고백한다(9:6-7). 그런데 이 대목에서 에스라는 왕들과 제사장들을 별도로 언급함으로써 나라와 민족의 멸망이 정치 지도자인 왕들과 종교 지도자인 제사장들에게 있음을 확실하게 지적하고 있다.

---

2 이러한 애곡 의식에 관해서는 필자가 쓴 다음의 글을 보라: "고대 이스라엘의 애곡 의식과 회개," 「신학이해」 제45집 (2013), 7-39.

둘째로 그는 하나님께서 심판으로 나라와 민족을 끝장내시지 않고 도리어 일부를 남겨 두어 그들이 거룩한 처소에 박힌 못과 같게 하시고, 압제와 속박의 땅에서 해방되는 구원의 은총을 베풀어주셨을 뿐만 아니라, 제2성전을 건축하게 하심으로써 공동체 재건의 기틀을 마련해 주셨음을 감사한다(9:8-9). 셋째로 그는 자기 시대의 사람들이 하나님의 계명을 어기고서 주변에 있는 이방 민족들과 통혼하였음을 백성의 대표자 자격으로 하나님께 고백하며 회개한다(9:10-15).

에스라의 이러한 회개 기도는 그가 율법을 대표하는 자로서 하나님과 이스라엘 백성을 중재하는 제사장 역할을 수행하는 자이기에 가능한 것이다. 실제로 제사장의 역할에 관해서 규정하는 레위기와 제사장이면서 예언자로 활동한 에스겔은 제사장의 직무를 다음과 같이 규정하고 있다: "그리하여야 너희가 거룩하고 속된 것을 분별하며 부정하고 정한 것을 분별하고 또 나 여호와가 모세를 통하여 모든 규례를 이스라엘 자손에게 가르치리라"(레 10:10); "내 백성에게 거룩한 것과 속된 것의 구별을 가르치며 부정한 것과 정한 것을 분별하게 할 것이며 송사하는 일을 재판하되 내 규례대로 재판할 것이며 내 모든 정한 절기에는 내 법도와 율례를 지킬 것이며 또 내 안식일을 거룩하게 하며"(겔 44:23-24; 겔 22:26). 이러한 제사장 직무 규정은 제사장이 하나님께서 주신 율법 규정에 기초하여 이스라엘 공동체의 거룩함을 지켜야 하는 성직자임을 분명하게 보여 주는 바, 에스라는 9장의 회개 기도를 통하여 민족 회복을 위한 자신의 제사장 직무를 바르게 수행하고자 했을 것이다.

4. 민족 회복을 위한 에스라의 개혁 조치

1) 귀향 공동체의 동의와 협력 다짐

민족 회복을 위한 노력은 단순히 제사장 에스라 한 사람의 회개 기도만으로 완성될 수 있는 성격의 것이 아니다. 귀향 공동체에 속한 사람들 모두가 에스라의 회개 기도에 전적으로 동의하는 한편으로, 그들 자신의 삶을 하나님의 율법에 맞추어 변화시키기로 결심하지 않는다면, 그것은 에스라 한 사람의 회개로 끝날 가능성이 크기 때문이다. 건강한 공동체의 재건이나 민족의 회복 자체가 불가능해진다는 얘기다. 그런데 다행스럽게도 에스라가 성전 앞에 엎드려 울며 기도하면서 백성의 죄를 고백할 때, 귀향 공동체의 남녀와 어린아이의 큰 무리를 포함하는 많은 백성이 크게 통곡함으로 에스라의 통회 자복에 자발적으로 참여한다(10:1).

뿐만 아니라 이처럼 참회하는 마음으로 에스라의 회개 기도에 참여하고자 하는 귀향 공동체를 대표하여, 엘람 자손 여히엘의 아들 스가냐가 에스라에게 나아와 그의 개혁 활동이 어떻게 이루어져야 할 것인지에 대한 구체적인 방향을 제시하는바, 그는 먼저 귀향 공동체의 많은 사람들이 이방 여자를 아내로 맞이한 잘못된 행동으로 하나님께 범죄 했음을 자복하며(10:2a), 하나님의 율법을 존중하는 자들을 중심으로 잡혼 가정의 해체를 반드시 이룸과 동시에, 에스라의 개혁 조치를 적극 지원하겠다고 약속한다(10:3-4). 그는 귀향 공동체의 이러한 자복과 변화의 결단이야말로 거룩한 백성으로서의 정체성을 상실한 귀향 공동체에게 아직도 희망이 있음을 보여주는 증거임을 강조한다(10:2b).

스가냐의 이러한 발언은 세 가지를 중심 내용으로 가지고 있다. 첫째로 귀향 공동체는 아래로는 제사장인 에스라의 교훈을 따르면서 위로는 하나님을 경외하는 마음으로 떨면서 하나님의 명령을 준행하고자 하는 자들의 가르침을 따르겠다고 약속한다(10:3a). 둘째로 귀향 공동체는 에스라의 교훈과 하나님을 경외하는 자들의 가르침을 존중하여 모든 이방 아내들과 그들에게서 태어난 아이들을 다 내보낼 것을 다짐하는 언약을 하나님 앞에서 세우고 하나님의 율법대로 행하겠다고 약속한다(10:3b). 셋째로 귀향 공동체는 잡혼 가정을 해체함으로써 민족 회복의 첫걸음을 내딛는 일이 제사장 에스라가 주도적으로 수행해야 할 개혁 조치임을 강조하면서, 그의 개혁 조치를 적극적으로 지원하고 돕겠다고 약속한다(10:4).

2) 에스라의 개혁 조치와 명단 공개

에스라 시대는 공교롭게도 앞선 시대에 있었던 제2성전 건축 방해 공작의 경우와 마찬가지로 귀향 공동체에 속하지 않은 외부인들에 의해서 이루어진다. 방백들과 고관들을 비롯한 많은 사람이 이방 여인들을 아내나 며느리로 맞이함으로써 하나님께서 금지하신 혼혈 결혼에 빠져든 것이 그렇다. 이러한 범죄 행위에 대해서 에스라는 페르시아의 고레스 왕에 의해 허락된 자신의 권력을 이용하여 방백들이나 고관들을 면직시킬 수 있었고, 그들을 감옥에 가두거나 귀양 보낼 수도 있었으며, 그들의 재산을 몰수하고 심지어는 사형에 처할 수도 있었다(7:26). 그러나 에스라는 그렇게 하지 않는다. 얼마든지 자신의 권력과 권한을 이용하여 그들을 처벌할 수 있었지만, 도리어 민족 회복이라는 중요한 과제 앞에서 그들 모두를 위한 참회의 기도를 드리며, 귀향 공동체의 반성과 결단에 기초하여 잡혼의 부정함에 빠져든 자들의 가정을 해체하는 조치로 민족 회복의 과제를 완성하고자 한다.

에스라의 가정 해체 조치는 두 단계를 거쳐서 이루어진다. 그 첫 번째 단계로 에스라는 당시의 종교 지도자들인 제사장들과 레위 사람들 및 귀향 공동체의 모든 구성원에게 스가냐가 약속한 바(10:3-4)를 맹세하게 한다(10:5). 그들의 맹세를 받아들인 에스라는 제사장 엘리아십(느 3:1; 13:4)의 아들 여호하난의 방으로 들어가 귀향 공동체의 잡혼 범죄를 참회하는 마음으로 음식도 먹지 않고 물도 마시지 않으며, 바벨론 포로민의 모든 자손으로 이루어진 귀향 공동체를 향하여 방백들과 장로들의 결정을 따라 3일 내에 예루살렘에 모일 것을 공포하되, 그렇지 않을 때는 그의 재산을 몰수하고 그를 귀향 공동체에서 추방할 것이라는 경고의 메시지를 추가한다(10:6-8).

9월 24일에 큰비가 오는 궂은 날씨에도 불구하고 유다와 베냐민 모든 사람이 예루살렘에 모여 성전 앞 광장에 앉아 있을 때, 에스라는 그들 중 많은 사람이 하나님 앞에서 이방 여자를 아내로 맞이하는 죄를 범했으니 그 죄를 조상들의 하나님 앞에서 자복하고 이방 여자들과 헤어지라는 명을 내린다(10:9-11). 이에 성전 앞에 모여 있던 모든 회중이 에스라의 명령을 행하기로 다짐하며, 범죄 행위에 대한 하나님의 진노를 피하기 위해서라도 반드시 정해진 기한 안에 각 고을의 장로들과 재판장들 앞에서 이방 여자들과 헤어질 것을 공개적으로 약속한다(10:12-14). 아사헬(Asahel)의 아들 요나단(Jonathan)과 디과(Tikvah)의 아들 야스야(Jahzeiah)가 므술람(Meshullam)과 레위 사람 삽브대(Shabbethai)와 함께 에스라의 가정 해체 조치에 반대하고 나섰지만, 대다수의 귀향민들은 다수결의 원칙(출 23:2)에 따라 에스라의 조치에 그대로 순응한다(10:15-16).

에스라는 가정 해체 조치의 두 번째 단계로 각 가문마다 한 명씩의 우두머리를 선임하여 그들에게 이방 여자와 결혼한 남자들을 전수 조사하게 하였다. 그 작업은 10월 1일에 시작하여 이듬해 1월 1일에 마무리되었다. 3개월에 걸친 고된 작업이었다. 에스라는 그 명단을 10장 18절 이하에서 밝히고 있는바, 그 명단은 공동체 안의 직무에 따라 크게 두 개의 단위들로 나누어진다. 그 첫 번째 것은 제사장들과 레위 사람들, 그리고 노래하는 자들과 문지기 중에서 이방 여자와 결혼한 자들의 명단이고, 두 번째 것은 성전 봉사자들 이외의 평신도 중에서 이방 여자와 결혼한 자들의 명단이다. 앞서 언급한 것처럼 다수의 방백과 고관들도 혼혈 결혼에 빠져들었지만(9:2), 에스라가 그들을 따로 계수하지 않고 그들을 평신도들의 명단 속에 포함시킨 것은, 에스라 자신이 성전 봉사자들에 속한 제사장으로서 성직자와 평신도를 구분하고자 했기 때문일 것이다.

4. 율법 중심의 신앙 공동체 회복을 위한 노력

1) 율법책의 낭독과 해석

민족 회복을 위한 에스라의 노력은 총독으로 파견된 느헤미야의 성벽 재건 공사 이후에도 계속되는데, 그 일은 에스라서가 아니라 느헤미야서에서 발견된다. 느헤미야서를 보면, 온갖 어려움과 방해를 극복하고서 52일 만에 예루살렘 성벽 재건에 성공(느 6:15)한 느헤미야가 예루살렘 성벽을 완공한 해의 7월 1일, 곧 나팔을 불어 기념하는 절기인 나팔절에 유다 백성을 수문 앞 광장에 모이게 했음을 알 수 있다(느 8:1). 느헤미야가 이렇듯이 유다 공동체를 한 군데에 모이게 한 것은, 아마도 예루살렘 성벽 건축을 마친 사람들의 흐트러진 삶의 자세를 바로잡는 한편으로, 그동안 성벽을 건축하느라 지쳐 있던 사람들의 몸과 마음을 새롭게 하기 위한 목적이 있었을 것이다.

물론 이러한 공동체 쇄신의 노력은 유다 공동체 스스로의 자발적인 노력으로 이루어진 것이기도 했다. 느헤미야와 유다 공동체의 협력과 공동 노력으로 수문 앞 광장의 대집회가 열린 셈이다. 그들은 제사장 에스라에게 모세의 율법 책을 낭독해 달라고 요청했다. 이것은 그들 스스로가 공동체 전체의 영적인 쇄신이 필요했다는 것을 의미한다. 느헤미야와 유다 공동체가 이렇게 대집회를 위해 함께 모인 곳은 일상적인 절기 장소인 예루살렘 성전이 아니었다. 스룹바벨과 여호수아에 의해 제2성전이 완공되기는 했어도, 그들이 모인 곳은 그 성전이 아니라 수문 앞 광장이었다. 그 까닭은 아마도 이날의 모임이 하나님께 제물을 바치기 위한 것이 아닌 데다가, 남자들과 여자들 및 알아들을 만한 모든 사람을 포함하는 대규모 군중 집회였기 때문일 것이다.

에스라는 수문 앞 광장에 모인 이스라엘 회중 앞에서 제사장의 자격으로 율법 책을 읽었다(느 8:3). 그의 이러한 역할은 에스라서에서부터 시작된 것으로, 그가 민족 회복의 과제에 얼마나 큰 관심을 기울이고 있었는지를 알게 해준다. 그가 날이 밝기 시작하는 새벽부터 정오 무렵까지 무려 여섯 시간 동안이나 율법 책을 읽었다는 사실이 그 점을 잘 보여 준다. 그것은 또한 그동안 이스라엘 공동체가 예루살렘 성벽을 건축하는 데 몰두하는 바람에 하나님의 말씀에 상당히 굶주려 있었다는 사실을 암시하기도 한다. 절기를 지킨 첫날부터 마지막 날까지 토라를 계속해서 낭독하였으므로(느 8:18), 그가 레위 사람들과 함께 읽은 율법 책의 분량은 적지가 않았을 것이다.

에스라가 율법 책을 읽자, 이스라엘 회중은 그 율법 책에 귀를 기울였다. 더 정확하게는 에스라가 토라의 말씀을 읽으면서 낭독하면, 레위 사람들이 그것을 중간 중간에 통역하거나 해설하여 누구나 알아들을 수 있게 했는데, 이스라엘 백성은 이러한 낭독과 통역/해설에 귀를 기울였다고 보아야 옳을 것이다. 유다 백성은 에스라가 쉽게 율법 책을 읽을 수 있게 하려고 나무 강단(a wooden platform/pulpit)을 특별히 주문하여 제작하였다(느 8:4). 에스라가 그 위에 서 있어야 모든 백성이 한눈에 그를 바라볼 수 있고 또 그의 목소리를 효과적으로 들을 수 있기 때문이었을 것이다.

율법 책을 낭독하기 위해 나무 강단 위에 오른 에스라의 오른쪽과 왼쪽에는 제각기 여섯 명과 일곱 명의 사람들이 자리를 잡고 서 있었다. 유다 공동체를 대표하는 평신도 지도자들이었을 것으로 보이는 그들은 에스라의 곁에 늘어섬으로써 에스라의 권위를 강화해주는 한편으로, 그가 두루마리 형태로 된 율법의 말씀을 읽어나갈 때 두루마리 성서를 받쳐주는 역할을 수행했을 것이다. 율법 책을 펼친 에스라는 모든 백성이 일어서자(느 8:5), 위대하신 하나님을 송축했으며, 모든 백성은 손을 들고서 아멘으로 화답함과 동시에 몸을 굽혀 얼굴을 땅에 대고 야웨 하나님께 경배했다(느 8:6).

13명의 레위 사람들은 그곳에 서 있는 유다 백성에게 율법 책을 낭독하고 그 뜻을 해석하여 백성에게 그 낭독하는 것을 다 깨닫게 하였다(느 8:7-8). 그들이 어떠한 방식으로 율법을 설명했는지는 알 길이 없지만, 아마도 13명 또는 그 이상의 레위 사람들이 제각기 일정한 수의 사람들을 배정받아 그들에게 율법을 설명하는 방식을 취했을 것이다. 이들의 역할은 역대하 17:7-9에 있는 레위 사람들의 역할과 거의 같다고 할 수 있다. 이 본문에 의하면, 남 왕국의 여호사밧 왕은 유다 방백들이 레위 사람들과 제사장들을 인솔하여 여러 유다 성읍들을 순회하면서 사람들에게 율법 책을 가르치게 했다(참조. 신 31:9-13; 대하 35:3).

2) 초막절 축제와 회개 운동을 통해 이루어진 민족 회복

에스라의 율법 낭독과 그에 대한 통역 내지는 해설은 놀라운 반응을 불러일으켰다. 이스라엘 백성 모두가 하나님 앞에서 참회하면서 우는 결과가 발생한 것이다. 그들 모두에게 기쁨을 제공해야 할 율법의 낭독이 도리어 슬픔을 안겨주게 된 것이다. 아마도 율법 앞에 선 자신들의 모습이 너무도 비참하고 초라해 보여서 였을 것이다. 그 결과 기쁨의 축제가 되어야 할 날이 슬픔과 애곡의 날로 변질될 우려가 있었다. 그 때문에 느헤미야와 에스라는 레위 사람들과 함께 이스라엘 백성에게 슬퍼하지도 말고 울지도 말 것을 요청했다. 축제의 의미가 퇴색되지 않게 하기 위해서였다. 특히 그 날은 야웨께 거룩한 날이었기 때문이다(느 8:9).

그렇다고 해서 이스라엘 회중이 절기를 지키는 중에 율법의 말씀을 듣고서 눈물을 흘린 것이 잘못된 것이라는 얘기는 결코 아니다. 남 왕국 유다의 요시야 왕도 율법 책에 기록된 내용을 들었을 때 옷을 찢으면서 참회한 적이 있기 때문이다(왕하 22:11, 19; 대하 34:19, 27). 하나님 앞에서, 특히 율법을 듣고서 자신의 죄악 된 모습에 충격을 받아 참회하며 운다는 것은 정말 필요한 일이다. 느헤미야와 에스라가 이스라엘 백성을 달래면서 평정을 되찾게 한 것은 어디까지나 축제 행사의 본질이 흐려질 것을 염려해서 그런 것이었지, 축제의 날에 우는 것이 하나님 보시기에 악한 행동이어서 그런 것은 아니었다. 슬픔의 감정이 지나치게 되면 기쁨과 즐거움으로 지켜야 할 축제의 날이 본래의 의미를 잃게 될 수도 있기 때문이다.

특히 총독 느헤미야는 사람들에게 축제의 본래 의미가 살아나게끔 즐거움과 기쁨의 잔치를 가질 것을 권고한다. 그들에게 집으로 돌아가서 살진 것을 먹고 단 것을 마시면서 기뻐하고 즐거워할 것을 요청한 것이다. 이것은 죄에 대한 슬픔조차도 하나님 앞에서 마땅히 누려야 할 기쁨을 방해해서는 안 된다는 것을 의미한다. 야웨를 인하여 기뻐하는 것이야말로 그들에게 힘이 되기 때문이다. 더 정확하게는 그의 구원 은총에 대하여 감사하며 기뻐하는 것이야말로 낙심과 좌절에 빠진 그들에게 새로운 용기와 힘을 줄 수 있다는 것이다. 그런가 하면 느헤미야는 생활이 넉넉하지 못하여 축제 행사를 위해 아무것도 준비하지 못한 사람들에게는 너그러운 마음으로 그들에게 필요한 것을 나누어주라고 명한다(느 8:10). 가난한 자들 역시 축제에 참여할 권리를 가지고 있기 때문이다(참조. 신 16:14).

레위 사람들 역시 느헤미야와 에스라의 권고를 그대로 되풀이함으로써 그 날이 슬퍼하고 근심할 날이 아니라 기뻐하고 즐거워해야 할 날임을 재삼 강조한다(느 8:11). 그들의 이러한 요청은 각종 제사나 절기를 주관해야 할 대제사장에게 함부로 울거나 옷을 찢지 말 것을 명하는 토라의 가르침과 무관하지 않을 것이다(참조. 레 10:6). 아마도 느헤미야와 에스라 및 레위 사람들은 감정을 억제하지 못하는 회중의 지나친 슬픔의 행동이 대제사장의 경우에서 보듯이 하나님 앞에서 불경건한 것으로 비칠 수도 있음을 염려했을 것이다.

그들의 이러한 염려를 알아챈 이스라엘 회중은 그들이 요청한 바를 그대로 받아들인다. 마침내 온 회중이 제각기 자기 집으로 가서 즐거운 잔치의 시간을 갖게 된 것이다. 그들은 집으로 돌아가서 먹고 마시면서 기쁨의 잔치를 벌였으며, 가난한 자들에게 아낌없이 나누어주면서 하나님을 인하여 기뻐하였다(느 8:12). 그들의 이러한 행동은 하나님께로부터 받은 것들에 대한 감사의 잔치에 해당하는 것이라 할 수 있다. 그 까닭에 가난한 자들에게 일부를 나누어주는 일이 가능하게 된 것이다.

이러한 기쁨과 즐거움의 잔치는 7월 15일부터 22일까지 지키도록 되어 있던 초막절 축제(레 23:33-36)로 이어진다. 초막절 축제는 이튿날 율법의 말씀을 밝히 알고 싶어서 에스라를 찾은 족장들과 제사장들과 레위 사람들이 일곱째 달에 초막절을 지켜야 한다는 율법의 기록을 확인함으로써 구체화된다. 초막절 규례를 확인한 그들은 율법이 명한 여러 종류의 나뭇가지들을 가져다가 초막을 만든 다음에 그 안에 거함으로써 초막절 축제를 지킨다. 그들이 이처럼 초막절 축제를 지킨 것은 여호수아 이후로 그 때까지 제대로 행한 적이 없는 것이었다.

이에 그들은 크게 기뻐하였고, 율법에 기록되어 있는 대로 7일 동안의 초막절 축제와 마지막 여덟째 날의 성회를 충실하게 지켰으며, 에스라는 축제가 끝날 때까지 날마다 하나님의 율법 책을 낭독하였다(느 8:13-18). 이처럼 초막절 축제를 성대하게 마친 그들은 7월 24일에 대대적인 금식과 회개 운동을 전개했다. 이방 사람들과의 절교(참조. 느 10:28-30; 13:1-3, 23-27), 자기들의 죄와 조상들의 허물 자복(느 9:5-38), 율법 책의 낭독과 죄의 자복 및 하나님 경배 등이 그렇다(느 9:1-4). 이렇게 함으로써 제사장 에스라가 처음부터 의도했던 민족 회복의 과제가 훌륭하게 성취되는 결과가 초래되었다. 비록 그것이 다음 세대 이후로 계속 이어지지는 못했지만, 에스라가 느헤미야를 비롯한 많은 동조자들이나 지지자들을 통하여 이루고자 한 민족 회복의 과제는 오늘의 한국교회 지도자들이 가슴 깊이 새겨야 할 소중한 교훈이 아닐 수 없다.

3 에스라의 생애와 인간 됨

김진명 교수(장로회신학대학교)

1. 들어가는 말

주전 6세기 포로기 이후 시대에 포로 귀환 유대 공동체 역사 속에서 유대교 율법주의 전통의 기틀을 마련하였던 종교 지도자로서 잘 알려져 있는 '에스라는 과연 누구이며, 어떤 사람이었을까?' 이 물음은 에스라의 업적과 사역을 이해하기 위한 기초에 해당하는 부분이라고 할 수 있으며, 이에 관한 연구는 에스라서의 특징을 파악하고 본문의 배경을 이해하는데 도움이 될 수 있을 것이다.

에스라서 7장 11-12절에서는 에스라에 대하여 "여호와의 계명의 말씀과 이스라엘에게 주신 율례 학자요 학자 겸 제사장"이라고 표현하였고, "하늘의 하나님의 율법에 완전한 학자 겸 제사장"이라고 언급하였다. 유대 역사가 요세푸스는 에스라에 관하여 다음과 같이 기록하였다. "… 바벨론에는 백성들의 존경을 받는 의인이 있었다. 그는 백성들의 으뜸가는 제사장이었으며, 이름은 에스라였다. 그는 모세 율법에 능통한 자였으며 크세르크세스 (아닥사스다) 왕과도 교분이 두터웠다."[1] 본문에서는 에스라의 '생애'와 '인간됨'이라는 두 주제를 중심으로 놓고 제사장과 서기관 혹은 학자로서 에스라와 관련된 다양한 면들과 여러 가지 내용들을 검토해 보려고 한다.

에스라서는 주전 약 400년경의 시기를 배경으로 페르시아의 왕 아닥사스다의 통치 시기에 발생한 사건들을 기록한 내용으로 파악해 볼 수 있다.[2] 에스라에 대한 언급은 에스라서 7장에서부터 본격적으로 시작되고 있으며, 우선 에스라의 활동에 대하여 기록하기 시작한 7장 본문의 내용들을 통해 우선 에스라의 생애와 관련된 내용들을 파악해 보고자하며, 에스라의 생애는 7장 본문을 에스라 당시의 기준으로 놓고, 구약성경의 배경 역사와 에스라서 본문의 관점에서 그의 과거와 현재와 미래에 대한 이야기로 시작하고자 한다.[3]

1) 에스라의 생애

에스라서에서 보여주고 있는 그의 생애는 현대인들이 일반적으로 생각하는 '생로병사(生老病死)'의 전기문 형식에 맞추어 찾기는 어렵

---

[1] 요세푸스, 김지찬 역, 『유대고대사』 II권 (11권 5장, 1), (서울: 생명의 말씀사, 2011), 29 - 에스라 시대의 페르시아 왕 크세르크세스(Xerxes, 아닥사스다)를 요세푸스는 에스더 시대 때 아르타크세르크세스 롱기마누스(Artaxerxes Longimanus, 아하수에로) 왕과 구분하였다(38).

[2] H. G. M. 윌리암슨, 조호진 역, 『에스라·느헤미야』 (서울: 솔로몬, 2008), 48-49 참조.

[3] 이러한 형식의 내용 전개는 Gordon F. Davies, *Ezra & Nehemiah, Berit Olam* (Collegeville: The Litergical Press, 1999), 46-48의 소제목과 구성을 반영한 것이다.

다. 에스라서에서는 하나님의 말씀으로서 율법과 하나님께서 그에게 부여하신 사명과 포로 귀환 공동체였던 하나님의 백성 이스라엘의 역사와 결합된 그의 과거와 현재와 미래를 이야기해주고 있다.

(1) 에스라의 과거

에스라는 "야훼께서 도와주셨다"는 뜻의 이름이며[4], 에스라서 7장에서는 에스라가 대제사장 아론의 16대 손이었고, 대제사장의 가문에 속한 인물이었다고 소개하고 있다. 그가 바벨론에서 올라왔다는 에스라 7장 6절의 기록을 보면 에스라는 바벨론 지역의 디아스포라 유대인 공동체에 속한 제사장이었을 것으로 추정할 수 있다. 포로기 이후 시대에 7장에 기록된 족보는 구약에 기록된 다른 족보들처럼 이스라엘 자손의 정체성을 확인하고 증명할 수 있는 객관적 증거였으며(2:59-63), 그가 이스라엘 민족의 과거와 명백하게 연결된 인물이라는 사실을 보여준다.[5]

그러므로 에스라 7장의 첫 번째 단락에 위치한 에스라의 족보 기록과 그가 대제사장 아론의 가문에 속하였다는 증거는 그 만큼 중요성을 갖는 자료이기도 했다.

> … 에스라라 하는 자가 있으니라. 그는 스라야의 아들이요 아사랴의 손자요 힐기야의 증손이요 살룸의 현손이요 사독의 오대 손이요 아

---

4 장춘식, 『에스라/느헤미야』 대한기독교서회 창립 100주년 기념성서주석, 14권 (서울: 대한기독교서회, 2007), 152 참조.

5 Gordon F. Davies, *Ezra & Nehemiah, Berit Olam* (1999), 46 참조.

> 히둡의 육대 손이요 아마랴의 칠대 손이요 아사랴의 팔대손이요 므라욧의 구대 손이요 스라히야의 십대 손이요 웃시엘의 십일대 손이요 북기의 십이대 손이요 아비수아의 십삼대 손이요 비느하스의 십사대 손이요 엘르아살의 십오대 손이요 대제사장 아론의 십육대 손이라(스 7:1-5).

또한 그의 공식 칭호라고 할 수 있는 "하늘의 하나님의 율법에 완전한 학자 겸 제사장"이라는 용어는 맛소라 본문 상에서 7장 12절과 21절에 〈카하나 사파르 다타 디-엘라흐 스마야 그미르〉라는 아람어 형태로 기록되어 있는데, 이를 통하여 우리는 그의 지나간 행적에 대한 추가적인 정보를 파악해 볼 수 있다. 여기서 '학자'로 번역된 '사파르'는 서기관에 해당하며, 페르시아에서 중앙 정부와 지역 궁정에 고용되었고, 이스라엘을 비롯한 고대 서아시아(근동)에서 가장 이른 시기부터 서기관은 고위급 관리로서 언급되기도 하였다.[6]

따라서 이러한 정보들을 종합적으로 살펴보면 유대인 제사장 가문 출신의 에스라는 페르시아의 관리로서 페르시아의 법과 모세 율법에 정통한 인물로서 인정받는 삶을 살아온 것으로 파악해 볼 수 있다.[7]

(2) 에스라의 현재

에스라서는 그 당시 에스라의 구체적인 과업과 그의 자격에 대하

---

[6] Joseph Blenkinsoupp, *Ezra-Nehemiah* (Philadelphia: The Westminster Press, 1988), 136.

[7] 목회와 신학 편집부 엮음, 『에스라 느헤미야 어떻게 설교할 것인가』 두란노HOW주석, 14권 (서울: 두란노아카데미, 2009), 132-134 참조.

여 말해주었다.[8] 에스라 7장 6절은 에스라가 '하나님의 도우심을 입었다'는 것과 '왕에게 구하는 것을 다 받는 자'라고 기록하였으며, 그 구체적인 내용들은 9절에서 바벨론으로부터 출발하여 예루살렘에 이르는 일과 예루살렘 여호와의 전을 아름답게 할 마음을 아닥사스다 왕에게 주신 하나님께서 에스라가 다른 사람들과 함께 예루살렘에 올라올 수 있게 하셨다는 28절의 기록과 8장 22-23절에서 예루살렘으로의 포로 귀환 길에 동참한 이들의 보호를 위한 왕의 구체적 도움을 얻게 되었다는 기록과도 연결되어 있다.[9]

에스라서의 이러한 본문들은 하나님과 아닥사스다 왕 사이의 유대감을 보여주면서, 에스라가 '예루살렘의 하나님'과 페르시야의 아닥사스다 '왕' 앞에서 예루살렘으로 보냄을 받았다는 사실(7:14, 19)을 더 구체적으로 보여주며, 결국 에스라의 마음에 하나님의 율법을 연구하고 준행하고 이스라엘에게 가르치려는 뜻을 갖게 하신 분도 하나님이시고(7:10), 아닥사스다 왕에게 예루살렘 성전을 아름답게 하려는 마음을 주신 분도 하나님이심(7:27)을 이야기함으로써 마음을 주관하시는 하나님의 뜻을 따라 에스라는 왕의 명령(조서)에 순종하여 공식적인 사명을 받고 예루살렘 귀환 길에 오르게 되었음을 밝혀주었다.[10]

에스라 7장에서 묘사하고 있는 그 당시 에스라의 현재는 예루살렘 성전을 위한 에스라의 사명과 이를 위한 페르시아 제국의 왕 아닥사

---

8 Gordon F. Davies, *Ezra & Nehemiah, Berit Olam* (1999), 46 참조.
9 Gordon F. Davies, *Ezra & Nehemiah, Berit Olam* (1999), 46-47의 내용을 참조하여 해설함.
10 Gordon F. Davies, *Ezra & Nehemiah, Berit Olam* (1999), 46-47의 내용을 참조하여 해설함.

스다의 조서에 매우 구체적이고 세밀하게 기술된 내용을 통하여 확인해 볼 수 있다.

(3) 에스라의 미래

에스라는 이스라엘의 미래와 연결되어 있으며, 에스라 7장의 내용들은 이사야 60장의 예언들과 상호적인 연관성을 보여준다.[11] 예를 들어 "그가 왕의 마음에 예루살렘 여호와의 성전을 아름답게 할 뜻을 두시고"라는 7장 27절 본문에서 히브리어 <르파에르>는 '아름답게 하다'라는 뜻의 동사에서 파생된 형태이며, 에스라 7장 외의 구약성경에서 유일하게 이사야 60장 13절의 "레바논의 영광 곧 잣나무와 소나무와 황양목이 함께 네게 이르러 내 거룩한 곳을 아름답게 할 것이며…"라는 본문에서만 사용된 형태의 표현이었다.[12]

에스라 7장 6절의 '그의 주(야훼) 하나님의 손'을 뜻하는 <야드 아도나이 엘로하브>와 9절의 '그의 하나님의 손'을 뜻하는 <야드 엘로하브>라는 표현 역시 이사야 66장 15절과 왕상 18장 46절의 엘리야 이야기와 왕하 3장 15절의 엘리사 이야기와 같이 예언자들 혹은 예언서의 본문들에서 사용된 용례들을 비교해 볼 수 있다.[13] 이처럼 에스라 7장에서 에스라의 사명과 관련하여 사용된 용어와 표현들은 예언서들과의 밀접한 연관성을 보여주고 있으며, 미래를 향한 연결성

---

11 Gordon F. Davies, *Ezra & Nehemiah*, Berit Olam (1999), 47 참조.

12 Gordon F. Davies, *Ezra & Nehemiah*, Berit Olam (1999), 47. <르파에르>는 <파아르> 동사의 피엘 부정사 연계형으로 분석할 수 있다.

13 Gordon F. Davies, *Ezra & Nehemiah*, Berit Olam (1999), 47-48.

을 만들어 주고 있다.[14]

　페르시아 제국의 입장에서 에스라는 아닥사스다 왕의 고위 관리로서 유대 민족의 종교적인 규범과 백성들의 삶을 관리 감독할 수 책임자였으며, 구약의 율법은 그들의 관점에서는 일종의 페르시아 제국 내의 민법으로서 <다타>였고[15], 에스라는 그 전문가이며 정치가 가운데 한 사람이었지만, 포로 귀환 공동체의 이스라엘 민족에게 에스라는 제사장으로서 하나님의 뜻을 실행하고 예언자들을 통하여 주셨던 하나님의 말씀을 성취하게 될 하나님의 사람이었으며, 에스라서 7장에서는 이러한 특징에 초점을 맞추고 있었다고 해석할 수 있다.[16]

　그 당시 역사 속에서 에스라의 예루살렘 귀환은 유대 민족의 미래를 다시 새롭게 만들어가야 하는 중요한 시점이었다. 에스라는 성전 재건의 역사에서 배제되고 분리되었던 사마리아 인들에 의하여 "정통 히브리 신앙과 율법을 임의로 조작해 사이비 종교를 만든 인물"로 평가받았으나, 반대로 유대인들에 의해서는 "유대교의 아버지"로 존경받았다.[17]

　이러한 상반된 후대의 평가는 결국 에스라가 구약의 배경 역사 가운데서 앞으로 펼치게 될 유대 민족의 역사에 얼마나 큰 영향력을 끼치게 되었는가를 보여주고, 에스라는 예언의 말씀대로 하나님의 뜻을 이루고 율법의 기초 위에 포로 귀환 공동체로서 이스라엘 민족의

14　Gordon F. Davies, *Ezra & Nehemiah, Berit Olam* (1999), 47.
15　히브리어 본문에서 율법은 <토라> 대신에 <다타>로 표현되어 있다.
16　장춘식, 『에스라/느헤미야』 (2007), 62 참조.
17　장춘식, 『에스라/느헤미야』 (2007), 62.

역사를 세워가려는 일을 얼마나 추진력 있게 실재적으로 전개했던 인물인가를 반증해주는 내용으로 볼 수 있다.

2) 에스라의 인간됨

에스라의 성품과 인격을 살펴볼 수 있는 직접적인 자료는 없기 때문에 이 주제를 다루기 위해서는 에스라서에 기록된 본문을 가운데서 그가 경험했던 사건들과 그와 관련된 평가들과 그의 기도와 고백에 해당하는 부분들을 분석적으로 살펴보면서 그의 인격과 품성을 엿볼 수 있는 면들을 찾는 것이 필요하다. 다음에서는 에스라가 페르시아에서 출발하여 예루살렘에 이르기까지의 과정과 그 여정 가운데서 일어났던 일들과 연관된 본문들 속에서 그러한 내용들을 찾아보고자 한다.

(1) 에스라 7:10

> 에스라가 여호와의 율법을 연구하여 준행하며 율례와 규례를 이스라엘에게 가르치기로 결심하였었더라.

에스라는 '여호와의 율법'〈토라트 아도나이〉을 연구하고〈다라쉬〉, 실행하고〈하야〉, 가르치기〈라마드〉로 결심하였다. 에스라의 마음 속 결단은 율법에 대하여 묻고 답을 찾으며 탐구하는 일에 대한 것이었고, 지식적인 앎에서 끝나는 것이 아니라 그 하나님의 말씀대로 실천하는 삶을 살아가는 것에 대한 것이었으며, 스스로 연구하고 실천함으로써 먼저 다른 이들에게 본을 보였던 하나님의 말씀을 이스라엘 자손들에게 가르치는 일에 대한 것이었다.

예수께서는 제자들에게 "앞서서 가라"고 말씀하시는 대신에 "나를 따라 오라"고 말씀하셨다. 그런데 예수님을 따르는 '제자도'에는 자기 자신을 부인하고, 자기 십자가를 지는 결단의 과정이 동반된다는 사실도 말씀해주셨다. 제자들의 헌신과 결단은 제자들의 몫이었으나, 예수님은 지도자요 선생으로서 모든 면에서 제자들이 본받을 수 있도록 친히 그 본을 보여주셨다.

> 이에 예수께서 제자들에게 이르시되 누구든지 나를 따라오려거든 자기를 부인하고 자기 십자가를지고 나를 따를 것이니라. 누구든지 제 목숨을 구원하고자 하면 잃을 것이요 누구든지 나를 위하여 제 목숨을 잃으면 찾으리라(마 16:24-25).

에스라는 포로 귀환 유대 공동체의 지도자로서 율법을 공부하는 본을 보여주었을 뿐만 아니라 삶으로 그 말씀을 살아내는 본을 보여주면서 사람들에게 하나님의 말씀을 가르쳤으며, 이 모든 과정에 앞서 그의 마음에 하나님과 하나님의 말씀을 위한 헌신의 결단을 했던 사람이었음을 이 본문의 기록을 통하여 확인할 수 있다. 예수께서 제자들에게 본을 보여주셨던 것처럼 에스라는 신앙적인 결단으로부터 율법을 따라 살아가는 삶으로 본을 보여주기까지 백성을 지도하고 가르칠 수 있는 '어른다운 지도자'의 면모를 갖춘 사람이었다고 말할 수 있다.

그런 의미에서 레위기 21장 4절의 "제사장은 그의 백성의 어른인

즉…"이라는 율법서 본문의 표현처럼 에스라는 제사장으로서 백성의 어른다운 면모를 가지고 지도자의 책임을 감당한 사람으로 평가할 수 있을 것이다.

(2) 에스라 7:27-28

> 우리 조상들의 하나님 여호와를 송축할지로다. 그가 왕의 마음에 예루살렘 여호와의 성전을 아름답게 할 뜻을 두시고 또 나로 왕과 그의 보좌관들 앞과 왕의 권세 있는 모든 방백의 앞에서 은혜를 얻게 하셨도다. 내 하나님 여호와의 손이 내 위에 있으므로 내가 힘을 얻어 이스라엘 중에 우두머리들을 모아 나와 함께 올라오게 하였노라.

에스라 7장 27-28절은 '에스라의 찬가'(doxology of Ezra)라고 이름 붙일 수 있는 찬양과 고백을 담은 본문으로서, 이 안에는 하나님께서 행하신 일에 대한 감사(과거)와 하나님의 신실하심에 대한 확신(현재)과 사명을 위한 계획(미래)의 요소를 포함하는 형태로 구성되어 있다.[18] 에스라는 페르시아 제국의 아닥사스다 왕이 내린 조서에 따라 포로 귀환 시대 유대 공동체의 준법 생활을 관리하는 공식관리로서 중책을 맡았고, 7장 20절 이하에 기록된 왕의 조서는 에스라가 재정과 물량적인 지원과 함께 사법권과 행정권에서도 '하나님의 성전' 역사를 위하여 거의 전권을 위임받듯이 전폭적인 지지를 받으면서 예

---

18 Robert Fyall, *The Message of Ezra & Haggai* (Downers Grove: InterVarsity Press, 2010), 112-113.

루살렘으로 귀환하게 되었음을 에스라서 본문에서 말해주고 있다. 동시에 그는 그의 업무를 도울 수 있는 지도자들을 통솔하는 자리에 있었지만 이 모든 일들로 인하여 스스로 자만하거나 교만한 태도를 보이지 않았다. 에스라는 하나님 앞에서 겸손할 줄 알고, 감사함으로 하나님께 경배할 줄 아는 사람이었음을 에스라 7장 27-28절의 기록을 통해 확인할 수 있다.

하나님의 율법인 〈토라〉는 페르시아 제국의 입장에서 백성들의 삶과 종교적 규범과 관련된 민법으로서 〈다타〉였으며, 그 책임자로서 에스라는 페르시아 제국의 서기관 〈사파르〉인 동시에 유대 민족의 제사장 〈카하나〉이기도 했다. 성전 관리가 에스라에게 주어진 임무라는 내용은 아닥사스다 왕의 조서에도 잘 기록되어 있지만, 페르시아 제국의 공적인 책무가 에스라에게 예루살렘 성전을 위한 일이라는 사실은 바벨론 제국에 의해 유다가 멸망당했던 주전 586년 시기에는 상상도 할 수 없었던 기적과 같은 일들이었다.

이사야 선지자는 이스라엘 민족이 비록 죄악으로 인하여 하나님의 심판을 받아 멸망하고 이방땅에 포로로 끌려가지만, 하나님께서 구원의 은혜를 베푸시고 포로 귀환의 기적 같은 일을 역사의 실재 현장에서 일으키실 것을 예언하였다.

> 나 여호와가 이같이 말하노라 바다 가운데에 길을 큰 물 가운데에 지름길을 내고… 너희는 이전 일을 기억하지 말며 옛날 일을 생각하지 말라. 보라 내가 새 일을 행하리니 이제 나타낼 것이라 너희가 그것을 알지 못하겠느냐 반드시 내가 광야에 길을 사막에 강을 내리니 장차 들짐승 곧 승냥이와 타조도 나를 존경할 것은 내가 광야에 물을

> 사막에 강들을 내어 내 백성, 내가 택한 자에게 마시게 할 것임이라.
> 이 백성은 내가 나를 위하여 지었나니 나를 찬송하게 하려 함이니라
> (사 43:16-21).

　에스라는 영적인 눈으로 역사의 현장에서 벌어지는 현실의 일들을 바라볼 줄 아는 사람이었고, 자신이 지도자로서 동참하게 된 포로 귀환의 사건과 그 의미를 하나님께서 친히 섭리하신 일이며 현실 역사의 한 복판에서 하나님의 구속사의 이끌어 가시는 역사의 주권자가 바로 하나님이심을 찬양과 고백의 표현으로 드러내 주었다. 에스라 7장 27절은 하나님을 송축함으로써 시작하는 에스라의 고백 가운데 첫 문장이다.

　"우리 조상들의 하나님 여호와를 송축할지로다"라는 표현에는 에스라가 이스라엘 조상들과의 연대성을 가지고 있으며, 신앙의 전통을 지켜왔고, 페르시아 제국의 왕에게 선한 마음을 주심으로 예언의 말씀을 지상에서 성취해 가시는 역사의 주권자가 바로 하나님이심을 고백하고 있다. 에스라의 이러한 고백의 내용들은 시편의 찬양시에 나타난 표현들과 같이 모든 구원 역사의 경험을 근거로 하나님을 찬양하고 있음을 이야기해준다(시 98:1-4). 에스라는 자신을 스스로 높이는 것이 아니라 하나님을 경외하고(잠 9:10), 겸손히 하나님의 주권을 인정하며 그분의 이름을 높여 찬양하는 신앙심과 지혜를 가진 지도자였다.

(3) 에스라 8:21-23

> 그때에 내가 아하와 강가에서 금식을 선포하고 우리 하나님 앞에서 스스로 겸비하여 우리와 우리 어린아이와 모든 소유를 위하여 평탄한 길을 그에게 간구하였으니 이는 우리가 전에 왕에게 아뢰기를 우리 하나님의 손은 자기를 찾는 모든 자에게 선을 베푸시고 자기를 배반하는 모든 자에게는 권능과 진노를 내리신다 하였으므로 길에서 적군을 막고 우리를 도울 보병과 마병을 왕에게 구하기를 부끄러워하였음이라. 그러므로 우리가 이를 위하여 금식하며 우리 하나님께 간구하였더니 그의 응낙하심을 입었느니라.

에스라는 포로 귀환을 위하여 페르시아 궁정으로부터 물량적인 지원을 받기 위한 조치도 중요할 수 있었지만, 무엇보다도 금식을 선포하고 기도함으로써 포로 귀환 여정을 위한 영적 지도자로서의 책임을 감당하였다. 그 내용을 구체적으로 에스라 8장 21-23절 본문에서 파악해 볼 수 있으며, 31절은 "첫째 달 십이 일에 우리가 아하와 강을 떠나 예루살렘으로 갈새 우리 하나님의 손이 우리를 도우사 대적과 길에 매복한 자의 손에서 건지신지라"라는 내용의 기록을 통하여 귀환길에서 실재로 발생했던 여러 가지 위험들로부터 에스라와 이스라엘 자손들은 하나님의 보호하심과 은혜를 경험하였고, 안전하게 귀환 여정을 마무리하게 되었다는 고백을 하였다.

무엇보다도 하나님께 드리는 이러한 간구와 금식의 기도가 가능할 수 있었던 근거는 하나님께서 "자기를 찾는 모든 자에게 선을 베푸시고, 자기를 배반하는 모든 자에게는 권능과 진노를 내리신다"는 22

절의 본문처럼 살아계신 하나님의 신실하심에서 비롯된 것이었으며, 하나님을 향한 전적인 신뢰와 믿음으로부터 이러한 기도가 가능했음을 알 수 있다.

에스라는 하나님 앞에서 소명을 감당하기 위하여 겸손히 기도하고, 다른 사람들을 위하여 도고의 기도를 드리는 신실한 지도자였고, 그 간구와 기도의 내용대로 하나님의 응답하심과 도우심을 받는 기도의 사람이며 영적인 지도자였다.

(4) 에스라 8:32-34

> 이에 예루살렘에 이르러 거기서 삼일 간 머물고 제 사일에 우리 하나님의 성전에서 은과 금과 그릇을 달아서 제사장 우리아의 아들 므레못의 손에 넘기니 비느하스의 아들 엘르아살과 레위 사람 예수아의 아들 요사밧과 빈누이의 아들 노아댜가 함께 있어 모든 것을 다 세고 달아 보고 그 무게의 총량을 그때에 기록하였느니라.

제사장 에스라는 부지런한 사람이었다. 구약시대와 같은 고대시대에, 교통수단이 발달되어 있지 않은 상황 속에서 약 1500km(900mile)정도로 추정되는 포로 귀환의 장거리 여정은 결코 쉬운 일이었을 수 없다.[19] 어쩌면 체력적인 회복이 다 이루어지지 않았을 수도 있었음에도 불구하고, 에스라는 예루살렘 도착 후 단 3일

---

19 Robert Fyall, *The Message of Ezra & Haggai* (2010), 119.

간 휴식의 시간을 취한 후에 4일째부터는 성전을 향한 열심을 품고, 일종의 '성전 물품 목록'을 정리하기 시작하였다.

신앙적인 열정과 열심으로밖에 설명할 수 없는 이러한 정성과 노력을 쏟아 붓는 에스라의 모습은 이미 아하와 강가에서 유대인 포로 귀환자들의 명단을 만들어 확인한 후에, 레위인이 없음을 파악하고, 다시 성전을 위하여 봉사할 레위인을 찾아서 데려오는 세밀함과 준비와 노력의 과정에서도 잘 나타나고 있었다(8:15-20).

에스라는 페르시아 제국의 서기관으로서 예루살렘에서 재건되는 유대 공동체의 법률적인 책무를 가지고 활동하는 사람이었지만, 제사장으로서 정체성과 하나님을 섬기는 일로서 성전과 관련된 업무들은 에스라에게 우선순위에 해당하는 일들이었다. 에스라는 그렇게 철저하게 모든 물품 목록을 만들면서 성전의 성물을 정리하고, 규모 있고, 질서가 잡힌 형태로 성전에서 하는 모든 일들이 이루어질 수 있도록 하는 가장 기초적인 작업을 포로 귀환 직후에 곧 바로 시작했으며, 이러한 내용이 에스라 8장 23-24절에 기록되어 있다.

(5) 에스라 9:1-6

> 이 일 후에 방백들이 내게 나아와 이르되 이스라엘 백성과 제사장들과 레위 사람들이 이 땅 백성들에게서 떠나지 아니하고 가나안 사람들과 헷 사람들과 브리스 사람들과 여부스 사람들과 암몬 사람들과 모압 사람들과 애굽 사람들과 아모리 사람들의 가증한 일을 행하여 그들의 딸을 맞이하여 아내와 며느리로 삼아 거룩한 자손이 그 지방 사람들과 서로 섞이게 하는데 방백들과 고관들이 이 죄에 더욱 으뜸

> 이 되었다 하는지라. 내가 이 일을 듣고 속옷과 겉옷을 찢고 머리털과 수염을 뜯으며 기가 막혀 앉으니… 저녁 제사 드릴 때에 내가 근심 중에 일어나서 속옷과 겉옷을 찢은채 무릎을 꿇고 나의 하나님 여호와를 향하여 손을 들고 말하기를 나의 하나님이여 내가 부끄럽고 낯이 뜨거워서 감히 나의 하나님을 향하여 얼굴을 들지 못하오니 이는 우리 죄악이 많아 정수리에 넘치고 우리 허물이 하늘에 미침이니이다.

에스라 9장 1절 이하의 본문에는 에스라가 예루살렘에 돌아와 목격한 포로 귀환 공동체의 실상에 대한 내용이 기록되어 있다. 1절에서 언급한 '가증한 일'은 히브리어 <토에바>에 해당하며 레위기 18장 22절에서는 이스라엘 민족이 들어갈 약속의 땅에 거주한 가나안 민족들과 애굽인들의 풍속에 대하여 동일한 낱말이 사용되었고, 열왕기상 14장 24절에서는 솔로몬왕의 아들 르호보암 때에 유다 땅에서 벌어졌던 죄악상에 대하여 기록하면서 이 낱말을 사용하였다.

레위기 18장과 20장에서는 우상 숭배와 인신 제사와 신접함과 수간과 동성애과 근친상간 등의 문화와 풍속과 관습에 대하여 하나님께서 가증하게 여기시는 죄악으로 규정하였음을 확인할 수 있는데, 에스라서 9장 1절은 가나안의 이방 민족들과 애굽인들과 주변 민족들과 섞여 사는 이스라엘 자손의 백성과 제사장과 레위인들의 삶에서 성별됨이 없는 일상의 삶이 이루어지고 있었음을 그대로 지적하고 있는 것이다. 이어진 2절에서는 하나님께 대한 불신실함을 뜻하는 히브리어 <마알>을 사용하여 특별히 이방 민족들과의 통혼을 죄로 지적하고 이 일이 유대 공동체의 지도층을 중심으로 심각하게 이루어져왔음을 고발하였다.

영적인 지도자로서 에스라는 이 사실을 파악하고 주저하거나 망설이지 않았으며 지도층과 권력층에 속한 사람들의 눈치를 보고, 손익을 계산하면서 시간을 지체하지 않았다. 과감하게 유다 공동체가 이미 무감각하게 받아들였고, 모든 것이 일상이 되어버린 현실의 모습들이 얼마나 심각한 죄악상인가를 드러내 주었다. "속옷과 겉옷을 찢고 머리털과 수염을 뜯으며… 무릎을 꿇고 나의 하나님 여호와를 향하여 손을 들고 말하기를…우리 죄악이 많아 정수리에 넘치고 우리 허물이 하늘에 미침이니이다"라는 6절의 모습과 고백은 이러한 그 당시 예루살렘의 유대 포로 귀환 공동체의 죄악상에 대한 제사장 에스라의 충격과 참담한 마음을 그대로 드러내 주고 있다.

에스라는 1절의 〈토에바〉와 2절의 〈마알〉이라는 용어들을 통하여 그 당시 이방 민족들과 섞여 살면서 일어난 온갖 가증한 일들의 근본적 원인을 이방 민족들과의 통혼 문제에서 찾았던 것으로 보인다. 제사장 에스라는 율법에서 말씀하고 있는 죄가 무엇인가를 분명하게 파악하고 있었으며, 그러한 죄악의 모습을 현실에서 발견하였을 때에 과감하고 적극적으로 하나님 앞에서 결단할 수 있는 신앙심과 인격과 결단력을 가진 사람이었음을 에스라 9장 본문에서 확인할 수 있다.

(6) 에스라 10:5-17

… 이에 에스라가 하나님의 성전 앞에서 일어나 엘리아십의 아들 여호하난의 방으로 들어가니라 그가 들어가서 사로잡혔던 자들의 죄

를 근심하여 음식도 먹지 아니하며 물도 마시지 아니하더니… 제사장 에스라가 일어나 그들에게 이르되 너희가 범죄 하여 이방 여자를 아내로 삼아 이스라엘의 죄를 더하게 하였으니, 이제 너희 조상들의 하나님 앞에서 죄를 자복하고 그의 뜻대로 행하여 그 지방 사람들과 이방 여인을 끊어 버리라 하니 모든 회중이 큰 소리로 대답하여 이르되 당신의 말씀대로 우리가 마땅히 행할 것이니이다 ….

에스라 10장 6절의 "그가 들어가서 사로잡혔던 자들의 죄를 근심하여 음식도 먹지 아니하며 물도 마시지 아니하더니…"라는 본문은 가나안 이방 민족들과의 통혼을 금지했던 신명기 7장 1-6절과 레위기 18장과 20장의 죄악상으로 인한 멸망의 경고 내용과 연결될 수 있으며, 그러한 율법의 경고가 역사 속에서 성취된 사건으로서 열왕기하 17장의 북 이스라엘의 멸망과 역대하 36장 11-21절에 기록된 유다의 멸망에 대한 말씀들과 연결성 속에서 파악해 볼 수 있다.

이스라엘 민족에 대한 하나님의 심판과 북 이스라엘과 남유다의 멸망을 초래했던 죄악상과 그 죄악상의 출발점과 근본적 원인으로서 '이방인들과의 통혼'이라는 문제를 에스라는 매우 심각하게 받아들였다.[20] 그리고 마침내 에스라는 극단적이고 단호한 조치를 취하였다. 에스라는 이방인들과의 이혼과 가정의 해체를 명령하였으며, 유대 포로 귀환 공동체에 속한 이스라엘 자손들은 이 명령을 수용하였다. "사로잡혔던 자들의 자손이 그대로 한지라"라는 10장 16절의 기록으

---

20 Lester L. Grabbe, *Ezra-Nehemiah* (London, New York: Routledge, 1998), 32-34 참조.

로 에스라의 극단적 개혁 조치의 결과를 보여주고 있다. 16-17절에서는 족장들 가운데 몇 사람을 선임하여 제사장 에스라가 함께 협력하면서 개혁 조치를 위한 조사를 진행하고 마무리 하였음을 이야기한다. 이러한 동역자들과의 협력과 협동의 모습은 느헤미야 8장에서 나팔절에 느헤미야와 함께 성회를 열고 율법을 낭송하고 초막절까지 지켰던 역사의 기록에서도 찾아볼 수 있다.

포로 귀환 공동체의 유대인들이 '가정의 해체'라는 극약처방과도 같은 조치를 수용할 수 있었던 것은 이스라엘 자손이 이방 땅에 포로로 "사로잡혀갔던 사건"과 그 원인이 되었던 "율법에 대한 불순종"과 이로 인한 하나님의 진노와 심판을 경험했었고, 이 일들에 대한 충분한 공감대가 밑바탕에 놓여있었기 때문이라고 평가할 수 있다. 그러나 이러한 과감하고 심지어 과격하게 보이기도 하는 이러한 극단적인 성격의 개혁 의지가 정책으로 결정이 되고 사람들의 동의와 협력하에 추진될 수 있었던 것은 제사장 에스라가 "하늘의 하나님의 율법에 완전한 학자겸 제사장"으로서 인정을 받고 있었고, "여호와의 율법을 연구하여 준행하며 율례와 규례를 이스라엘에게 가르치기로 결심하였었더라"라는 에스라의 신앙적 헌신과 결단과 실천이 그 당시 유대인들 사이에서 영향력을 끼치고 있었음을 생각해 볼 수 있다.

지도자로서 제사장 에스라는 백성들로부터의 존경과 인정과 지지를 통하여 영향력을 끼치고 있었고, 무엇보다도 전능하신 하나님의 손이 함께하시는 은혜와 도우심 가운데서 이러한 모든 개혁 조치들을 추진해 갈 수 있었다. 에스라는 죄악에 민감한 감수성을 가지고 있었으며, 하나님의 말씀을 분명하게 알고 있었고, 그 말씀 속에서 깨닫고 발견했던 하나님의 뜻을 다른 사람들과 함께 협력하여 적극적으로 추진할 줄 아는 사람이었음을 에스라 10장 본문에서 보여주고 있다.

3. 나가는 말

에스라는 율법을 연구하면서 당대의 유대 공동체에 속한 사람들의 목소리를 경청할 줄 알았고(스 9:1-2), 이를 토대로 그 당시의 예루살렘 포로 귀환 공동체 내에 만연하였던 죄악상과 혼합주의 결혼의 문제들을 해결해 갔던 지도자였다.[21] 에스라를 통하여 포로기 이후의 유대교 율법주의가 시작되었고, 제사장 에스라의 율법에 대한 강조는 율법에 대한 불순종과 그로 인한 하나님의 심판과 이스라엘 나라들의 멸망이라는 역사적 현실 경험에서 나온 것이며 조상들로부터 이어져 내려온 이스라엘 자손들의 역사에 대한 정확한 인식에서 기인한 것이기도 했다.

에스라는 하나님과 이스라엘 민족을 위하여 헌신하기로 결단한 사람이었고, 결심한 바를 실천함으로 본을 보이는 지도자의 삶을 살았던 인물이다. 그는 하나님 앞에서 자기를 낮추고 겸손할 줄 아는 지혜를 가지고 있었으며, 하나님께 감사를 드리며 살아가는 마음을 가진 사람이었다. 그는 하나님을 향한 깊은 신뢰감과 믿음을 가진 신실한 신앙인이었으며, 자신의 공적인 임무에 최선을 다하는 부지런한

---

21 Robert North, "Ezra," *The Anchor Bible Dictionary* vol. 2 (New York: Double day, 1992), 728.

사람이었다. 하나님의 말씀과 죄악에 대한 민감성과 예리한 판단력을 가지고 있었으며, 발생한 문제의 근본 원인을 꿰뚫어 볼 수 있는 눈을 가진 사람이었다. 뿐만 아니라 다른 사람들과 함께 협동하며 협력하여 문제를 해결하고 개혁을 완수해가는 추진력과 적극성을 갖춘 사람이었다.

에스라가 추진했던 종교적인 개혁 조치와 율법주의의 새로운 전통은 하나님 앞에서 자신을 헌신하고 신앙적인 결단을 통하여 하나님의 말씀을 위한 소명을 감당했던 에스라의 생애와 그의 인간 됨의 면모들과 무관할 수 없는 것임을 에스라서의 본문과 이스라엘 역사의 기록들 속에서 확인할 수 있었다.

4. 에스라서의 구조와 메시지

유선명 교수(백석대학교)

1. 들어가는 말

에스라서는 유대교 경전에서 하나로 묶여있는 느헤미야서와 더불어 전통적 구약성서 연구사에서 그다지 주목받지 못했다. 17-19세기 비평적 연구가 벨하우젠 류의 통합에 도달한 이래 제2성전기 종교를 역동적이고 영적인 예언자들의 종교와 달리 율법의 문자적 해석과 제의에 집착하는 신약 "바리새주의"의 선행주자 쯤으로 간주하는 시각이 지배적이었던 것이 그 원인의 하나라 할 수 있다.[1] 그러한 무시

---

[1] 에스라-느헤미야 연구 동향에 대한 개관은 휴 윌리엄슨, 『에스라-느헤미야 개론』 (민경진 역; 서울: CLC, 2013); 김래용, "에스라-느헤미야서의 연구사: 1990년부터 현재까지," 「구약논단」 20/4 (2014), 337-369; 김선종, "에스라-느헤미야 연구서설," 「구약논단」 25/3 (2019), 49-73; 에스라와 느헤미야의 시대적 배경은 민경진, "페르시아 제국시대의 유대 역사 재구성: 기원전 458년에서 430년까지 에스라-느헤미야서를 중심으로," 「구약논단」 14/1 (2008), 113-137을 참조하라.

는 근래 예수 운동과 초기 기독교의 유대교적 배경은 물론 사해문서를 비롯한 제2 성전기 문헌 전반에 대한 관심의 증가와 더불어 완화되었다. 구약성경의 저작시기와 내용상 이 두 책은 구약사의 말미를 장식하는 책이며, 윌리엄슨이 잘 지적한대로 포로기 이후 예루살렘을 중심으로 한 유대 역사를 다룬 유일한 성경 내 자료인 동시에 예수 운동과 신약성경의 이해에 필수적인 정보를 제공한다.[2] 신학적으로 에스라서와 느헤미야서는 이스라엘 역사의 치부이자 국난인 포로기의 극복과 국가의 재건 과정, 그러한 역사의 기로에 선 하나님 백성을 향한 메시지를 담고 있으며, 범인류적, 국가적, 교회적 위기 상황 속에서 하나님 백성의 자기 성찰과 결단에 대한 시사점을 풍성하게 전해주는 중요한 책이다. 이 글에서는 에스라서의 흐름과 구조를 에스라만으로서의, 또 느헤미야와의 연속체로서의 특성을 고려해 살펴보고, 그와 같은 구조적 이해를 바탕으로 에스라서의 메시지를 정리해보고자 한다.

2. 에스라, 느헤미야--한 권인가 두 권인가?

구약성경 본문 전체를 수록한 것 중 가장 오래된 히브리어 사본인 레닌그라드 사본(L)을 위시해 마소라 전통을 따르는 히브리어 성경 사본들은 에스라와 느헤미야를 묶어 한 권의 책으로 취급한다. 이것

---

2 윌리엄슨, 『에스라-느헤미야 개론』, 6-7.

은 독립된 각 권 마지막에 기록되는 본문의 통계 자료가 에스라의 결말부에는 없고 느헤미야 말미에 두 권을 합한 내용으로 기재되어 있다는 움직일 수 없는 외적 증거에 근거한 판단이다. 그러나 성경해석과 교육 및 설교의 관점에서 에스라와 느헤미야를 연속되는 한 권의 책으로만, 다시 말해 에스라서를 에스라-느헤미야 문헌의 전반부로서 불완전한 책으로 이해하고 해석하는 것이 타당한 접근법인지는 추가적 논의가 필요하다고 판단된다. 필로(Philo)와 오리겐(Origen), 제롬(Jerome)을 비롯한 초기 해석자들이 에스라와 느헤미야를 별개의 책으로 다루었고, 기독교 내의 성경 전승사에서 두 책이 별도로 인지되고 해석된 것이 역사적 사실이기 때문이다.

1) 에스라-느헤미야를 한 권으로 보는 견해

에스라와 느헤미야를 한 권으로 보는 현대 논의는 에스라, 느헤미야, 그리고 역대기 간의 역사적, 문학적, 신학적 관련성에 관한 논쟁들, 즉 에쉬케나지(Eskenazi), 야펫(Japhet), 윌리엄슨(Williamson), 블렌킨소프(Blenkinsopp) 등 학자들의 논의를 통해 진전되어 왔다.[3] 그 중 텍스트의 외형적 분석에 근거한 논거는 에스라의 이야기가 에스라서에서는 7-10에 제한되면서 그의 활동 중 하이라이트라 할만한 율법 선포와 해석의 내용은 느헤미야 8장에 기록되었다는 점, 외경의 제1에스드라서는 동일한 범위를 한 권의 책으로 다루고 있다는

---

3 T. Eskenazi, "The Structure of Ezra-Nehemiah and the Integrity of the Book," *JBL* 107 (1988), 641-656은 여러 의미에서 이후의 논의를 촉발한 기폭제가 되었다.

점, 그리고 마소라 전승에서 두 책이 늘 한 권으로 간주된다는 점 등이다.[4] 에스라서와 느헤미야서의 주제와 어휘, 문예적 특성들 간에도 공통점은 발견된다. 국내학자로서 이 견해를 대표하는 민경진은 느헤미야 없는 에스라, 에스라 없는 느헤미야는 온전한 메시지를 구성하지 못한다는 논지를 꾸준히 전개해 왔다. 에스라-느헤미야 단일저작설을 주장하는 대부분의 학자들이 역사적 논증을 주로 제시하는 데 반해, 데이빗 도르시(Dorsey)는 에스라-느헤미야를 한 권의 책으로 보는 외적 증거에 집착하는 대신 텍스트의 구조 자체에서 섬세한 문예 구조를 찾아 그를 근거로 두 권이 단일저작의 작품이라 주장한다는 점에서 색다르다. 도르시는 에스라 9-10장을 핵심으로 하는 교차 대구 구조를 아래와 같이 제시한다:

    A. 스룹바벨의 귀환과 목록(스 1-2장)
       귀환자와 반환 물품 목록 (금, 은, 제사장 의복)
      B. 성전 재건과 대적의 저항(스 3-6장)
        저항을 물리친 성공
        C. 에스라의 귀환(스 7-8장)
          총독들의 협력을 명하는 왕의 칙령
          D. 백성의 정결(스 9-10장)
            혼합 결혼의 청산에 동의하는 공동체
        C'. 느헤미야의 귀환(느 1-2장)
          총독들의 협력을 명하는 왕의 칙령

---

4 민경진, "에스라-느헤미야서는 한 권인가, 두 권인가?" 「장신논단」 19 (2003), 447-461.

    B'. 성벽 중건과 대적의 저항(느 3:1-7:3)

     저항을 물리친 성공

    A'. 스룹바벨의 귀환과 목록(느 7:4-13:31)

     귀환자와 반환 물품 목록(금, 은, 제사장 의복)[5]

  도르시가 식별한 패턴이 해당하는 텍스트 분량의 균형감과 핵심개념의 배치 면에서 얼마나 자연스럽고 명백한 지는 판단이 갈리는데, 그 패턴이 그의 주장처럼 책의 주제를 전달하는 핵심적 문학 장치로 작동하는지는 여전히 논쟁거리이다. 패널 구조나 교차 대구 같은 장치들은 저자 혹은 최종편집자의 존재와 의도를 입증하는 근거로 종종 제시된다. 그러나 에스라서와 느헤미야서처럼 책 전체에서 자료가 차지하는 비중이 압도적인 상황에서 에스라서가 에스라-느헤미야라는 정교하게 다듬어진 한 권의 책의 전반부로 보이지는 않는다. 에스라 자체만으로 내적 흐름과 메시지의 봉합을 감지할 수 있기 때문이다. 이 두 권의 책은 두 인물의 활동기에 수집된 원자료들을 중심으로 에스라와 느헤미야의 이름으로 별도로 "편집"되었다가 후대에 한 권으로 통합되며 2차 편집이 가해진 결과물로 보인다. 그 결과 추후 역사 속에서 에스라와 느헤미야를 별개로 혹은 통합해서 읽는 두 갈래의 독서전략이 두 가지 정경 형태로 고정되었을 것으로 추정된다.

---

[5] David Dorsey, *The Literary Structure of the Old Testament: A Commentary on Genesis--Malachi* (Grand Rapids, MI: Baker Academic, 1999), 161 이하. 도르시의 것과 더불어 박철우가 제시한 에스라-느헤미야의 패널 구조를 언급한 김선종, "에스라-느헤미야 연구 서설," 「구약논단」 25/3(2019), 52-53의 해설을 참조하라.

2) 에스라와 느헤미야를 독립된 두 권으로 보는 견해

에스라와 느헤미야의 독립성은 탈몬(Talmon)과 밴더캠(VanderKam)에 의해 목소리를 얻었다. 탈몬은 에스라와 느헤미야 본문 안에 있는 연결 어구들과 내용의 전환 방식이 저마다의 독특성을 유지한다고 지적하며 독립성을 옹호했고,[6] 밴더캠은 마소라 학파의 후기 기재는 본래의 저술보다 훨씬 후대의 전승 과정에서 결정되었을 수 있으며, 에스라의 활동이 두 책에 따로 기록된 것 역시 각 저자의 저술의도를 충실히 반영하기 위한 의도적 선택의 결과로 볼 수 있다고 주장했다.[7] 하란(Haran)을 비롯한 학자들의 근래 연구들은 모세5경, 12소선지서, 시편이나 잠언 등의 편집 과정에서 특정한 "책"의 경계선이 결정된 과정에는 텍스트의 길이와 두루마리의 길이라는 물리적 요소들의 고려가 중요하게 작동했음을 보여주고 있다.

오늘날 대세가 된 에스라-느헤미야 통일문헌설과 달리 에스라서를 한 권으로 읽는 독법의 장점 혹은 정당성에 대해 몇 가지의 논거를 제시할 수 있을 것이다. 첫째, 에스라서를 독립된 문서로 다루는 오리겐 이래의 기독교 전통이 에스라서의 독립성을 유지해 온 것이 근본적으로 오류에 근거했다고 단정할 수 없다. 에스라-느헤미야라는 단일체 구성을 지지하는 본문 내적 증거가 명확하다면 16세기 개혁자들이 칠십인경-불가타의 경전 범위를 버리고 히브리어 정경에 수록

---

6 Shemaryahu Talmon, "Ezra and Nehemiah," *IDBSup* (Nashville, TN: Abingdon), 322-328.

7 James VanderKam, "Ezra-Nehemiah or Ezra and Nehemiah?" in E. Ulrich et al, eds. *Priests, Prophets and Scribes: Essays on the Formation and Heritage of Second Temple Judaism in Honour of Joseph Blenkinsopp* (JSOTSup 149; Sheffield: JSOT Press, 1992), 55-75.

된 책들만을 정경으로 인정하면서도 히브리어 정경의 구성 대신 에스라와 느헤미야를 별도의 책으로 다룬 칠십인경-불가타 전통을 유지한 결정을 설명하기 어렵다.[8] 둘째, 느헤미야 1:1의 표제를 그 자체로서 새로운 책의 시작으로 받아들이지 말아야 할 이유도 그리 분명하지 않다. 에스라-느헤미야 단일체론자들이 주장하듯 느헤미야 1:1의 제목을 시편이나 잠언 일부의 소제목과 비교하는 것은 적절치 않을 수 있다. 시편과 잠언서는 애당초 작은 콜렉션들 간의 논리적 연결을 정당화할 모종의 메타 구조를 감지하기 어려운 책이다. 시편을 구성하는 다섯 권의 책들은 제각기 자신의 종결부에 특수한 어구를 배치함으로써 다섯 권이 합쳐진 전체가 작은 콜렉션들의 콜렉션임을 명백히 하고 있다. 반면에 에스라와 느헤미야는 별개의 책으로 접근해도 각자의 논리적 구조와 흐름을 갖는 독자성을 충분히 확보하고 있다. 느헤미야 1:1이 (예를 들면) 잠언 10:1 "솔로몬의 잠언" 제목과 같은 성격이라고 논증하는 것은 에스라와 느헤미야가 통일성을 갖는 큰 그룹으로 통합되어야만 의미를 발생한다고 전제했을 때 설득력을 갖는 순환논법이다. 셋째, 에스라와 느헤미야 간의 중복적이고 복합적인 문예적 구조의 유무와 상관없이 에스라는 그 나름의 문학적 구조를 갖고 있으며 내면적 논리가 건실하다. 에스라 말미의 개혁 장면

---

8 Marijke H. de Lang, "The Reformation Canon and the Development of Biblical Scholarship," *The Bible Translator* 67/2(2016), 184-201. 구약성경과 신약성경 정경형성사의 통합적 시각은 F. F. Bruce, *The Canon of Scripture* (Downers Grove, IL: IVP, 1988), 히브리성경(구약성경)의 정경 이슈에 대한 분석은 Roger Beckwith, "Formation of the Hebrew Bible," Pp. 39-86 in *Mikra: Text, Translation, Reading and Interpretation of the Hebrew Bible in Ancient Judaism and Early Christianity*. Ed. Martin Mulder (CRINT 2/1; Assen: Van Corcum; Philadelphia: Fortress, 1988)이 여전히 유용하다. 보다 광범위한 정경 이슈 논의는 Lee Martin McDonald and James Sanders, eds. *The Canon Debate* (Grand Rapids, MI: Hendrickson, 2002)를 참조하라.

이 결정적이고 최종적인 개혁이 아니라 부분적 개혁 혹은 '실패한' 개혁이라 말하며 에스라서가 미완의 책이라 말하는 것은 역사-사회 현상으로서의 개혁과 에스라서 문헌 내에서 기능하는 문예적 종결로서의 개혁을 혼동하는 일이다.

에스라서는 개혁자로서 에스라를 소개하고 그의 성품과 믿음, 노력을 기술한 뒤 그가 거둔 일정한 결실(그것이 후대의 역사에서 회고해 볼 때 얼마나 성공적이었는지와 무관하게)을 보고함으로써 문학적 종결을 기한다. 역사적으로 완벽하고 최종적인 개혁이란 존재하기 어렵다. 인간은 타락한 존재이고 역사의 현장에서 불의와 부패는 인간의 본성으로 인해 제거되었다가도 재발하기 마련이다. 개혁은 계속된다는 종교개혁자들의 구호처럼 에스라가 내딛은 개혁의 과업 역시 에스라의 공적 임기 내에 완성되지는 못했다. 에스라의 염원과 사역이 가시적 성과를 거둔 것은 훗날 년 느헤미야가 총독의 권위를 지니고 예루살렘에 부임해서 에스라와 힘을 합하면서였다. 결국 유대교 전승에서 이 두 권이 하나로 묶인 것은 이해할만한 과정이지만 두 권을 따로 보는 방식 역시 성경내적, 외적 정당성을 확보하고 있음을 알 수 있다.

3. 에스라서의 자료, 편집, 최종 형태

에스라와 느헤미야를 통합된 책으로 보는 학자들은 느헤미야의 회고록을 비롯한 더 많은 수의 자료를 상정하지만, 에스라서 한 권만을 분석해도 이 문서가 다수의 자료로부터 편집되었다는 사실은 명백해 보인다. 에스라서에 특별한 자료는 단연 아람어로 기록된 부분으로, 페르샤 정부와의 공적 교신을 담은 서간문의 형태로 되어 있으며, 1-6장의 큰 흐름을 지배하는 중요한 내용을 담고 있다. 역대기와 맞물려 에스라서 전체의 역사적 무대를 만들어주는 고레스 칙령(1:2-4)은 내용상 이들 아람어 섹션과의 유사성이 가장 두드러지지만 흥미롭게도 아람어가 아닌 히브리어로 기록되어 있다. 본래 칙령이 소수민족들의 언어로 번역되어 선포되었는지, 에스라서의 저자가 저술 과정에서 아람어 칙령의 번역본을 따로 확보했는지는 결정하기 어렵지만, 유대인들을 위한 개별적 칙령이므로 수령자를 고려해 히브리어로 기록되었다는 설명은 이 자료의 진정성을 의심할 만큼 억지스럽지는 않다.[9]

1) 에스라서의 자료

(1) 귀환과 성전 재건 관련 자료

에스라서에는 다양한 목록이 등장한다. 느부갓네살에 의해 탈취되었던 성전기명 목록(1:9-11), 귀환한 유대인의 명단(2:1-67), 에스라와 함께 귀환한 유대인의 명단(8:1-14), 이방 여인들과 결혼한 유대인들의 명단(10:18-44)이 그것인데, 그 분량이 상당하고 서사의 흐름에 합류되었다기보다는 서사를 구성하는 구성 자료로서의 성격을 유지하고 있다. 에스라-느헤미야 전체를 가리켜 쓴 표현이지만 에스라 자체

---

9 Williamson, *Ezra-Nehemiah* (WBC; Waco, TX: Word, 1985), 33-34.

만으로도 저자는 저술보다 편집에 가까운 작업을 했다는 평가가 과장된 것은 아니다.

(2) 아람어 서신

에스라서의 특징 중 하나는 아람어로 저술된 본문인데, 이들은 거의 독립된 자료의 형태로 보존되어 있다. 아람어 본문은 4:8-6:12과 7:12-26의 두 부분으로 나뉘며, 이 중 4:8-22, 5:6-17, 6:3-12, 그리고 7:12-26 네 텍스트가 아람어 서간문의 인용 형태이고 그 사이사이를 서간문이 언급한 상황들의 추이를 보도하는 내러티브가 연결해주고 있다. 사용된 아람어의 언어와 해당 서간문의 문예 구조를 살펴보면 이 서간들이 아람어 원 자료를 거의 원형대로 보존, 인용한 것으로 보인다.

4:8-22	서신: 성전 재건을 반역으로 모는 고발장
4:23-24	연결 서사: 왕명으로 건축이 중단됨
5:1-5	연결 서사: 학개, 스가랴, 스룹바벨, 예수아에 의해 공사가 재개됨
5:6-17	서신: 건축의 정당성 판단을 요청하는 지방 관청의 공문
6:1-2	연결 서사: 다리오가 영을 내려 고레스의 칙령을 재확인함
6:3-12	서신: 건축 경비를 지급하고 방해 세력을 처벌하라는 칙령

에스라서에 포함된 아람어 자료들은 구사하는 아람어의 언어학적 분석과 동시대 기록들과의 문학적 비교를 통해 그 역사적 신뢰성과

사료로서의 가치를 인정받고 있다.[10] 당대 공용어(lingua franca)인 아람어로 작성된 내용들은 페르샤 정부의 파송을 받은 지도자로서 에스라사역의 성격을 알려주고 있다.

2) 에스라서의 구조

에스라서의 편집사와 구조 조사에서 고려할 매우 중요한 사실은, 에스라의 이름으로 불리우는 이 책에서 에스라는 7장에 와서야 등장한다는 것이다. 이로 인해 1-6장의 성격 규명과 에스라가 1-6장의 저술에도 간여했는지 전혀 다른 전승이 별도로 존재했는지를 놓고 다양한 해석이 대두되었다. 이 문제에 대해 다수의 연구를 진행한 윌리엄슨은 1-6장이 가장 마지막에 첨부된 편집층이라고 결론을 짓는다. 에스라 7-10장이 본래의 역사적 핵심(core)를 구성하며, 에스라-느헤미야 안에서 작은 단위로서의 에스라서는 후대에 1-6장이 후에 첨부되면서 비로소 의미를 갖게 되었다는 설명이다.[11] 국내에서 에스라-느헤미야에 관한 연구를 활발히 발표하고 있는 민경진의 경우도 역사적 저술로서 에스라와 느헤미야는 단일한 한 권으로 저술되었다고 결론내리지만, 에스라 1-6장이 에스라 7장-느헤미야 13장의 역사적 코어에 에스라 1-6장이 서문 격으로 덧붙여졌다는 윌리엄슨 가설에

---

10 에스라서의 이들 서신을 비롯한 제국아람어 텍스트와 분석은 James M. Lindenberger, *Ancient Aramaic and Hebrew Letters*, 2nd ed. (Writings from the Ancient World 14; Atlanta: SBL, 2003)를 참조하라.

11 윌리엄슨이 Williamson, *Ezra, Nehemiah* (WBC; Waco, TX: Word, 1985)를 비롯한 다수의 저술을 통해 이 가설을 가장 체계적이고 자세하게 제시했다.

대해서는 비판적이다. 그는 유대교 전승 내에서도 그러한 단절을 시사하는 사본이 발견된 적이 없음은 물론 적어도 기독교 전승 내에서는 에스라서 내의 불연속성보다는 "에스라 10장과 느헤미야 1장 사이의 단절"이 더 중요했다는 설명을 부연한다.[12]

사실 오리겐과 제롬이라는 걸출한 기독교인 학자들의 업적 이래로 기독교 전승에서는 에스라 1-10장을 한 권의 책으로 보는 입장이 심각한 도전을 받은 일이 없다. 성경 문헌 이전의 전승사를 규명하는 데 주목하던 비평적 연구가 에스라와 느헤미야를 다수의 자료로 해체해 층서화하는 노력을 기울였지만 오늘날은 역사 속에서 지금에 이르기까지 확정되어 주어진 정경의 형태를 연구의 목적물로 삼는 차일즈(Childs) 그리고 렌토르프(Rendtorff)의 정경적 접근이 더 주도적 위치를 점하고 있다. 이러한 영향으로 신학적으로 보수적인 진영에서도 구약성경 대신 히브리 성경이라는 명칭이 널리 통용되고 구약개론이라는 이름으로 집필된 책에서도 그 기술은 히브리어 정경의 순서와 토라-예언서-성문서의 3분 구조를 따르는 경향이 강해지고 있다.[13] 히브리 성경의 정경 구성이 오랜 유대교 전통에 기초한 것이지만 인물로서 에스라와 느헤미야의 행적은 물론 책으로서 에스라와 느헤미야의 형성과 편집 및 전승 과정 역시 유대인 학자들 가운데도 여전히 논박이 계속되는 논제이다.

---

12 민경진, "휴 윌리암슨의 에스라-느헤미야서 편집가설 재고," 58.
13 최근의 것으로 존 골딩게이의 『구약성서개론』이 좋은 예가 될 것이다.

3) 에스라서 개요

에스라서의 저술 과정에 대한 어떠한 가설을 채택하든 에스라서가 아래 두 부분으로 구성된다는 것은 명확해 보인다:

> 1부: 예언의 성취로서의 성전 재건(1-6장)
> 2부: 에스라의 유다 공동체 재건(7-10장)

여기서 우리의 주관심사는 자료의 기원 혹은 자료전승사 및 편집사보다 에스라 1-10장 전체가 생성하는 의미를 규명하는 데 있다. 설사 에스라 1-6장과 7-10장의 별개의 기원을 갖는다 해도 적어도 현재 정경이 연속되는 서사로 제시한 성전 재건과 공동체 재건의 과정은 제2성전기를 이해하는 결정적 단서가 된다. 정경의 형태를 그대로 수용할 때 에스라서는 대략 아래와 같은 구조로 분석된다:

> 1부: 예언의 성취로서의 성전 재건(1-6장)
>   1. 예언의 성취(1-2장)
>   1) 고레스 칙령(1:1-4)
>   2) 포로 귀환(1:5-11)
>   3) 귀환한 포로 명단(2:1-70)
>   2. 성전 재건과 예배의 재개(3장)
>   1) 번제 재개(3:1-6)
>   2) 건축 준비(3:7-9)
>   3) 착공과 축연(3:10-13)

3. 건축의 좌절(4장)

    1) 고레스부터 다리오까지의 시기(4:1-5)

    2) 아하수에로 시기(4:6)

    3) 아닥사스다 시기(4:7-24)

4. 공사 재개(5-6장)

    1) 백성을 움직인 지도자들(5:1-2)

    2) 방해시도와 좌절(5:3-5)

    3) 정부 조치와 증빙 공문(5:6-17)

    4) 재건 명령과 실행(6:1-15)

    5) 성전 봉헌과 유월절 기념(6:16-22)

2부: 에스라의 유다 공동체 재건(7-10장)

  1. 에스라의 사명과 직임(7장)

    1) 준비된 사람 에스라(7:1-10)

    2) 페르샤 정부의 파송(7:11-26)

    3) 에스라의 영향력(7:27-28)

  2. 에스라의 귀국과 동반자(8장)

    1) 귀환자 명단(8:1-14)

    2) 레위인 중용(8:15-20)

    3) 귀국(8:21-36)

  3. 에스라의 현실파악과 대처(9장)

    1) 만연한 혼합 결혼(9:1-2)

    2) 에스라와 동역자들의 반응(9:3-4)

    3) 기도와 다짐(9:5-15)

  4. 에스라의 감화와 그 결과(10장)

1) 회개와 결단(10:1-12)
  2) 개혁안 시행(10:13-17)
  3) 역사의 기록(10:18-44)

　이 구조가 일차적으로 드러내는 것은 에스라의 귀환이 개혁 역사의 분수령에 있다는 사실이다. 에스라 1-6장은 자기 백성 이스라엘을 향하신 하나님의 섭리 안에서 일찍이 선포되었던 예언이 성취되는 것을 보여준다. 정복지 식민들에게 이전에 볼 수 없었던 자치권을 허락하고 각자 종교와 문화의 전통을 지킬 수 있도록 하는 페르샤 제국 운영의 구도가 고레스의 칙령을 통해 드러났다. 누구도 예상하지 못했던 속도로 바벨론을 굴복시키고 등장한 페르샤의 이 같은 정책전환은 세속사의 눈으로 보면 상상하지 못했던 전개였지만, 하나님의 계획 속에서는 일찍이 바벨론 유배의 시작시점에서 예레미야에게 주신 예언대로 70년이 차면서 반드시 이루어져야 하는 국면이었다. 과연 그 예언대로 적국에서의 유배 생활은 종식을 고하고 영영 돌아올 수 없어 보였던 고토로의 귀환이 실현되었고, 훼파되었던 성전이 다시 세워지게 되었다. 페르샤 제국의 이익을 위해 일한 고레스가 알지 못하는 사이에 야웨의 뜻을 받들고 있었던 것이다.[14]

　이처럼 스룹바벨과 고레스를 정점으로 한 일군의 사람들이 "야웨

---

[14] 역대 최강의 대제국 페르샤의 지배자 고레스가 변방의 지역신으로나 여겼을 이스라엘의 신 야웨가 자신을 향해 "너는 내가 세운 목자라. 나의 뜻을 모두 네가 이룰 것이다(새번역)"라 말씀하셨다는 이사야의 선언(사 44:28a)을 들었다면 무슨 생각을 했을까? 고레스가 이룰 야웨의 뜻 혹은 기쁨(히, 헤페츠)은 명확하다: "예루살렘을 보시고는 '네가 재건될 것이다' 하시며, 성전을 보시고는 '너의 기초가 놓일 것이다' 하신다."(사 44:28b) 야웨의 뜻 안에서 고레스의 존재가 예루살렘의 회복과 성전의 중건이라는 사건 혹은 과제로 환치된 것이다.

의 종"이 되어 그의 뜻을 수행한 기록이 에스라 1-6장이라면 7-10장은 에스라의 등장으로 시작된 본격적 갱신 작업의 기록이다. 페르샤 정부 관료로서 예후드 지역의 안정과 충성을 담보하기 위해 파송한 에스라는 유다의 정치적 안정은 물론 영적 부흥을 위해 준비된 사람이었는데, 그 일을 위해서는 또 다른 종 느헤미야의 도래를 기다려야 했다.

4. 에스라의 사역과 공헌—에스라서의 증언

에스라는 관료였지만 말씀의 심오함을 경험한 학자로 "말씀을 연구하고 준행하며 가르치는" 것을 인생 사명으로 삼았던 사람이었다(스 7:10) 전능하신 하나님께서 작정하신 일을 그 일에 꼭 맞는 사람을 통해 일하시는 것은 신비이다.

1) 에스라의 정체성

에스라를 소개하는 "학자 겸 제사장(스 7:12, 21)"이라는 호칭에서 짐작되듯 그의 사역은 때로 긴장관계를 유발할 수 있는 복합적 과제로 구성되었다. 율법에 대한 그의 이해가 깊었던 것은 에스라-느헤미야의 맥락에서 의심할 이유가 없지만 공인된 권위를 수반해 보이는 "소페르 마히르(스 7:6)"란 호칭은 율법학자로서보다는 정부의 관료로서 받았으리라 짐작된다. 느헤미야를 행정 책임을 진 총독으로 유다에 파견한 페르샤 정부가 에스라에게는 순수한 학문 활동을 위한 직책을 주었다고 믿기는 어렵기 때문이다. 다윗의 관료 명단에 나오는 스와(삼하 20:25)나 스라야(삼하 8:17)의 직책 "소페르"가 제사장직과 더불어 언급되는 점에서 그 종교성을 짐작할 수 있지만 그것 역시 근본적으로 학자이기보다는 고위 행정직으로 보는 것이 타당하다. 따라서 에스라에게 주어진 소페르의 호칭 역시 페르샤 정부 직제에 근거를 둔 관직명일 가능성이 높다.[15]

에스라는 학자로서의 기능을 수행했지만, 그가 제사장직을 수행했다는 증거를 찾기는 어렵다. 에스라서가 아닌 느헤미야서에 기록된 토라 낭독을 제사장의 고유한 사역으로 보는 것은 무리가 있는데, 그나마 에스라가 토라를 낭독한 기록은 에스라서가 아닌 느헤미야서 8장에 등장하고 있다. 이는 에스라의 이력서에 견주어볼 때 의아한 사실이다. 에스라의 등장을 알리는 에스라 7장은 그의 가족력을 놀랍도록 자세히 수록했는데, 그 족보에 의하면 에스라는 아론의 16대 후손이라는, 제사장으로서는 누구도 범접할 수 없는 정통성을 확보한 사람이기 때문이다. 자료가 허락하는 범위에서 에스라의 사역을 스케치해본다면, 페르샤 정부로부터 유다 공동체의 결집과 안정을 돕기 위한 종교 지도자로 임명 파송되어 유다인들이 조상으로부터 전수받은 모세의 율법을 가르치고 준수하게 하는 책임을 수행했다고 말할 수 있을 것이다. 수문 앞 광장에서 율법을 가르치고 영적 부흥을 주도한 극적인 모습이 에스라보다 훨씬 후에 예후드 공동체를 이끌었던 느헤미야를 주인공으로 한 느헤미야서에서만 발견된다는 것

---

15 장춘식, 『에스라-느헤미야』 (서울: 대한기독교서회, 207), 152-153 참조.

은 에스라-느헤미야가 애초에 한 권으로 기록되었다고 전제하면 설명하기 곤란한 사실로 남는다.

2) 에스라의 공적 직무

에스라의 직무를 언급한 아닥사스다 공문은 야웨의 율법을 기준으로 예루살렘과 유다의 형편을 살피는 직무와(7:14) 바벨론이 탈취했던 성전의 기물들을 다시 반납하는 책임을 에스라에게 부여한다(7:15-20). 이것은 종교적, 도덕적 책임감만이 아닌 실제 권력의 후원을 확인한 것으로 에스라의 활동을 방해하거나 그의 지시를 따르지 않는 자를 혹독히 처벌할 장치를 마련해 주었던 것이다: "에스라여 너는 네 손에 있는 네 하나님의 지혜를 따라 네 하나님의 율법을 아는 자를 법관과 재판관을 삼아 강 건너편 모든 백성을 재판하게 하고 그 중 알지 못하는 자는 너희가 가르치라. 무릇 네 하나님의 명령과 왕의 명령을 준행하지 아니하는 자는 속히 그 죄를 정하여 혹 죽이거나 귀양 보내거나 가산을 몰수하거나 옥에 가둘지니라 하였더라(스 7:25-26)." 여기서 페르샤의 공문이 에스라가 일하는 근거가 야웨 하나님의 명령인 동시에 페르샤 왕의 명령이라고 밝히는 것이 흥미롭다.[16] 여기서 에스라가 예후드 백성만이 아니라 "강 건너편 모든 백성"에게 가르쳐야 할 내용은 여호와의 율법 즉 토라가 아니라 아람어 다

---

[16] 이러한 복합성을 근거로 민경진은 에스라가 "페르시아 제국 정책의 근간을 담은 법을 백성들에게 가르쳐 신민의 의무를 다하도록 하는 에스라의 또 다른 임무"를 수행했다고 설명한다. 민경진, "에스라-느헤미야서의 레위계 기원," 「구약논단」 17 (2005), 93.

트 즉 법률이었다.[17] 에스라는 유대인의 토라를 가르치는 율법사 혹은 서기관이 아니라 페르샤 제국이 속국에게 부여하는 제국의 법률을 가르칠 모종의 사법행정관으로 파송되었던 것이다.

그러나 에스라는 내심 자신의 공무에만 매일 생각이 없었다. 그에게 있어 자신의 사명은 궁극적으로 야웨 하나님을 향한 것이었다. 그는 제국의 법률을 가르치는 공무원으로서 그 공적 업무와 더불어 또 다른 법 즉 여호와의 율법인 토라를 가르치는 개인적 사명을 수행하려 했던 것이다. 히브리어와 아람어를 함께 구사한 예후드 공동체에게 에스라의 타이틀 소페르는 페르샤의 법률 전문가이면서 동시에 이스라엘 율법의 전문가라는 이중직을 의미했다. 이러한 중의적 표현이 에스라 자신이 의도한 모호성이었을 가능성, 혹은 최소한 에스라서의 저자가 에스라라는 인물에게 투영한 의도성이라 볼 수 있다. 에스라는 국왕의 파송을 받은 후 13년 간 소페르의 한 쪽 면만을 수행했다. 아마도 그것이 봉신국들의 반역 가능성을 늘 염두에 두었던 중앙 정부의 감독 감찰을 받는 파견공무원으로서 그가 할 수 있는 최선이었을 것이다. 에스라 7:10에 피력했던 내면의 소명, 즉 진정한 소페르의 사역을 펼칠 수 있기 위해서 그는 중앙 정부가 파견한 총독의 도움을 필요로 했고, 느헤미야가 예루살렘에 오면서 비로소 페르샤의 법률이 아닌 야웨의 율법을 해설할(다라쉬) 기회를 얻었던 것이다.[18] 조상들의 하나님 자신들의 하나님 야웨의 율법을 새롭게 들은

---

17 히브리어 '토라가 가르침, 법, 율법 등으로 쓰이듯 아람어 '다트'도 법률, 명령, 포고, 규례 등 넓은 의미영역을 지닌다. 에스라 7:12, 14, 21, 25, 26 등에서 다트의 한정형 '다타'는 특정한 한 가지 법이 아니라 법 전체를 가리키는 집합적 성격을 갖는다.

18 유대 관념상 소페르로서의 에스라의 책임의식은 7:10에 표현되어 있다: "에스라[는] 여호와

백성들은 온몸을 던져 뜨겁게 반응했고, 바로 그것이 수문 앞 광장에서의 회개와 부흥의 모습을 기록한 보고서가 에스라서가 아닌 느헤미야서 8장에 담기게 된 이유이다.

3) 에스라의 개혁 작업과 성취

에스라의 혼합 결혼 취소 정책이 갖는 혁명성은 율법의 순종이나 율법으로의 복구 수준을 훌쩍 뛰어넘는다. 이미 결혼하고 자녀도 가진 가정들을 공권력에 의해 해산시키는 이러한 정책은[그들의 주장과 달리] 구약성경의 율법에서 근거를 찾을 수 없는 과격한 정책이다. 혼합 결혼을 금하는 구약의 근거는 신명기 7:1-4이 대표적인데, 모세 율법에서 이 구절은 이방인들과 결혼하지 말라는 원론적 규정일 뿐 이미 성립된 결혼을 무효화하고 가정을 해체하라는 내용은 찾아볼 수 없다. 바벨론 유배에서 돌아온 이들이 주도한 공동체 정화작업에서 이방인 남성과 유대인 여성의 결혼은 거론되지 않고 오직 유대인 남성과 이방인 여성간의 결혼만 문제시된 이유 역시 정교한 검토가 필요하다. 소형근은 유대인 여성이 이방인 남자와 결혼하는 경우는 토지권의 유출을 염려할 필요가 없었기 때문에 에스라-느헤미야 시대 사회개혁의 일차적 관심이 아니었다라고 설명한다.[19] 김지은은 에스라와 느헤미야가 주도한 개혁 운동의 본질은 추방의 경험

의 율법을 연구하여 준행하며 율례와 규례를 이스라엘에게 가르치기로 결심하였었더라(스 7:10)."

19 소형근, "에스라-느헤미야서 연구의 난제들과 그 해법들," 「구약논단」 25/4(2019), 345-46.

을 한 유배공동체가 복귀한 땅에서 다시 쫓겨나지 않기 위한 율법준수 운동에 있으며 절기와 안식일을 준수하고 혼합 결혼을 취소하는 것이 그 실천방안이었다고 설명한다.[20] 그러나 유대 공동체가 토라의 말씀에 순종하고 규례와 법칙들을 준수하기 원했던 에스라의 사명 선언에 비추어 볼 때, 혼합 결혼이 결국 종교의 혼합을 야기해 유일신주의에 위협이 된다는 원론적 문제의식이 결여되었다고 쉬이 말할 근거는 없으며, 에스라 10장까지 전개된 사실보도로부터 그가 주도한 개혁이 실패했다고 폄훼해야 할 이유도 찾기 어렵다. 에스라서는 예언자가 전했던 대로 야웨 하나님의 섭리 하에 이스라엘의 해방과 귀환이 이루어졌다는 역사적 사실과, 에스라 자신이 페르샤 정부의 공적 직임을 수행하면서 그 안에 내포된 야웨 하나님의 특별한 명령을 어떻게 수행했는지를 기록하고 있다. 훗날 또 다른 하나님의 종 느헤미야가 합류함으로써 비로소 가능했던 사역을 13년 전에 역투사해서 그 일을 이루지 못한 것을 에스라의 한계와 실패로 돌릴 필요는 없으며, 자신이 선 자리의 역사적 의미를 이해하고 선대의 업적과 자신의 사역의 (중간)결산보고 형태로 기록된 에스라서를 느헤미야와 연결해야만 유의미해지는 불완전한 책으로 간주해야 할 이유도 궁색하다.

---

20 김지은, "에스라-느헤미야 개혁의 성격," 『구약과 신학의 세계』 (서울: 한들, 2001), 13-29.

5. 나가는 말

에스라와 느헤미야를 한 권으로 간주하는 유대교 전통과 현대 해석의 주류입장이 갖는 나름의 설득력에도 불구하고, 사본의 전승 과정 이전에 에스라와 느헤미야가 별도의 저술로 존재했을 가능성 역시 충분히 존재한다. 기독교 전승과 역본들의 구조에 따라 에스라서를 독립된 책으로 간주하고 그 구조와 메시지를 분석하면 바벨론 유배 공동체의 귀환과 국가 재건 과정을 통해 이스라엘-유대의 역사 속에서 일하시는 야웨 하나님의 구원 역사를 서술하는 화자(protagonist)로서의 에스라와 함께 제국 경영의 관료로 자신을 파송한 페르샤 제국의 명령(mandate)을 하나님의 섭리 안에서 받아들이면서도 더 깊은 내면에서 토라의 종으로서 자신의 사명을 인지하고 하나님의 기회를 기다린 에스라의 두 측면이 역동적으로 드러나는 것을 확인할 수 있다. 1인칭과 3인칭이 교차하는 에스라의 "전기"는 격동의 역사를 살아가는 모든 세대를 향해 자신의 삶의 자리 안에서 신실하게 하나님의 사명을 감당할 모델을 제시해준다.

5. 에스라서에 나타나는 엑소더스와 유토피아, 그리고 현실

이종록 교수(한일장신대학교)

이 글은 에스라서에 나타나는 유토피아 사상을 엑소더스 사건과 연결시켜서 찾아내는데 목적을 둔다. 바벨론 이주시대와 페르시아 시대에 걸쳐서 세스바살과 에스라, 그리고 느헤미야 주도하에 세 차례 일어난 엑소더스 사건은 성전 건축과 성전존속, 성전기능 작동을 위한 것이었다. 우리는 유다인 바벨론 이주자들이 그들이 거주하던 바벨론 어느 곳에도 성전을 건축하지 않았다는 사실에 주목해야 한다.[1] 바벨론 이주자들은 그들이 언젠가는 귀환할 것을 확신하고, 그 징표를 예루살렘에 돌아가 성전 건축하는 것으로 설정했기 때문이다.

에스라서 1-6장은 고레스 칙령에 따라 바벨론에서 유다로 돌아온

---

[1] "이집트 골라와는 달리 바벨론 골라는 이국 땅에 성전을 건설하지 않았다. 바벨론 골라에도 그러한 경향이 있었을 테지만 에스겔과 그의 제자들에 의해서 냉담하게 거부되었다."(Rainer Albertz, *Die Exilszeit vor 6. Jahrhundert v. Chr*, 배희숙 역, 『포로 시대의 이스라엘』 (고양시: 크리스찬 다이제스트, 2006), 152f.

사람들이 여러 가지 어려움에도 불구하고 성전을 건축한 이야기를 상세하게 들려준다. 성전 건축을 목표로 희망에 부풀어 귀환한 사람들은 숱한 반대에 부딪혀 결국 성전 건축을 중단할 수밖에 없었는데, 다리오 왕이 다시 허락해서 마침내 성전 건축을 완료한다. 그런 다음 에스라 이야기로 넘어간다. 그러다보니 에스라 6장과 7장은 시간 간격이 크다.

여기서 드는 의문은 에스라-느헤미야 편집자가 에스라 시대보다 훨씬 이전에 일어난 성전 건축 이야기에 3/5 분량을 할애해서 상세하게 들려주는 까닭이 무엇인가 하는 것이다. 오히려 성벽을 재건하는 느헤미야서에서 성전 건축 이야기를 다루는 것이 더 낫지 않았을까? 그리고 느헤미야서 7-10장을 에스라서에 포함시키는 것이 더 낫지 않았을까? 에스라보다는 느헤미야가 더 강력한 영향력을 미친 지도자 같은데, 책들을 배치하는 과정에서 느헤미야서보다 에스라서를 앞에 둔 까닭은 무엇일까?[2] 이러한 몇 가지 의문들을 밝히다 보면, 에스라서에 담긴 유토피아 사상을 찾을 수 있을 것으로 기대한다.

에스라서에 나타나는 유토피아 사상은 예루살렘 함락과 유다 멸망을 전후해서 바벨론에 이주해서 살던 유다인들이 고레스 칙령과 아닥사스다 조서를 통해서 귀환하는 사건, 즉 엑소더스 사건과 긴밀한 관련을 갖는다. 그리고 그들이 귀환하는 목적이 바로 성전을 건축하고 성전을 성전답게 유지하고 기능하게 하는 것이라는 점에서 성전이 유토피아와 밀접한 관련을 갖는다. 그리고 율법 전문가이며 그 일

---

2 윌리암슨은 에스라-느헤미야 편집자가 에스라 같은 서기관이었을 것이라고 추정한다. (H. G.M. Williamson, *Ezra, Nehemiah*, WBC. (Waco: Word Books, Publisher, 1985), 92.)

을 직책으로 맡은 에스라가 성전을 통해서 하려는 일이 백성들에게 율법을 가르쳐서 그들이 하나님 뜻대로 사는 공동체를 형성하는 것이라는 사실에서 에스라가 꿈꾸는 세상, 에스라 유토피아는 율법과 밀접한 관련을 갖는다. 그래서 에스라서에 나타나는 유토피아를 엑소더스, 성전, 그리고 율법이라는 세 단어를 통해서 살펴보려고 한다.

1. 엑소더스와 유토피아 그리고 현실

에스라서는 내용 전개상 1-6장과 7-10장으로 명확하게 나눌 수 있는데, 에스라서 1-6장은 이렇게 시작한다.

> 1 바사 왕 고레스 원년에 여호와께서 예레미야의 입을 통하여 하신 말씀을 이루게 하시려고 바사 왕 고레스의 마음을 감동시키시매 그가 온 나라에 공포도 하고 조서도 내려 이르되 2 바사 왕 고레스는 말하노니 하늘의 하나님 여호와께서 세상 모든 나라를 내게 주셨고 나에게 명령하사 유다 예루살렘에 성전을 건축하라 하셨나니 3 이스라엘의 하나님은 참 신이시라 너희 중에 그의 백성 된 자는 다 유다 예루살렘으로 올라가서 이스라엘의 하나님 여호와의 성전을 건축하라 그는 예루살렘에 계신 하나님이시라 4 그 남아 있는 백성이 어느 곳에 머물러 살든지 그 곳 사람들이 마땅히 은과 금과 그 밖의 물건과 짐승으로 도와주고 그 외에도 예루살렘에 세울 하나님의 성전을 위하여 예물을 기쁘게 드릴지니라 하였더라.

고레스 칙령은 두 가지를 명령한다. 하나는 예루살렘에 성전을 건축하라는 것이고, 다른 하나는 누구든 성전 건축을 위해서 예물을 기쁘게 드려야 한다는 것이다. 그러기 위해서는 바벨론에 거주하는 유대인들이 예루살렘으로 가야한다. 고레스 칙령은 바벨론에 거주하는 유다인들에게 출바벨론이라는 새로운 엑소더스를 명하는 것이다. 이것은 에스라서 둘째 부분인 7-10장에서도 마찬가지인데, 7장은 에스라 계보를 언급하면서, 그가 바벨론에서 올라왔다고 한다.

> 6 이 에스라가 바벨론에서 올라왔으니 그는 이스라엘의 하나님 여호와께서 주신 모세의 율법에 익숙한 학자[3]로서 그의 하나님 여호와의 도우심을 입음으로 왕에게 구하는 것은 다 받는 자이더니 7 아닥사스다 왕 제칠년에 이스라엘 자손과 제사장들과 레위 사람들과 노래하는 자들과 문지기들과 느디님 사람들 중에 몇 사람이 예루살렘으로 올라올 때에 8 이 에스라가 올라왔으니 왕의 제칠년 다섯째 달이라 9 첫째 달 초하루에 바벨론에서 길을 떠났고 하나님의 선한 손의 도우심을 입어 다섯째 달 초하루에 예루살렘에 이르니라 10 에스라가 여호와의 율법을 연구하여 준행하며 율례와 규례를 이스라엘에게 가르치기로 결심하였었더라.

이렇게 에스라서를 이루는 두 부분이 모두 돌아오는 사람들 이야기로 시작한다. 그리고 1장에 이어 2장은 고레스 칙령에 따라 세스바

---

[3] "익숙한 학자"(히. 소페르 마히르. 능력 있는 서기관)는 고대 문헌들에 나오는 용어이며, 공식적인 왕실 직함이었음이 분명하다. (F.C. Fensham, *The Books of Ezra and Nehemiah*, NICOT. (Grand Rapids : W.B. Eerdmans Publishing Company, 1982), 99.)

살과 함께 돌아온 사람들 명단이고, 7장에 이어 8장은 아닥사스다 조서에 따라 에스라와 함께 돌아온 사람들 명단이다.

이스라엘 사람들이 국가 멸망으로 인해 정복 국가에 이주했다가 다시 돌아오는 사건을 "엑소더스"라고 한다. 그런데 이 엑소더스('엑소더스'하면 '출애굽'을 떠올리지만, 이스라엘 백성들의 장소 이동, 특히 약속의 땅으로의 장소 이동으로서의 엑소더스는 출우르, 출하란, 출애굽, 출모압, 출앗수르, 출바벨론으로 나타난다)는 나중에 구약성서에 들어가는 수많은 이야기를 한 가닥으로 엮고, 이후 사람들, 특히 성서 편집자들에게 영감을 주는 역할을 하는 구약성서 중심개념이다. 가장 대표적인 엑소더스 사건이 바로 출애굽 사건이다.

구약성경에서 출애굽 사건은 언제나 새로운 엑소더스에 대한 기대에 근거해서 이야기된다. 앗시리아에 끌려간 북 이스라엘 사람들, 그리고 바벨론에 끌려간 남유다 사람들은 새로운 엑소더스를 기다리면서 살았다. 그들이 그토록 기다리는 새로운 엑소더스의 모델은 과거에 일어난 출애굽이었다. 현재 상황 속에서 엑소더스를 바라는 그들에게 과거에 일어난 출애굽은 좋은 모델이 되었던 것이다. 그래서 그들은 과거 그들의 역사 속에서 일어난 출애굽 사건에 집착했다. 이것이 가장 분명하게 드러난 것은 제2이사야서이다. 제2이사야가 말한 것처럼, 새로운 엑소더스는 무엇보다도 그 당시의 상황에서 탈피해서 새로운 세계로 나아가는 것, 즉 이스라엘을 중심으로 하는 새로운 세계질서형성의 시작이었기 때문에, 그들은 새로운 엑소더스를 간절히 기다렸다.

제2이사야서뿐만 아니고, 구약성경을 읽어보면, 이스라엘 백성들이 엑소더스에 얼마나 집착하고 있는지를 알 수 있다. 예언서와 시편

곳곳(74, 77, 78, 81편…)에 출애굽 이야기가 나오고, 외경 솔로몬의 지혜서는 절반이 출애굽에 관한 이야기이다. 출애굽이라는 엑소더스는 그들의 이야기 출발점이고, 이야기 근원이었으며, 신앙의 출발점이고 근원이었으며, 국가 건설의 출발점이었다.

지금까지 살펴본 것처럼, 이스라엘 유토피아 사상에는 "엑소더스"가 중요한 주제로 나타난다. 당시 유다인들은 엑소더스, 특히 출바벨론 이후에 이스라엘이 이상적인 시대를 맞을 것이라는 강한 희망을 갖고 있었는데, 이처럼 유토피아가 엑소더스와 결합된 배경은 무엇인가? 이것은 예레미야가 한 예언에 힘입은 바 크다.

> 11 이 온 땅이 황폐하여 놀램이 될 것이며 이 나라들은 칠십년 동안 바벨론 왕을 섬기리라 12 나 여호와가 말하노라 칠십년이 마치면 내가 바벨론 왕과 그 나라와 갈대아인의 땅을 그 죄악으로 인하여 벌하여 영영히 황무케 하되(렘 25장 11-12절).

> 21 이에 토지가 황무하여 안식년을 누림같이 안식하여 칠십년을 지내었으니 여호와께서 예레미야의 입으로 하신 말씀이 응하였더라 22 바사 왕 고레스 원년에 여호와께서 예레미야의 입으로 하신 말씀을 응하게 하시려고 바사 왕 고레스의 마음을 감동시키시매 저가 온 나라에 공포도 하고 조서도 내려 가로되 23 바사 왕 고레스는 말하노니 하늘의 신 여호와께서 세상 만국으로 내게 주셨고 나를 명하여 유다 예루살렘에 전을 건축하라 하셨나니 너희 중에 무릇 그 백성된 자는 다 올라갈지어다 너희 하나님 여호와께서 함께하시기를 원하노라 하였더라(대하 36장 21-23절).

바벨론에 의해서 국가가 멸망당하는 비극적인 장면을 지켜보았던 사람들에게는 칠십년 동안 나라가 황폐하리라는 예레미야의 예언이 그때부터는 오히려 희망으로 들렸을 것이다. 칠십년만 지나면, 나라가 회복된다. 칠십년만 지나면. 그래서 그들은 바벨론이 멸망당하고 이스라엘이 다시 회복될 날을 간절히 기다렸을 것이다. 그때가 되면, 하나님이 새로운 나라를 세워주시리. 이러니 유토피아에 대한 희망은 엑소더스, 즉 출바벨론에 대한 희망과 결부될 수밖에 없었다.

에스겔을 중심으로 한 바벨론의 유다인 공동체는 새로운 엑소더스를 대망하면서, 자신들이 출바벨론 이후에 새로운 나라를 건설하는 주축이 되려고 마음먹었다. 그들은 본국의 예언자들과 지도자들이 본국과의 연대를 그렇게 강조했음에도 불구하고, 본국 유다가 완전히 멸망하기 이전에도 독자적인 연호를 사용하면서 본국과는 별개의 공동체, 즉 여호야긴을 수장으로 하는 독립적인 공동체를 결성하고, 본국 멸망 후의 일, 미래에 대한 준비를 했으며, 예레미야도 그들을 좋은 과실로 묘사하면서 적극적으로 지원했다. 특히 칠십년이라는 상징적인 햇수가 지난 다음에 새로운 이스라엘은 이들에 의해서 이루어질 것임을 강하게 시사했다.

구약성경에서 새로운 엑소더스는 새로운 세상과 새로운 삶, 즉 이스라엘 사람들이 꿈꾸는 유토피아 사상과 이어진다. 이러한 것은 에스겔서 36장에서 보다 명확하게 나타난다. 에스겔서 36장을 읽어보면, 이스라엘 백성들은 현재 바벨론에서 포로 생활을 하고 있음을 알 수 있다. 국가가 멸망당하고 사람들이 죽고 성전이 파괴되고 그들이 이처럼 포로로 끌려온 비참한 일이 벌어진 것은 그들이 범한 죄 때문이라고 말한다. 그들이 지은 죄로 인해서 하나님은 그들을 심판했는데, 그 결과 하나님의 이름이 수난을 당하는 예기치 않은 결과가 나타났다. 하나님은 더럽혀진 자신의 이름을 지키기 위해서 이스라엘을 포로상태에서 구원하기로, 즉 출바벨론(엑소더스)시키기로 결심하신다. 그러니 이스라엘이 구원받는 것은 그들의 공로와는 전혀 관계가 없다. 이스라엘의 구원은 오직 하나님의 주권적인 사역일 뿐이다.

에스겔서 36장을 더 읽어보면, 이스라엘을 엑소더스 시키신 하나님은 그들을 출 바벨론 시킨 다음에 그들로 하여금 새로운 사회를 건설하게 하시겠다고 말씀하신다. 이렇듯 하나님은 출 바벨론이라는 새로운 엑소더스를 말할 뿐만 아니라, 출 바벨론 후에 이스라엘을 어떻게 회복시켜주실 것인지도 말씀하신다. 그렇기 때문에, 비록 정밀한 프로그램은 아니지만, 본문에는 출 바벨론 후에 이루어질 새나라, 다시 말해서, 하나님이 이루어주실 새로운 나라의 모습이 나타난다. 그것은 하나님이 원하시는 것이고, 또 이스라엘 백성들이 바라는 것이다.

에스겔서 36장에서는 이런 일들, 즉 유토피아 건설이 '출바벨론'이라는 엑소더스 후에 이루어진다고 말한다(24 "내가 너희를 열국 중에서 취하여 내고 열국 중에서 모아 데리고 고토에 들어가서"). 그러니까 본문에서는 유토피아 사상이 엑소더스(출 바벨론)와 결합되는 것이다. 여기서 우리는 새로운 엑소더스 이후에 약속의 땅에서 새로운 국가 건설을 꿈꾸었던 사람들을 만난다. 그들에게 출 바벨론이라는 새로운 엑소더스는 그들이 그토록 염원하던 새로운 국가 건설이 시작되는 신호였다. 그러니 그들에게는 엑소더스와 유토피아는 결코 분리될 수 없는 것이었다. 에스겔서 36장 24-28절에 주목해보자.

24 내가 너희를 열국 중에서 취하여 내고 열국 중에서 모아 데리고 고토에 들어가서 25 맑은 물로 너희에게 뿌려서 너희로 정결케 하되 곧 너희 모든 더러운 것에서와 모든 우상을 섬김에서 너희를 정결케 할 것이며 26 또 새 영을 너희 속에 두고 새 마음을 너희에게 주되 너희 육신에서 굳은 마음을 제하고 부드러운 마음을 줄 것이며 27 또 내 신을 너희 속에 두어 너희로 내 율례를 행하게 하리니 너희가 내 규례를 지켜 행할지라 28 내가 너희 열조에게 준 땅에 너희가 거하여 내 백성이 되고 나는 너희 하나님이 되리라.

이 구절은 '엑소더스(24절) + 새 마음(25-27절) + (정착[28절상]) + 계약 양식소(28절하)'의 구조를 갖는다. 하나님은 이스라엘 백성을 출바벨론 시키신 다음에, 그들에게 새 마음을 주신다. 그래서 이스라엘 백성이 하나님의 규례를 제대로 지킬 수 있게 해주신다. 그렇게 되면 이스라엘 백성은 약속의 땅에 거하면서, 하나님의 참된 백성이 되고 하나님은 이스라엘의 하나님이 되실 것이다. 즉 하나님과 이스라엘의 깨어진 관계가 회복될 것이다. 이스라엘이 국가멸망의 상황에 처한 것을 이스라엘의 범죄에 대한 하나님의 심판이라고 규정하면, 그것을 다른 말로하면, 하나님과 이스라엘이 맺은 계약관계가 깨뜨려진 것이라고 할 수 있기 때문에, 하나님과 이스라엘의 깨어진 관계가 회복되는 세상이 바로 이스라엘이 원하는 유토피아이다. 그래서 "내가 너희 열조에게 준 땅에 너희가 거하여 내 백성이 되고 나는 너희 하나님이 되리라"는 것은 이스라엘이 염원하는 유토피아가 이루어질 것임을 말하는 것이다. 그렇기에 엑소더스의 목적은 다름 아닌 유토피아의 실현이다.

'엑소더스 + 새 마음 + 계약 양식소'는 구약성경에서 독특하게 나타나는 '유토피아 양식'이라고 할 수 있을 것이다. 이 유토피아 양식에는 이스라엘 백성과의 관계를 회복하고 그들에게 새로운 세상을 만들어주시려는 하나님의 굳은 의지와 더불어, 새로운 엑소더스를 하면, 그것을 새 국가 건설의 신호로 삼고, 이전과는 전혀 다른 새로운 마음으로 하나님의 계명을 철저히 준수해서, 하나님과의 관계를 바로 세우는 세상, 사람들이 사람답게 사는 그런 세상을 이루고야 말겠다고 결심하는 사람들의 모습이 담겨있다.

여기서는 엑소더스 이후에 이상적인 왕이 다스리는 복된 나라를 이야기하는데, 기본적인 엑소더스 주제에 이상적인 왕, 즉 메시야 대망 사상이 첨가된다. 이러한 '발전된 유토피아 양식'의 형태는 에스겔서 37장에서도 찾아볼 수 있다.

> 23 그들이 그 우상들과 가증한 물건과 그 모든 죄악으로 스스로 더럽히지 아니하리라 내가 그들을 그 범죄한 모든 처소에서 구원하여 정결케 한즉 그들은 내 백성이 되고 나는 그들의 하나님이 되리라 24 내 조상 다윗이 그들의 왕이 되리니 그들에게 다 한 목자가 있을 것이라 그들이 내 규례를 준행하고 내 율례를 지켜 행하며 25 내가 내 종 야곱에게 준 땅 곧 그 열조가 거하던 땅에 그들이 거하되 그들과 그 자자손손이 영원히 거기 거할 것이요 내 종 다윗이 영원히 그 왕이 되리라 26 내가 그들과 화평의 언약을 세워서 영원한 언약이 되게 하고 또 그들을 견고하고 번성케 하며 <u>내 성소를 그 가운데 세워서 영원히 이르게 하리니 27 내 처소가 그들의 가운데 있을 것이며 나는 그들의 하나님이 되고 그들은 내 백성이 되리라 28 내 성소</u>

가 영원토록 그들의 가운데 있으리니 열국이 나를 이스라엘을 거룩케 하는 여호와인줄 알리라 하셨다 하라.

여기서 보는 대로, 에스겔서 37장은 '엑소더스'(20-21절)와 '계약 양식소'(23절하, 27절하)에 '이상적인 왕'(22절, 24-25절) 요소가 덧붙여져서, 기본틀은 예레미야서 23장과 유사한데, 예레미야서 23장보다 내용이 더 확장되고 발전된 형태를 보인다. 또 인지 양식소도 나타난다(28절하). 그리고 '성소를 세운다'는 말이 26절에서 28절까지에 나와서, 예레미야서와는 달리 에스겔 특유의 제사장 계열의 성향을 강하게 반영한다. 그래서 에스겔 37장 15-28절은 다른 본문들보다 다양하고 복잡한 양상을 보인다.

여기서 보는 대로, 새로운 엑소더스는 새로운 이스라엘, 새로운 삶으로 이어진다. 다시 말하면, 새로운 이스라엘이 이루어갈 새로운 삶은 새로운 엑소더스를 전제로 한다는 것이다. 그리고 이것은 고레스 칙령과 아닥사스다 조서를 통해서 역사적으로 현실화한다. 이렇게 새로운 엑소더스라는 측면에서 에스라를 읽으면, 두 차례 귀환, 즉 두 차례 엑소더스로 각 부분을 시작하는 에스라서 역시 동일한 유토피아 사상을 안고 있음을 알 수 있다.

2. 성전과 유토피아 그리고 현실

26 내가 그들과 화평의 언약을 세워서 영원한 언약이 되게 하고 또 그들을 견고하고 번성하게 하며 내 성소를 그 가운데에 세워서 영원

히 이르게 하리니 27 내 처소가 그들 가운데에 있을 것이며 나는 그들의 하나님이 되고 그들은 내 백성이 되리라 28 내 성소가 영원토록 그들 가운데에 있으리니 내가 이스라엘을 거룩하게 하는 여호와인 줄을 열국이 알리라 하셨다 하라(겔 37:26-28).

27 우리 조상들의 하나님 여호와를 송축할지로다 그가 왕의 마음에 예루살렘 여호와의 성전을 아름답게 할 뜻을 두시고 28 또 나로 왕과 그의 보좌관들 앞과 왕의 권세 있는 모든 방백의 앞에서 은혜를 얻게 하셨도다 내 하나님 여호와의 손이 내 위에 있으므로 내가 힘을 얻어 이스라엘 중에 우두머리들을 모아 나와 함께 올라오게 하였노라(스 7:27-28).

두 본문을 비교해서 읽어보면, 에스라가 일부러 페르시아 중앙 정부에서 맡은 고위관직을 버리고 예루살렘으로 돌아가는 까닭을 알 수 있을 것이다. 에스라서를 읽으면서 우리가 두 번째로 주목할 것은 엑소더스 목적이다. 그것을 고레스가 칙령에서 명확하게 언급한다는 사실이 인상적이다. 그것은 바로 성전이다. 이것은 다리오 조서에서도 명확하게 드러난다.

역대하 36장	에스라 1장	에스라 6장
22 바사의 고레스 왕 원년에 여호와께서 예레미야의 입으로 하신 말씀을 이루시려고 여호와께서 바사의 고레스 왕의 마음을 감동시키시매 그가 온 나라에 공포도 하고 조서도 내려 이르되 23 바사 왕 고레스가 이같이 말하노니 하늘의 신 여호와께서 세상 만국을 내게 주셨고 나에게 명령하여 유다 예루살렘에 성전을 건축하라 하셨나니 너희 중에 그의 백성된 자는 다 올라갈지어다 너희 하나님 여호와께서 함께 하시기를 원하노라 하였더라	1 바사 왕 고레스 원년에 여호와께서 예레미야의 입을 통하여 하신 말씀을 이루게 하시려고 바사 왕 고레스의 마음을 감동시키시매 그가 온 나라에 공포도 하고 조서도 내려 이르되 2 바사 왕 고레스는 말하노니 하늘의 하나님 여호와께서 세상 모든 나라를 내게 주셨고 나에게 명령하사 유다 예루살렘에 성전을 건축하라 하셨나니 3 이스라엘의 하나님은 참 신이시라 너희 중에 그의 백성 된 자는 다 유다 예루살렘으로 올라가서 이스라엘의 하나님 여호와의 성전을 건축하라 그는 예루살렘에 계신 하나님이시라	1 이에 다리오 왕이 조서를 내려 문서창고 곧 바벨론의 보물을 쌓아둔 보물전각에서 조사하게 하여 2 메대도 악메다 궁성에서 한 두루마리를 찾았으니 거기에 기록하였으되 3 고레스 왕 원년에 조서를 내려 이르기를 예루살렘에 있는 하나님의 성전에 대하여 이르노니 이 성전 곧 제사 드리는 처소를 건축하되 지대를 견고히 쌓고 그 성전의 높이는 육십 규빗으로, 너비도 육십 규빗으로 하고 4 큰 돌 세 켜에 새 나무 한 켜를 놓으라

역대하 36장은 성전 건축을 강조하고, 에스라 1장은 고레스가 성전 건축과 성전을 위한 예물 봉헌을 강조한다. 그리고 에스라 1장과 에스라 6장, 그리고 에스라 7장을 비교해보면, 다리오가 내린 조서에서 인상적인 것은 예루살렘에 건축할 성전 규모와 건축 방식을 명확하게 제시한다는 것이다(3-4절). 그리고 느부갓네살이 예루살렘 성전에서 가지고 온 기물들을 다시 가져가서 "하나님의 성전 안 각기 제자리에 둘지니라"(5절)고 함으로써, 성전 기물들을 놓을 위치에 관한 규정을 알고 있었음을 보여준다. 에스라 7장은 성전 봉헌 예물에 관한 아닥사스다 조서를 상당히 길게 이야기한다.

에스라 1장	에스라 6장	에스라 7장
4 그 남아 있는 백성이 어느 곳에 머물러 살든지 그 곳 사람들이 마땅히 은과 금과 그 밖의 물건과 짐승으로 도와 주고 그 외에도 예루살렘 세울하나님의 성전을 위하여 예물을 기쁘게 드릴지니라 하였더라 5 이에 유다와 베냐민 족장들과 제사장들과 레위 사람들과 그 마음이 하나님께 감동을 받고 올라가서 예루살렘에 여호와의 성전을 건축하고자 하는 자가 다 일어나니 6 그 사면 사람들이 은 그릇과 금과 물품들과 짐승과 보물로 돕고 그 외에도 예물을 기쁘게 드렸더라 7 고레스 왕이 또 여호와의 성전 그릇을 꺼내니 옛적에 느부갓네살이 예루살렘에서 옮겨다가 자기 신들의 신당에 두었던 것이라 8 바사 왕 고레스가 창고지기 미드르닷에게 명령하여 그 그릇들을 꺼내어 세어서 유다 총독 세스바살에게 넘겨주니 9 그 수는 금 접시가 서른 개요 은 접시가 천 개요 칼이 스물아홉 개요 10 금 대접이 서른 개요 그보다 못한 은 대접이 사백열 개요 그밖의 그릇이 천 개이니 11 금, 은 그릇이 모두 오천사백 개라 사로잡힌 자를 바벨론에서 예루살렘으로 데리고 갈 때에 세스바살이 그 그릇들을 다 가지고 갔더라	그 경비는 다 왕실에서 내리라 5 또 느부갓네살이 예루살렘 성전에서 탈취하여 바벨론으로 옮겼던 하나님의 성전 금, 은 그릇들을 돌려보내어 예루살렘 성전에 가져다가 하나님의 성전 안 각기 제자리에 둘지니라 하였더라 6 이제 유브라데 강 건너편 총독 닷드내와 스달보스내와 너희 동관 유브라데 강 너머편 아박삭 사람들은 그 곳을 멀리 하여 7 하나님의 성전 공사를 막지 말고 유다 총독과 장로들이 하나님의 이 성전을 제자리에 건축하게 하라 8 내가 또 조서를 내려서 하나님의 이 성전을 건축함에 대하여 너희가 유다 사람의 장로들에게 행할 것을 알리노니 왕의 재산 곧 유브라데 강 건너편에서 거둔 세금 중에서 그 경비를 이 사람들에게 끊임없이 주어 그들로 멈추지 않게 하라 9 또 그들이 필요로 하는 것 곧 하늘의 하나님께 드릴 번제의 수송아지와 숫양과 어린 양과 및 밀과 소금과 포도주와 기름을 예루살렘 제사장의 요구대로 어김없이 날마다 주어 10 그들이 하늘의 하나님께 향기로운 제물을 드려 왕과 왕자들의 생명을 위하여 기도하게 하라	15 왕과 자문관들이 예루살렘에 거하시는 이스라엘 하나님께 성심으로 드리는 은금을 가져가고 16 또 네가 바벨론 온 도에서 얻을 모든 은금과 및 백성과 제사장들이 예루살렘에 있는 그들의 하나님의 성전을 위하여 기쁘게 드릴 예물을 가져다가 17 그들의 돈으로 수송아지와 숫양과 어린 양과 그 소제와 그 전제의 물품을 신속히 사서 예루살렘 네 하나님의 성전 제단 위에 드리고 18 그 나머지 은금은 너와 너의 형제가 좋게 여기는 일에 너희 하나님의 뜻을 따라 쓸지며 19 네 하나님의 성전에서 섬기는 일을 위하여 네게 준 그릇은 예루살렘 하나님 앞에 드리고 20 그 외에도 네 하나님의 성전에 쓰일 것이 있어서 네가 드리고자 하거든 무엇이든지 궁중창고에서 내다가 드릴지니라 21 나 곧 아닥사스다 왕이 유브라데 강 건너편 모든 창고지기에게 조서를 내려 이르기를 하늘의 하나님의 율법 학자 겸 제사장 에스라가 무릇 너희에게 구하는 것을 신속히 시행하되 22 은은 백 달란트까지, 밀은 백 고르까지, 포도주는 백 밧까지, 기름도 백 밧까지 하고 소금은 정량 없이 하라 23 무릇 하늘의 하나님의 전을 위하여 하늘의 하나님이 명령하신 것은 삼가 행하라 어찌하여 진노가 왕과 왕자의 나라에 임하게 하라 24 내가 너희에게 이르노니 제사장들이나 레위 사람들이나 노래하는 자들이나 문지기들이나 느디님 사람들이나 혹 하나님의 성전에서 일하는 자들에게 조공과 관세와 통행세를 받는 것이 옳지 않으니라 하였노라

그러면 이제부터는 고레스 칙령과 아닥사스다 조서를 통해서 귀환한 사람들에 대해서 살펴보자.

1) 예루살렘[4] 공동체

역대기는 페르시아 시대[5]를 배경으로 하는데, 고레스에 의해서 바벨론이 멸망당한 직후에 고레스는 유대인들을 비롯한 포로들에게 고국으로 돌아가서 파괴된 성전을 건축하고 신앙 공동체를 재건해도 좋으며, 관리들로 하여금 이것을 적극 지원하도록 촉구하는 내용의 칙령을 발표했다.[6] 이 칙령이 발표된 이후에 유대인들은 세스바살에 의해서 1차 귀환했는데, 이들은 예루살렘에 돌아와서 성전 지대를 놓았으나, 주위 사람들의 반발에 부딪혀서 성전 공사는 진척되지 못했다. 그러다가 캄비세스 사후에 일어난 제국의 혼란기를 성전 재건의 호기로 삼고자 했으며, 학개와 스가랴의 권면에 힘입어 성전 재

---

4 예루살렘은 역대상 1-9장에서 중요한 의미를 갖는다. 그리고 역대기는 솔로몬을 비롯한 모든 합법적인 유다의 왕들이 예루살렘에서 태어났으며, 성전을 예루살렘에 건축한 것을 반복해서 언급함으로써 예루살렘의 거룩성과 중심성을 강조한다. (Isaac Kalimi, *An Ancient Iraelite Historian-Studies in the Chronicler, His Time, Place and Writing* (Assen, The Netherlands : Koninklijke Van Gorcum, 2005), 93.)

5 "페르시아 시대란 고레스가 바벨론을 정복한 538년부터 희랍의 알렉산더 대제가 팔레스타인 일대를 정복한 333년까지 무려 200여년을 지칭하는 말"이다. (장일선, 『이스라엘 포로기 신학』 (서울 :대한기독교서회, 1988, 1994), 314.) 역대기는 페르시아에 대해서 매우 우호적이어서, 역대기에서 페르시아에 대한 비판적인 구절을 찾아볼 수 없다. (Ralph R. Klein, *1Chronicles*, Hermeneia- A Critical and Historical Commentary on the Bible (Minneapolis : Fortress Press, 2006), 47.)

6 고레스, 그리고 그 이후에 다리우스 1세가 유다인들의 귀환과 성전 건축을 허락하고 장려한 까닭은 유다인들을 위해서가 아니고, 예루살렘을 중심으로 유다인 종교사회를 건설하게 함으로써 제국을 효과적으로 통치하고 세금징수를 확대하려는 의도 때문이었다. (Richard A. Horsley, *Scribes, Visionaries and the Politics of Second Temple Judea* (Louisville : Westminster John Knox Press, 2007), 17.)

건에 착수해 주전 515년경에 제2성전(또는 스룹바벨의 성전)을 완성했다. 그러나 그 성전은 기대에 미치지 못했으며, 귀환공동체는 다시 침체에 빠지기 시작했다. 그러는 와중에 바벨론에서는 아하수에로 1세 치하에서, 귀환하지 않은 유대인들이 어려움을 겪었으며(에스더서), 그 이후 아닥사스다1세 때 에스라가 귀환하고(주전 458년), 그를 이어서 느헤미야가 귀국해서 공동체 회복 운동을 대대적으로 전개했으며, 이러한 내용들이 에스라서와 느헤미야서에 언급되어 있다. 그래서 귀환공동체는 다시 활기를 찾기 시작했으며, 에스라와 느헤미야의 개혁에 힘입어 새로운 각성을 함으로써 그 공동체는 유대교적인 분위기로 흘러갔고, 이들의 개혁으로 유대교가 형성되었다. 그 당시 사마리아와의 관계는 귀환 초기부터 적대적인 관계를 보였는데,[7] 끝내 사마리아 공동체는 예루살렘 귀환 공동체와는 결별했고, 두 공동체가 나름대로의 종교, 정치공동체를 형성하게 되었다.[8] 그래서 이 두 공동체의 대립 관계는 더욱 첨예화되었다. 이러한 시대적 분위기 속에서 역대기가 기록되었으며,[9] 사마리아와의 대립의 첨예화[10]가 역

---

[7] 이런 입장과는 달리, 브라운은 역대기 기자가 북 왕국에 대해서 그다지 부정적이지 않았으며, 주위 민족과 국가에 대한유다의 입장이 후대로 갈수록 비판적인 성향이 강해지기 때문에, 역대기는 그런 본문들보다 이른 시기에 기록되었다고 생각한다. (Roddy Braun, 「A Reconsideration of the Chronicler's Attitude toward the North」, *JBL*. 96/1(1977), 62.)

[8] 페르시아 시대의 이스라엘은 다양한 계층과 부류의 사람들로 이루어졌으며, 유다인공동체도 하나가 아니었다. 여기에 대해서는, Horsley, 22-31을 보라.

[9] 대체로 역대기는 주전 400년경에 형성되었으며, 그 이후로 확장과 수정이 이루어졌을 것이다. (J.M.Meyers, *1 Chronicles*. AB. (Garden City: Doubleday & Company, Inc., 1981), lxxxix.) 그러나 역대기 역사서술은 주전 500년경에 시작되었다고 할 수 있다. (Magne Sæbø, 「Chronistische Theologie/Chronistisches Geschichtswerk」, *TRE*. 8, 80.) 크로스는 역대기가 세 차례의 편집 과정(역대기1-주전 520년 직후 스룹바벨의 지원을 받아, 역대기2-주전 458년 에스라 이후에, 역대기3-주전 400년경 또는 직후에)을 거쳤다고 한다. (Frank Moore Cross, 「A Reconstruction of the Judean Restoration」, *JBL*. 94/1(1975), 14.)

[10] 선우남, 『역대기』, 전망성서주해 11 (서울 : 전망사, 1994), 35.

대기 신학의 발생을 촉진시켰다고 할 수 있다. 그러나 역대기는 "온 이스라엘"이라는 용어를 통해서 하나님의 백성 이스라엘의 전체성을 강조하고, 그것을 추구했다.[11]

2) 성전과 예배

역대기 기자는 사무엘서에 없는 자료를 제시하면서 사무엘서 기자와는 달리 레위인을 강조하는데, 성전 예배에 있어서 그들이 담당했던 기능들, 특히 음악적인 기능들을 강조한다.[12] 레위인에 대한 강조는 역대기 전체에서 지속적으로 나타난다.[13] 이것은 역대기의 독특한 성향 가운데 하나이다(대상 16:4-6, 37-42, 대하 5:11-13.).

레위인과 예배[14]에 대해서 관심을 기울이는 역대기 기자는 당연히 성전에 대해서도 지대한 관심을 표명한다.[15] 오히려 성전 건축에

---

11 L.C. Allen, "The First and Second Books of Chronicles," NIB. v. III.(Nashville:Abingdon Press, 1999), 305f.

12 Brian E. Kelly, *Retribution and Eschatology in Chronicles*, JSOTS 211 (Sheffield : Sheffield Academic Press, 1996), 185.

13 역대기 기자가 레위인과 제사장을 구분하고, 레위인에게 관심을 기울이는 것은 사실이지만, 그렇다고 해서 레위인과 제사장이 결코 평등하게 생각하지 않는다. 그러나 그는 분명히 제사장을 레위인보다 위에 두지만, 레위인과 제사장을 대립 구조나 상하 관계로 보려 하지 않고, 협력관계로 설정한다.(Gary N. Knoppers, 「Hierodules, Priests, or Janitors? The Levites in Chronicles and the History of the Israelite Priesthood」, *JBL*. 118/1(1999), 70f.)

14 역대기는 이스라엘의 제의에 놀라우리만치 깊은 관심을 갖고 있다.(W. Riley, *King and Cultus in Chronicles-Worship and the Reinterpretation of History*. JSOTS 160(Sheffield:Sheffield Academic Press, 1993), 13.)

15 S.S. Tuell, *First and Second Chronicles*(Louisville:John Knox Press, 2001), 5. "역대기역사서에는 왕들이 성전을 위해 무엇을 했는지가 중요하다. 그러므로 히스기야와 요시야가 예배를 깨끗하게 한 것에 특별히 주목하게 한다."(김영진,「역대기역사」, 김영진 외, 『구약성서개론-한국인을 위한 최신 연구』(서울: 대한기독교서회, 2004), 411.) "포로기 이후 기자에게는 성전이 가장 중요한 것이었다. 성전이 없으면 사회도 없고, 야훼 종교도 없고 국가적인 희망도 없다."(Gösta W. Ahlström, *The History of Ancient Palestine from the Palaeolithic Period to*

대한 열정이 예배와 레위인, 제사장에 대한 강조로 이어졌다. 이러한 사실은 다윗과 솔로몬을 정치가와 군대 지도자로서가 아니라[16] 성전 건축을 준비하고 실제로 성전을 건축하며, 성전을 중심으로 하는 예배제도를 확립하는 인물들로 묘사하고 있다는 점에서도 알 수 있다.[17] 사무엘하는 다윗의 인구 조사 사건을 마지막에 기록한다. 여기에 비해 역대상은 이 사건 이후 22장에서 29장까지를 더 첨부하는데, 여기에는 다윗의 성전 건축 준비와 성전 예배 확립(특히 레위인의 반차 확정)에 대한 것을 기록한다. 이러한 자료들을 사무엘서에서는 찾아볼 수 없다. 여기서도 우리는 역대기 기자가 성전과 예배, 그리고 레위인을 강조하는 것을 알 수 있다. 귀환자들에게 있어서 성전은 단순한 상징물이나 생명력 없는 형식체가 아니고, 그들의 삶의 중심이며,[18] 하나님 나라의 지상의 실재였다.[19]

지금까지 살핀 것들에 근거해 보면, 우리는 고레스 칙령과 다리오 조서, 그리고 아닥사스다 조서가 성전 건축과 성전 제도 존속에 대해

Alexander's Conquest, JSOTS 146 (Sheffield : Sheffield Academic Press, 1993), 838.)

16 R.J.Coggins, *The First and Second Books of the Chronicles*(Cambridge: Cambridge University Press, 1976), 11.

17 Tuell, 43. 이런 점에서 다윗은 제2의 모세이다. (Meyers, *1 Chronicles*. lxix.) 그러나 제2의 모세인 다윗은 법에 따라 다스리고 앞으로 메시야적인 것으로 변형될 왕조를 시작했다는 점에서 제1의 모세를 능가한다. (Robert North, 「Theology of the Chronicler」, *JBL*. 82/4(1963), 381.) 다윗과 관련해서 역대기는 성전 제의를 기술하는 데 323절을 할애하는데, 사무엘서는 77절을 할애한다. 그리고 역대기는 다윗의 군사적 행동과 기타에 관해 73절만 할애한다. (Robert North,「The Chronicler: 1-2 Chronicles, Ezra, Nehemiah」, ed. Raymond E. Brown, Joseph A. Fitzmyer, Roland E. Murphy, *The New Jerome Biblical Commentary* (London : Geoffrey Chapman, 1968, 1990), 362.). 역대기는 다윗을 제사장적 왕, 제의의 기초 수립자, 전쟁 중에도 제의를 중시하는 자로 묘사한다. (Riley, 66.)

18 Allen, 305.

19 신명기 역사가가 율법책을 중요하게 여겼다면, 역대기 사가, 즉 역대기 기자는 예배를 중시했고, 예배를 통해서 하나님이 나타나신다고 생각했다. (Meyers, *1 Chronicles*. lxxii.)

서 관심을 갖는 까닭을 알 수 있고, 성전은 이스라엘 사람들이 꿈꾸는 새로운 이스라엘 건설, 유토피아 실현에서 가장 중요한 실체였음을 알 수 있다.

3. 율법과 유토피아 그리고 현실

이스라엘이 엑소더스 후에 이루어질 것으로 염원하는, 즉 하나님이 이루어주실 새로운 나라의 모습을 본문에 나타난 대로 정리하면 다음과 같다.

> 사람들의 마음이 변화되어서 하나님의 법도를 온전히 지키는 나라.
> 곡식이 풍성해서 기근이 없는 나라.
> 모든 것이 재건되어서 마치 에덴 동산과 같은 나라.
> 백성들이 양떼처럼 많은 나라.

하나님은 이런 나라를 만들어주시겠다고 약속하셨고, 또 바벨론에서 생활하던 사람들도 이런 나라를 원했다. 하나님이 이런 나라를 만들어주시겠다고 약속하시고, 또 그들이 이런 나라를 원했다는 것은 그들이 이것과는 정반대되는 상황에 있었기 때문이다. 그들은 하나님의 법도를 제대로 지키지 못했고, 항상 기근으로 인해서 어려움을 당했고, 반복되는 전쟁으로 인해서 나라가 온통 파괴되었고, 강대국에 비해서 워낙 수가 적은데, 게다가 많은 사람들이 전쟁통에 죽고, 소수의 사람들이 바벨론에 포로로 끌려와서 황무한 땅을 개간하면서 살아야했으니 그 심정이 오죽했겠는가? 그들의 소원은 이제는 하나님의 뜻대로 살면서, 곡식이 풍성하고, 모든 것이 다 갖춰져서 에덴동산처럼 아름답고, 백성들이 초장에 가득한 양떼처럼 많은 그런 나라를 이루는 것이다. 이러한 나라는 지금 우리가 보기에는 그다지 이상적인 나라로 보이지 않지만, 전혀 그렇지 못한 상황에 있던 이스라엘 백성들에게는 이 정도만 해도 이상적인 국가, 즉 유토피아였다고 할 수 있을 것이다. 그런데 새 이스라엘에서 가장 중요한 것이 바로 "사람들의 마음이 변화되어서 하나님의 법도를 온전히 지키는" 유토피아를 이루는 일이고, 이것을 위해서 에스라가 귀환한 것이다.

에스라는 누구인가? 그에 대해서 이렇게 말한다. 에스라 7장은 에스라에 이르는 계보를 상세하게 밝힌 다음, 에스라가 어떤 사람인지, 누구와 함께 어떻게 예루살렘으로 돌아왔는지, 그리고 무슨 목적으로 귀환한 것인지를 알려준다. 에스라 7장 6절은 에스라를 이렇게 소개한다. "이 에스라가 바벨론에서 올라왔으니 그는 이스라엘의 하나님 여호와께서 주신 모세의 율법에 익숙한 학자로서 그의 하나님 여호와의 도우심을 입음으로 왕에게 구하는 것은 다 받는 자이더니". 여기서 알 수 있는 것은 에스라가 페르시아 왕이 전권을 부여할 만큼 왕이 신임하고, 정부에서 공식적인 직분을 갖고 있었음을 알 수 있다.[20] 에스라가 귀환하려는 목적은 명확하다. "에스라가 여호와의 율법을 연구하여 준행하며 율례와 규례를 이스라엘에게 가르치기로 결심하였었더라"(스 7:10).

---

20 L. W. Batten, *The Books of Ezra and Nehemiah*, ICC. (Edinburgh: T&T Clark, 1972), 304. 에스라 10장 3절에서 스가냐가 에스라를 "내 주"라고 부르는 것에서도 에스라가 페르시아 정부가 임명한 고위공직자임을 알 수 있다. (Fensham, 135.)

에스라는 모세의 율법에 익숙한 학자이다. 에스라가 모세의 율법에 익숙할 수 있었던 까닭은 바벨론 유대인 공동체는 바벨론으로 이주한 다음 상당한 시간이 흘렀음에도 불구하고, 민족적인 순수성과 종교적인 정체성을 명확하게 유지하고 존속시켰기 때문으로 보인다. 세스바살과 함께 돌아간 사람들 가운데서는 당시 예루살렘을 중심한 상황을 주도적으로 이끌면서 새로운 이스라엘 건설을 실행할 수 있는 리더를 키워내지 못했다. 그런 일을 할 리더들은 바벨론 유대인 공동체에서 나타났다. 에스라와 느헤미야가 대표적인 인물들이다. 이들을 이스라엘 재건에 절대적인 역할을 하는 사람들로 키워낸 주체가 바로 바벨론 유대인 공동체이다.

당시 페르시아 왕이 에스라를 총애한 것이 분명하다. 왕은 예루살렘으로 돌아가서 성전을 아름답게 하며 사람들에게 율법을 가르치는 역할을 에스라에게 부여한다. 이것은 아닥사스다 왕이 내린 조서에도 명확하게 나타난다. "에스라여 너는 네 손에 있는 네 하나님의 지혜를 따라 네 하나님의 율법을 아는 자를 법관과 재판관을 삼아 강 건너편 모든 백성을 재판하게 하고 그 중 알지 못하는 자는 너희가 가르치라"(스 7:25)

아닥사스다 조서에 따라, 에스라는 여러 가지 준비를 한 다음에 예루살렘으로 가는데, 에스라서는 그와 함께 귀환하는 사람들을 자세히 언급한다. "아닥사스다 왕 제칠 년에 이스라엘 자손과 제사장들과 레위 사람들과 노래하는 자들과 문지기들과 느디님 사람들 중에 몇 사람이 예루살렘으로 올라올 때에"(스 7:7) 이렇게 예루살렘에 온 에스라는 그곳에서 무엇을 하려 했을까?

15 내가 무리를 아하와로 흐르는 강 가에 모으고 거기서 삼 일 동안 장막에 머물며 백성과 제사장들을 살핀즉 그 중에 레위 자손이 한 사람도 없는지라 16 이에 모든 족장 곧 엘리에셀과 아리엘과 스마야와 엘라단과 야립과 엘라단과 나단과 스가랴와 므술람을 부르고 또 명철한 사람 요야립과 엘라단을 불러 17 가시뱌 지방으로 보내어 그 곳 족장 잇도에게 나아가게 하고 잇도와 그의 형제 곧 가시뱌 지방에 사는 느디님 사람들에게 할 말을 일러 주고 우리 하나님의 성전을 위하여 섬길 자를 데리고 오라 하였더니 18 우리 하나님의 선한 손의 도우심을 입고 그들이 이스라엘의 손자 레위의 아들 말리의 자손 중에서 한 명철한 사람을 데려오고 또 세레뱌와 그의 아들들과 형제 십팔 명과 19 하사뱌와 므라리 자손 중 여사야와 그의 형제와 그의 아들들 이십 명을 데려오고 20 다윗과 방백들이 레위 사람들을 섬기라고 준 느디님 사람 중 성전 일꾼은 이백이십 명이었는데 그들은 모두 지명 받은 이들이었더라(스 8:15-20).

에스라는 자신과 함께 일할 합당한 사람들, 즉 하나님의 성전을 위해서 섬길 자들을 선별해서 체계적인 성전 운영팀을 구성한다. 이러한 모습은 에스라서와 역대기를 이어주는데, 예배와 성전을 중시하는 역대기는 율법도 강조한다[21]는 점에서, 더욱 에스라와 관련성이 크다. "모세"는 사무엘, 열왕기에는 12회, 역대기계에는 31회 나타나고, "율법"은 사무엘, 열왕기에는 12회, 역대기계에는 40여회, "모세의 율

---

21 Meyers, *1 Chronicles*, lxiv.

법"은 사무엘, 열왕기에는 2회, 역대기계에는 7회 나타난다.[22] 이것은 귀환공동체가 율법을 얼마나 중요하게 생각했는지를 보여준다. 그리고 이러한 사실은 여호사밧 왕이 사람들을 보내어 마을마다 순회하면서 율법을 가르치는 순회 재판소를 가동했다는 기록에서도 찾아볼 수 있다.[23]

그리고 역대기 기자는 과거의 전통을 존중하며, 모세와 다윗이 정한 규례대로 행하는 것을 강조한다.[24] 이것은 에스라서에도 이어진다.

> 16 이스라엘 자손과 제사장들과 레위 사람들과 기타 사로잡혔던 자의 자손이 즐거이 하나님의 성전 봉헌식을 행하니 17 하나님의 성전 봉헌식을 행할 때에 수소 백 마리와 숫양 이백 마리와 어린 양 사백 마리를 드리고 또 이스라엘 지파의 수를 따라 숫염소 열두 마리로 이스라엘 전체를 위하여 속죄제를 드리고 18 제사장을 그 분반대로, 레위 사람을 그 순차대로 세워 예루살렘에서 하나님을 섬기게 하되 모세의 책에 기록된 대로 하게 하니라(스 6:16-18).

율법학자 에스라가 꿈꾸는 세상은 바로 하나님 법에 따라 사는 세상이다. 하지만 에스라가 하려는 일은 쉬운 일이 아니었다. 에스라가

---

22 Meyers, *1 Chronicles*. lxxviii.

23 "여호사밧이 율법 교육을 국가의 주요 정책으로 삼았으며, 강력한 행정 조직을 통해 모든 백성들에게 율법 교육을 철저히 시키려 했음을 알 수 있다."(이종록, 「주님께서 다스리게 하라-역대하 17-29장 주해와 적용」, 목회와신학 편집부 엮음, 『역대하, 어떻게 설교할 것인가』, 두란노 HOW 주석 13, 서울 : 두란노아카데미, 2009), 192.)

24 임태수, 45.

여러 사람들과 함께 팔레스타인으로 돌아오는 긴 여정도 만만치 않았겠지만, 돌아와서 예루살렘으로 가는 과정도 순탄치 않았다. "첫째 달 십이 일에 우리가 아하와 강을 떠나 예루살렘으로 갈 새 우리 하나님의 손이 우리를 도우사 대적과 길에 매복한 자의 손에서 건지신지라"(스 8:31). 이런 어려움들을 극복하면서, 에스라는 새로운 이스라엘 건설이라는 유토피아적 소망, "이스라엘에게 아직도 소망[25]이 있나니"(스 10:2)을 실현하기 위해서 온전히 헌신했다.

그 첫 번째 프로젝트가 바로 에스라서 10장에 나오는 "이방 여자"(나심 노크리이트)[26] 분리인데, 그 일 자체보다 율법을 시행하는 것에 중점을 두었음에 주목해야 한다(스 10:3).

우리는 지금까지 엑소더스와 성전, 그리고 율법이라는 세 어휘를 통해서, 에스라서에 나타나는 유토피아 사상을 에스겔서와 역대기서와 연결시켜서 살펴보았다. 에스라가 바라는 세상, 에스라서에 나타나는 유토피아는 유다인들이 이주한 바벨론에서 예루살렘으로 엑소더스하고, 성전을 건축한 다음, 성전을 아름답게 유지하면서, 그곳에서 하나님 말씀을 선포하고 가르침으로써, 모든 사람들이 새로운 마음으로 온전히 하나님 뜻을 따라 사는 세상이다.

---

25 렘 31:17, 욥 11:18, 14:7, 룻1:12, 애3:29(J.M. Myers, *Ezra·Nehemiah*, AB. (Garden City : Doubleday & Company, Inc., 1981), 83.)

26 "이방"(노크리이트)은 잠언에서 창기를 가리키기 때문에, "이방 여자"는 정상적인 가정을 이루며 사는 이방인 아내가 아니고, 이방 출신 창기일 가능성도 크다.(Williamson, *Ezra, Nehemiah*, 150.)

제2부

에스라서와 민족의 회복

1   에스라와 영성의 회복

박세훈 교수(장로회신학대학교)

1. 에스라 시대의 영적 도전과 질문

삶의 위기적 상황은 이전에 없었던 고민과 질문을 불러일으킨다. 기원전 538년 페르시아(바사) 왕 고레스의 칙령을 통해 다시 유대 땅으로 발걸음을 옮기게 된 이스라엘 후손들에게 귀향은 축복인 동시에 위기이기도 했다. 귀환한 땅은 과거 언약의 땅인 동시에 민족의 죄악으로 말미암아 패망한 실패의 땅이었다. 그들은 출애굽 하여 약속의 가나안 땅을 밟은 희망에 찬 첫 세대가 아니었다. 하나님의 언약에도 불구하고 선민(選民)의 나라가 무너질 수 있음을 철저하게 경험한 자들이자 그 후손들이었다. 그들의 상황은 마치 모세 없이 제2의 출애굽과 같은 거대한 과업을 앞에 둔 포로이자 노예와 같았다.

이러한 삶의 정황 가운데 이스라엘 백성들은 전 민족적인 의문을 품고 귀환해야 했다. "과연 우리는 예전으로 돌아갈 수 있을까? 하나님은 지금도 우리를 기억하고 계실까? 아니, 하나님에 대한 이야기는 믿을 수 있는 것인가? 아니면 단순히 잊혀져왔던 고대의 신화와 같은 이야기일까?" 귀향길에 올랐던 포로이자 귀환자들은 도상에서 그리고 머물렀던 거처에서 서로 질문하고 이야기를 나누었다.[1] 하나님 이야기 그리고 예전 신앙의 선조들의 이야기는 믿음과 소망을 안겨다 주는 동시에 그만큼의 도전과 고민을 던져주었다. 무엇보다 중요한 것은 "과연 우리는 예전처럼 하나님과 언약 백성 관계로 돌아갈 수 있을까?"라는 질문이었고 정치적, 종교적 지도자들은 이에 대한 답을 백성들에게 제시해줄 필요가 명확해졌다.

에스라는 기원전 458년 제2차 포로 귀환을 이끌었던 학사이자 제사장이며 율법에 능통했던 인물이었다. 이스라엘 백성들과 동일한 삶의 정황 가운데 있었으나, 그는 말씀에 대한 이해 속에서 시대적 질문에 답하는 동시에 영적 회복과 민족 재건의 길을 모색하면서 백성들의 동참을 이끌어냈다. 그의 영적 지도력과 가르침은 영적 탐구가 어떻게 시대적 질문에 답을 안겨다주고 동시대의 영적 여정의 판도를 그려갈 수 있는지를 보여주는 표본적 예시이다. 코로나 위기 속에서 영적 회복이 무엇보다 필요한 현재의 한국교회를 고려해볼 때, 에스라를 통해 회복을 넘어 영적 갱신을 이루는 길을 모색할 필요는 더욱 크다고 하겠다.

---

[1] 구약학자인 바바라 그린은 자신의 책에서 페르시아 땅을 떠나 고국으로 향하는 유대인들의 여정에 대해 묘사한다. 이 책에서는 이전에 경험하지 못했던 역사와 하나님에 대해 선조들이 후손들에게 이야기하는 형태로 가르쳐주는 내용이 등장한다. Barbara Green, *Mindful* Charleston, South Carolina: Booksurge, 2008.

2. 에스라와 이스라엘의 영적 회복

1) 하나님의 신실하심, 영적 회복의 근원

영성의 회복이라는 주제를 중심으로 에스라를 살펴보면, 이스라엘 백성의 자기 정체성 회복이라는 주제와 그 바탕이 되는 하나님의 신실하심이 드러난다. "과연 우리는 예전으로 돌아갈 수 있을까?"라는 회의감 속에서 올려드린 질문에 대해 하나님은 에스라와 믿음의 사람들을 통해 말씀해주신다. 바로 변함없는 하나님의 사랑과 언약의 성취라는 응답이었다. 에스라는 누구보다 하나님의 말씀과 율법에 능통한 사람이었다. 학사이자 제사장이었던 그는 하나님의 예언의 말씀의 성취를 증언하며 동시에 과거의 언약과 율법이 현재에도 유효하다는 것을 전해준다.

에스라서는 그 구조상 크게 2부분으로 나눌 수 있다. 첫째는 1-6장까지의 내용으로 이스라엘 백성들의 1차 귀환과 성전 재건 사건이 그 중심 내용이다. 남 유다가 멸망한 기원전 586년 이후로 48년이 지난 시점에 페르시아 왕 고레스는 그 즉위 원년에 이스라엘 백성들의 귀향을 명령하였으며 이때 42,360명(스 2:64)의 유대인이 귀국하였다. 물론 이전 앗수르나 바벨론과는 달리 유화 정책을 통해 피지배 민족을 다스리려는 의도도 있었겠지만, 에스라는 이것이 하나님께서 이루신 일임을 분명히 한다. 에스라 1장 1절은 '바사 왕 고레스 원년에 여호와께서 예레미야의 입을 통하여 하신 말씀을 이루게 하시려고 바사 왕 고레스의 마음을 감동시키매'라고 기록한다. 이는 역대하 36장 22절의 내용과 동일한 것으로 하나님께서 시간과 환경을 초월하여 언약을 성취하시는 분으로 표현된다. 에스라서의 시작에서부터 하나님은 '나는 너희를 기억하며, 나의 약속(언약)은 영원하다.'라고 말씀하시듯 언약을 성취하시는 분으로 등장하신다.

에스라서는 언약 성취를 통해 하나님의 변함없는 사랑과 돌보심을 보여줌으로써 이스라엘 백성의 영적 회복의 근거를 제시한다. 에스라 1장 1절의 표현대로 하나님은 옛 선지자 예레미야의 입을 통해 하신 말씀을 이루신다. 예레미야 25장 11-14절[2]의 예언대로 기원전 516년에 1차 귀환한 유대인들은 성전 재건을 완료하게 된다. 이는 남 유다가 멸망당한 기원전 586년으로부터 70년이 지난 시점으로 예레미야가 말한 70년을 떠올리게 만든다. 이 회복은 비단 예레미야를 통해서만 들려진 것이 아니라 수많은 하나님의 사람들을 통해 하나님은 말씀해오셨다. 이사야 44장 28절-45장 3절에서 이사야 선지자는 이미 160여 년 전에 이 회복에 대한 예언의 말씀을 선포하였으며, 그것은 성취된다.

에스라는 언약에 대한 하나님의 신실하심이 이스라엘의 영적 회복의 근원이 될 수 있음을 발견하고 이스라엘 정체성 갱신의 기초로 삼는다. 에스라서 앞에 위치하고 있으며 동시에 그 마지막 내용이 에스라서의 첫 부분과 일치하는 역대기의 저자도 에스라이다. 그는 언약 성취의 관점에서 이스라엘 역사를 기술하며, 포로 상태에서 귀환한 유대인들을 동일한 관점으로 초대해간다. 이스라엘 민족의 정체성

---

[2] 예레미야 25장 11-14절 (개역개정) "11. 이 모든 땅이 폐허가 되어 놀랄 일이 될 것이며 이 민족들은 칠십 년 동안 바벨론의 왕을 섬기리라. 12. 여호와의 말씀이니라 칠십 년이 끝나면 내가 바벨론의 왕과 그의 나라와 갈대아인의 땅을 그 죄악으로 말미암아 벌하여 영원히 폐허가 되게 하되 13. 내가 그 땅을 향하여 선언한 바 곧 예레미야가 모든 민족을 향하여 예언하고 이 책에 기록한 나의 모든 말을 그 땅에 임하게 하리라 14. 그리하여 여러 민족과 큰 왕들이 그들로 자기들을 섬기게 할 것이나 나는 그들의 행위와 그들의 손이 행한 대로 갚으리라."

확립과 재건이 절실하게 필요했던 순간에 에스라는 하나님의 신실하심을 확신하며 이를 회복의 근간으로 파악하며 기록한다.

2) 에스라, 하나님의 신실하심을 보는 사람

에스라는 위기 가운데 있던 유대 공동체의 정체성을 새롭게 하고 종교-정치 공동체로 회복하도록 이끌어간다. 이렇게 이끌어갈 수 있었던 것은 단순히 위기 가운데 있던 민족을 새롭게 하려는 인간적 의지 때문은 아니었다. 영원불멸의 사랑으로 언약을 이루시는 하나님의 신실하심 때문이었으며 이를 볼 수 있는 에스라의 믿음 때문이었다.

에스라는 영적 회복의 근거를 알아볼 수 있는 믿음으로 회복된 이성(理性)과 학자적 역량을 갖추고 있었다. 그는 옛 두루마리를 관리하고 해석하며 가르치는 '서기관'이었다. 그는 옛 두루마리인 토라의 가르침을 지식적으로 이해할 뿐만 아니라 동시에 믿음으로 받아들였다. 하나님의 말씀을 머리와 마음으로 알고 받아들인 서기관이었기에 그는 지혜롭고도 담대하게 옛 전승에 담긴 하나님의 뜻을 선포할 수 있었다.

이는 느헤미야 8장 본문에서 명확하게 드러나는데, 에스라는 예루살렘 공동체의 회복과 새로운 기초를 놓는 권위 있는 해석자로 등장한다. 옛 전승을 낭독하고 듣는 모임 가운데 그는 듣는 자들이 알아들을 수 있도록 그 뜻을 해석한다. 과거 말씀의 해석을 통해 유대인들이 페르시아 제국의 힘을 뛰어넘어 자기 정체성을 재건해갈 수 있도록 이끈다. 이는 적어도 당시 유대인들에게 있어서는 자신의 존재론적인 변화라고 할 수 있다. 그들은 에스라를 통해 옛 전승의 내용과 해석을 들으면서 잊고 지냈던 본래의 정체성을 깨닫게 된다. 새로운 자기 인식 가운데 그들은 깊은 감정적 반응으로 통곡하지만 이내 다시 새로운 기쁨으로 즐거워한다. 또한 옛 전승인 토라에 순종하여 초막절을 지킴으로써 자기 정체성을 확립해간다.

이러한 민족적 변화와 갱신을 이끌었기에 랍비 유대교에서 에스라는 모세 다음으로 중요한 인물로 여겨진다. 다시금 이스라엘 백성들을 모세 율법을 중심으로 살아가는 "그 책의 사람들(The People of the Book)"이 되도록 이끈다.[3] 에스라는 히브리 성경의 기원이 되는 토라 두루마리를 관리하는 학사였으며, 그 말씀을 관리할 뿐만 아니라 그 안에 담긴 하나님의 언약 성취의 역사를 깊이 신뢰한다. 그 믿음 속에서 그는 재건과 회복의 가장 큰 전제인 하나님의 신실하신 사랑을 발견하여 이스라엘 백성들에게 전해준 것이다.

에스라는 하나님의 말씀을 기초로 하여 하나님과 관계 맺는 길을 발견해간 인물이었다. 하나님의 언약과 그 성취를 볼 수 있는 학사의 지혜와 믿음의 눈을 가지고 있었다. 하나님의 사랑과 신실하심을 발견하여 주목하는 영적 안목을 가지고 역대기와 에스라서를 기록한다. 앗수르, 바벨론, 페르시아로 이어지는 세계열강의 흥망성쇠로 역사를 바라보기보다 그 모든 것을 손 안에 두신 하나님의 역사로 인식하고 표현한다. 학사였으나 선지자 이사야와 더불어 "기름 부음을 받은 고레스"(사 45:1)를 세워 일을 성취하시는 하나님을 선언한다. 또

---

[3] 월터 브루그만, 전의우 역, 『구약의 위대한 기도』 (한국성서유니온선교회, 2012), 153.

한 그 신실하심에 바탕을 둔 언약 백성으로 다시 설 수 있도록 재건 작업을 감당한다. 언약과 그 성취를 중심으로 하나님과 관계맺음으로써, 하나님의 눈으로 자신과 이스라엘 백성, 그리고 온 역사를 볼 수 있는 영적 시각을 갖춘 것이다. 사실 히브리 구약성경은 말라기로 끝나지 않고 에스라가 기록한 역대기로 마무리된다. 그 순서와 구조상 역대기의 마지막 부분에 기록된 예레미야 예언의 성취가 이스라엘 구약 역사의 결말이라 할 수 있다. 고레스 왕의 칙령으로 말미암는 귀환의 역사와 하나님 언약의 성취가 에스라의 역사관이었다. 하나님의 신실하심을 발견하며 그 사랑이 이스라엘 역사의 근원임을 볼 수 있었기에, 동일하게 이스라엘의 재건과 영적 회복의 근원을 제시한다.

3) 율법, 죄와 은혜를 깨닫게 하는 힘

하나님의 신실하신 사랑을 드러내 보여주는 역사적 성취와 그 증거 앞에서 에스라는 자신의 사명을 세워간다. 이는 에스라 7장 10절의 말씀에서 표현하듯 여호와의 율법을 연구하여 스스로 준행하며, 그 율례와 규례를 자기 백성들에게 가르치는 것이었다. 하나님의 말씀과 언약이 선민 이스라엘의 소망이자 정체성의 근원임을 확인한 에스라는 이스라엘 백성들이 다시금 토라 율법을 중심으로 살아가는 "그 책의 사람들"이 될 수 있도록 가르치고 이끌어간다.

에스라는 하나님과의 영적인 관계 형성을 중시하면서 그 관계맺음의 통로를 하나님이 주신 말씀으로 삼는다. 율례와 규례를 이스라엘 백성들에게 가르치고 준행하도록 이끌어감으로써 이스라엘 백성이 율법 중심의 민족이 되도록 세워가려고 노력한다. 그러나 이는 율법의 의무적 준수에만 초점이 맞춰진 것은 분명 아니다. 에스라에게 있어서 율법은 일방적인 명령으로 그 엄격한 준수가 최종 목적은 아니었다. 하나님께서 자기 백성과 관계를 맺어 가시는 통로이며 그 응답을 통해 신실한 사랑을 보여주시는 길이었다. 절대적 타자이신 하나님께서 피조물인 이스라엘 백성들과 소통하기 위해 제시하고 사용하신 일종의 언어였다.

무엇보다 에스라는 율법이 이스라엘의 회복과 정체성 재건을 위한 기초임을 깨달았다. 그렇기 때문에 에스라는 먼저 자기 존재를 위해 율법을 연구하고 준행하는 길로 나아갔다. 더 나아가 에스라는 율법 가운데 숨어있는 본래적인 하나님의 뜻을 인식하고, 그 만큼 진실하게 반응한다. 학사이자 제사장으로서 에스라는 피상적인 율법 이해에서 벗어나 그 안에 담긴 하나님의 사랑과 신실하심을 붙잡는다. 선지자들을 통해 선포된 약속 하나하나를 온전하게 성취해 가시는 하나님의 신실한 사랑을 볼 수 있는 눈으로 율법을 읽고 해석한다. 그렇기 때문에 에스라는 역설적으로 이스라엘 백성이 범하는 죄, 곧 율법을 거스르며 깨뜨리는 죄가 얼마나 깊은 것인지를 볼 수 있게 되었으며, 이 문제를 집중적으로 다뤄나간다.

에스라서의 후반부인 7-10장은 에스라가 직접적으로 활동한 시기를 다룬다. 먼저 7장에서는 에스라에 대한 소개와 함께 10절에서 그의 소명이 이스라엘 백성들에게 율례와 규례를 가르치는 것임을 명시한다. 뒤이어 아닥사스다 왕이 내린 조서를 통해 실행된 제2차 포로 귀환과 뒤이은 신앙개혁 사건이 등장한다. 신앙개혁 사건의 중심은 이스라엘 백성의 죄의 고발과 회개이며, 이 과정에서 에스라는 주도적 역할을 감당한다. 그는 율법에 밝은 학자로서 이방인과의 통혼(通婚)이라는 문제 양상을 발견하고는 이것이 얼마나 잘못된 죄악인지를 통렬하게 비판한다. 그러나 에스라의 비판과 도전은 단순히 율법을 잘 준수하느냐 그렇지 못하느냐에 그 초점이 있는 것이 아니었다. 표면적으로는 율법을 잘 따르지 않는 것에 대한 고발과 회개 요청이 주를 이룬다. 그러나 에스라의 회개 요청은 하나님의 율법과 언약 관계의 소중함을 인식하는 만큼 그 파괴가 얼마나 배은망덕한 것인지를 깨닫는 인식 가운데 출발한다.

에스라는 통혼을 뿌리 깊은 죄의 양상이자, 이스라엘의 멸망을 낳은 요인으로 인식한다. 그렇기 때문에 그는 통혼의 죄악상에 대해 듣게 되었을 때 먼저 스스로 회개한다. 에스라 9장 3-6절에서 그는 속옷과 겉옷을 찢고 머리털과 수염을 뜯고 기가 막혀 앉아있었다고 표현한다. 이는 단순히 제의적 활동으로서의 회개를 뛰어넘어 에스라 스스로 통혼의 죄가 얼마나 큰 것인지 인식하고 있음을 보여준다. 에스라가 먼저 '하나님의 말씀으로 말미암아 떠는 자'(9:4)가 되어 마치 넋이 나간 듯 죄악상 앞에서 기막혀 한다. 하나님의 시선으로 이스라엘 백성의 죄악이 얼마나 큰지를 발견하고 반응하는 것이다. 하나님께서 언약에 얼마나 신실하게 응답해주셨는지를 깨달았기에 죄악과 율법에 역행하는 것이 얼마나 배은망덕한 행위인지를 더 깊이 인식한 것이다. 통렬한 죄 인식 속에서 먼저 해답에 대해서 말하거나 가르치려한 것이 아니라 스스로 자복하고 겉옷과 속옷을 찢고 회개하는 마음으로 그저 엎드린다. 그의 순전한 죄 고백의 마음은 하나님께 드리는 기도에서도 드러난다. 하나님 앞에서 그는 '부끄럽고 낯이 뜨거워서 감히 나의 하나님을 향하여 얼굴을 들지 못하오니'(6절)라고 고백한다. 먼저 친밀하게 '나의 하나님'이라고 부르면서도 낯이 뜨거워질 정도로 부끄러운 자신의 마음을 직설적으로 표현한다. '낯이 뜨겁다'는 표현은 에스라가 쓴 역대하와 에스라서에서 등장하는 표현으로 통상적인 표현이 아닌 에스라 자신의 마음을 드러낸다. 자신이 속한 이스라엘의 죄악상을 통렬하게 인식하며 스스로 먼저 고통스러워하는 모습을 보여주는 것이다.

그러나 에스라의 죄 인식은 자기 자신에서만 머물러 있지 않고 이스라엘 민족 전체의 죄 인식으로 이어진다. 6절에서 먼저 '나의 하나님'으로 불렀던 에스라는 이제 '우리의'라는 공동체적 표현을 사용한다. 우리 죄악, 우리 허물, 우리 조상들, 우리의 죄, 우리 왕들, 우리 제사장들 이라는 표현으로 점점 확장되어 가는 것이다. 이를 통해 그는 한 개인으로 머무르지 않고 이스라엘 전체를 위한 존재로 책임 있게 서가는 동시에 전 민족적 죄악상을 하나님과 이스라엘 앞에서 고백한다.

더불어 에스라는 통혼을 포함한 이스라엘의 죄가 사실은 멸망과 긴 포로기 역사의 이유였음을 깨닫고 명시한다. 그는 9장 7절에서 '우리 조상들의 때로부터 오늘까지 우리의 죄가 심하매 우리의 죄악으로 말미암아 우리와 우리 왕들과 우리 제사장들을 여러 나라 왕들의 손에 넘기사 칼에 죽으며 사로잡히며 노략을 당하며 열국을 부끄럽게 하심이 오늘날과 같으니이다'라고 고백한다. 이스라엘의 멸망과 포로기의 역사의 원인이 이스라엘의 죄악상 때문이라고 인식하고 명시하고 있는 것이다. 예루살렘의 멸망은 다른 누구의 탓도 아니라 바로 이스라엘의 죄로 인한 어쩌면 정당한 징벌이었으며, '칼'과 '노략'의 원인을 이스라엘 스스로가 제공했다고 고백한다.

그러나 에스라는 심판과 멸망의 상황 후에도 다시 이유 없이 회복의 기회를 주시는 신실한 하나님의 사랑을 대조적으로 보여준다. 9장 8,9절에서는 하나님께서 '당연한' 심판 가운데에서도 다시금 '은혜'로 그들을 인도하시고 얼마를 남겨두어 피하게 하셨다고 기록한다.[4] 종노릇하는 가운데에서도 다시 소생하게 하시는 은혜를 베풀어주시는 끝없는 사랑의 주되심을 보여준다. 그리고 끝까지는 버려두지 않으시고 종국엔 다시 사랑하시고 용서하시며 회복하게 하시는 하나님께 기도한다. 조금은 수사학적으로 보이는 기도문이지만 이는 에스라 마음속에 있는 깊은 인식을 보여준다. 바로 예루살렘의 멸망은 이스라엘의 죄악으로 말미암은 당연한 심판의 결과였으며, 그 당연함을 넘어서 하나님은 설명할 수 없는 은혜를 베푸셨다는 것이다. 일찍이 세우신 언약 관계를 기억하시며 그 언약 관계를 파괴해 스스로 멸망한 자들 앞에서도 하나님은 스스로 신실하심을 나타내 보여주셨다.

그러나 또 다시 이 하나님의 신실하심에 대한 깊은 인식은 더욱 배은망덕한 이스라엘의 죄악상을 깨달을 수 있도록 이끈다. 10절에서 에스라는 하나님께서 '이렇게 하신 후에도' 이스라엘 백성들이 다시 '주의 계명을 저버렸사오니'라고 기록한다. 설명할 수 없는 은혜와 변함없는 신실하심 앞에서 보란 듯이 이스라엘은 자기 멸망의 이유를

---

[4] 에스라 9장 8,9절 (개역개정) "8. 이제 우리 하나님 여호와께서 우리에게 잠시 동안 은혜를 베푸사 얼마를 남겨 두어 피하게 하신 우리를 그 거룩한 처소에 박힌 못과 같게 하시고 우리 하나님이 우리 눈을 밝히사 우리가 종노릇 하는 중에서 조금 소생하게 하셨나이다. 9. 우리가 비록 노예가 되었사오나 우리 하나님이 우리를 그 종살이하는 중에 버려 두지 아니하시고 바사 왕들 앞에서 우리가 불쌍히 여김을 입고 소생하여 우리 하나님의 성전을 세우게 하시며 그 무너진 것을 수리하게 하시며 유다와 예루살렘에서 우리에게 울타리를 주셨나이다."

반복한 것이다. 에스라는 일찍이 예루살렘의 멸망을 낳았던 포로기 이전의 죄악을 포로 이후기 시대에 다시 범하고 있다고 묘사한다. 다시 표현하자면, 이제 겨우 하나님의 은혜 때문에 피하게 된 자들이 거룩한 처소에서 다시 멸망해도 마땅할 죄악을 벌이고 있다고 고발한 것이다. 그러므로 이 죄의 고발은 통혼의 대상이 되는 이방인들이 아니라 통혼을 하며 죄를 범하는 유대인들을 향하게 된다. 에스라는 14절에서는 "그리하면 주께서 어찌 우리를 멸하시고 남아 피할 자가 없도록 진노하시지 아니하시리이까?"라고 말하며 멸망당해도 마땅할 진노의 대상을 '우리' 유대인으로 명시한다. 멸망당했던 이유를 포로기 이후에도 다시 그대로 답습하고 있다는 사실을 유대인들에게 일러주며 스스로 깨달을 수 있도록 인도한다.

4) 회개, 이스라엘의 자발적 응답

에스라는 하나님과 이스라엘의 언약 관계를 명시하여 보여준다. 더불어 그 언약과 율례의 파괴자인 이스라엘과 그럼에도 불구하고 신실하신 하나님의 은혜를 대조적으로 보여준다. 이 수사학적 대조법을 통해 그는 현재 통혼을 무감각, 무분별하게 범하고 있는 이스라엘의 죄악상을 강렬하게 드러내 보여주며 죄인 유대인들이 회개와 개혁 및 쇄신 작업에 동참하도록 이끈다.

에스라는 죄악상을 드러내 보여주는 동시에 유대인들에게 해결책과 쇄신 방안에 대해서도 알려준다. 이 과정에서도 그는 학사요 제사장으로서 옛 두루마리의 내용을 이해하여 동시대의 유대인들에게 제시해준다. 12절에서 에스라는 '그런즉 너희 여자들을 그들의 아들들에게 주지 말고 그들의 딸들을 너희 아들들을 위하여 데려오지 말며 그들을 위하여 평화와 행복을 영원히 구하지 말라'는 옛 명령을 인용한다.[5] 통혼의 결과로 이방 백성들의 더럽고 가증한 일이 유대인 가운데 들어와 그 정결함을 훼손했다고 명시하고는 예전에 이미 하나님은 통혼 금지의 명령을 내리셨다는 사실을 일러준다.

더 나아가 이제는 에스라 자신뿐 아니라 모든 유대인들이 주님 앞에서 엎드려야 함을 밝힌다. 기도의 마지막 절인 15절에서 그는 다시 하나님의 은혜와 신실하심을 언급하는 동시에 대조적인 이스라엘의 죄악상을 이야기한다. 그는 '이스라엘의 하나님 여호와여 주는 의로우시니 우리가 남아 피한 것이 오늘날과 같사옵거늘 도리어 주께 범죄하였사오니 이로 말미암아 주 앞에 한 사람도 감히 서지 못하겠나이다'라고 기도한다. 배은망덕한 죄로 인하여 주님 앞에 에스라 자신을 포함하여 유대인 중 어느 누구도 설 수 없다고 토로하는 것이다. 동시에 이 기도를 듣는 유대인들을 기도의 목적, 즉 회개와 쇄신 작업에 동참하도록 이끌어간다.

그 결과 에스라의 영적 조명으로 인해 함께 죄를 깨달은 이들이 일어나 지원함에 따라 개혁과 쇄신 작업이 가능하게 된다. 10장 2절에서 여히엘의 아들 스가냐는 에스라의 기도에 감화되어 이스라엘의 죄악상을 깊이 깨닫는 동시에 개혁의 의지를 불태운다. 그는 에스라를 '내 주의 교훈을 따르며 우리 하나님의 명령을 떨며 준행하는 자'로

---

5 신명기 7장 3,4절 (개역개정) "3. 또 그들과 혼인하지도 말지니 네 딸을 그들의 아들에게 주지 말 것이요 그들의 딸도 네 며느리로 삼지 말 것은 4. 그가 네 아들을 유혹하여 그가 여호와를 떠나고 다른 신들을 섬기게 하므로 여호와께서 너희에게 진노하사 갑자기 너희를 멸하실 것임이니라."

표현하면서 그의 가르침이 이스라엘에게 남아있는 소망이라고 밝힌다. 정치적 역량을 과시하고 새로운 질서를 마련하기 위한 개혁 작업이 아니라, 말씀 앞에서 그리고 하나님의 신실하신 사랑과 그와는 대조적인 이스라엘의 죄악상에 대한 인식으로 이스라엘 백성들은 자발적 회개와 쇄신에 동참한다. 의도적으로 만들어가는 신앙 활동이거나 보여주기 식의 개혁이 아니라 자기 부정과 급진적 개혁 작업에 공동체적이면서도 자발적으로 참여하게 된다.

   에스라 시대에 이런 자발적이며 민족적인 회개 및 쇄신 작업이 일어난 데에는 에스라의 역할이 핵심적이었다. 그는 먼저 스스로 주의 교훈을 따르며 그 명령을 떨며 준행하는 자로 서 있었다. 심판에 대한 공포 때문이 아니라 하나님께서 스스로 보여주신 언약에 대한 신실하심과 사랑에 대한 확신 때문이었다. 9장에 기록된 그의 기도에서 볼 수 있듯이, 그는 예루살렘의 멸망과 포로기의 고통은 이스라엘의 죄로 말미암은 당연한 결과임을 이야기한다. 그러나 이와는 대조적인 하나님의 신실하심과 은혜로 말미암아 그 흩어진 자리에서 다시 돌아오게 되었다는 사실도 보여준다. 그리고 마지막으로 그 은혜에 역행하여 이전의 멸망을 낳았던 죄악상, 정결함을 파괴하는 죄를 그대로 답습하고 있는 동시대의 유대인들을 고발한다. 그렇게 함으로써 에스라는 동시대의 유대인들로 하여금 자신과 같이 '주의 교훈을 따르며 우리 하나님의 명령을 떨며 준행하는 자'들이 되도록 이끌어간다. 자신과 같이 은혜에 감화되어 자발적으로 응답해 가도록 이끈다. 죄에 대한 깊은 인식과 하나님의 신실하심에 대한 깨달음을 통해 자발적 응답의 힘을 발휘하도록 도운 것이다. 이제 그들은 하나님을 향한 관계적 신뢰 속에서 관계의 주체로서 반응해간다. 하나님과의 언약 관계의 주체가 바로 자신들임을 깨닫고 스스로 그 관계 재건을 향해 움직여간다. 여전히 페르시아가 다스리는 세계 통치의 질서 속에서도 급진적으로 하나님의 법 안에서 사는 길을 만들어간다.

에스라 동시대의 유대인들은 에스라의 기도와 가르침을 통해 자발적으로 개혁과 쇄신 작업에 동참한다. 그 자발성의 힘은 매우 강력하여 일종의 자기 파괴적인 재건설의 양상을 보여준다. 이는 단순히 에스라의 지도력에 따라가는 수준을 넘어서서 에스라와 같은 수준의 이해와 개혁 의지를 보여준 것이다. 에스라의 요청에 따라 유대인들은 말로 응답하는 회개에 머무르지 않는다. 통혼하여 함께 가족을 이룬 아내를 내보낸다. 물론 이들은 이방 여인이지만 이제는 가족이자 아내이며 몇몇 가정에서는 어머니였다. 율법 준수의 가치와 신실한 하나님에 대한 인식 속에서 자발적으로 응답한다하더라도 가정을 파괴하는 것처럼 보이는 일을 실행하는 것은 상당한 부담이 될 상황이었다. 그러나 에스라의 해석과 진단 앞에서 유대인들은 자발적이고도 힘 있게 동참해간다. 그만큼 에스라의 이해와 가르침은 명확하게 전달되었으며 유대인들의 마음에 깊이 심겨진 것이다. 이로써 에스라의 소명, 곧 "여호와의 율법을 연구하여 (스스로 먼저) 준행하며 율례와 규례를 이스라엘에게 가르치기로 결심"한 것이 열매로 이어지게 되었다.

3. 영적 회복의 영성학적 의미들

1) 귀납적, 연역법적 접근의 통합

에스라는 제2의 출애굽과 같은 상황 가운데 있던 이스라엘을 모세처럼 이끌고 이스라엘 백성에게 선민의 정체성을 새롭게 하였다. 그는 삶의 어두운 단면을 대면하면서 이스라엘 민족이 가지게 된 질문을 인정하고 수용한다. 그러나 질문에 머물러있기보다 전능자이신 하나님과의 관계 속에서 답을 찾아가 이스라엘 백성들에게 다시 들려준다. 영적 지도자로서 포로 이후기의 이스라엘 백성들이 노예가 아니라 다시 선민으로 살아갈 수 있도록 인도하는 사명을 감당한다.

에스라의 사명 감당은 영적 추구의 귀납적 접근과 연역법적 접근의 통합적 양상을 보여준다. 현대적 의미에서 영성은 영적 존재인 인간에 대한 이해를 추구하면서 그 성숙과 변화의 길을 모색한다. 연구 과정에서는 일반적으로 귀납적인 접근과 '아래로부터의 신학'의 흐름에서 출발하게 된다. 다시 말하면 삶의 자리에서 올라오는 인간 삶의 현실과 질문에 귀 기울이면서 신학적 고민을 통해 답을 찾아간다. 20세기 하반기에 일어난 영성에 대한 관심과 학문적 연구도 2차 세계대전 이후 거대 담론에 대한 반성과 학문의 주체인 사람의 이성적 능력에 대한 회의와 고민 가운데 일어났다.

서두에서 살펴본 것처럼 에스라는 종교적 신학적 지도자로서 포로 이후기의 유대 민족들이 품을 수밖에 없었던 질문을 인식하고 그에 답해간다. "과연 우리는 다시 돌아갈 수 있을 것인가?"라는 시대적 의심과 민족적인 질문을 품고 하나님의 응답을 찾아 전해주려는 책임을 감당해간다. 이런 면에서 지상의 현실을 인정하되 다시금 소망의 근원이자 초월적 존재이신 하늘의 하나님으로부터 답을 찾아가는 에스라의 삶은 하나의 영적 탐구라 할 수 있다.

그러나 에스라는 단순히 사람의 질문에서 시작하여 인간적 응답으로 마무리하지 않는다. 동시대의 고민과 질문을 안고 씨름하지만 그는 하늘의 하나님으로부터 답을 얻어가는 방법을 선택한다. 옛 언약의 글에서 일반적인 가르침을 발견하고 이를 해석하고 동시에 적용해가는 연역법적 접근을 취해간다. 율법과 언약을 통해 명시되어 있는 하나님의 뜻을 재발견하여 이를 유대인들의 질문과 영적 씨름에 적용해간다. 다소 딱딱해 보일 수 있는 율법의 내용이지만 도리어 이를 시대적, 민족적 질문과 연결 지음으로써 생생하게 살아있는 하나님의 말씀으로 들려주며 이스라엘 민족의 자발적 응답을 이끌어낸다. "과연 우리는 예전으로 돌아갈 수 있을 것인가?" "하나님은 우리를 아직도 기억하고 계실까?"라는 질문 앞에 에스라는 "단연코 그렇다"고 답해준다. 그는 "하나님은 자기 죄로 멸망당했던 유대 민족에게도 설명할 수 없는 사랑으로 신실하게 답하시며 언약을 지켜 가신다. 다만 지금 여기에서 도리어 하나님께 묻고 있는 우리가 통혼의 죄를, 멸망의 이유를 쌓아가고 있다"고 설명해준다. 삶의 자리에서 올라오는 질문을 끌어안고 함께 그 답을 찾아가되, 하나님이 들려주신 가르침과 율례 안에서 답을 발견하여 들려줌으로써 영적 회복의 길을 놓게 된다. 이러한 에스라의 영적 탐구 과정은 귀납적 접근을 중시하면서도 연역법적 접근을 효과적으로 취함으로써 자신뿐만 아니라 유대 민족 전체에 변화를 주는 결과를 낳게 된다.

2) 자기 초월적 변화

더불어 에스라는 민족 정체성의 재형성이라는 변화를 이끌어 가는데 이는 영성학에서 강조하는 초월적 변화의 특성과 연결점을 갖는다. 영성은 다루는 주제에 따라 다양하게 접근해갈 수 있으나, 그 정의에서 인간의 초월적 변화에 초점을 둔다. 영성학자인 샌드라 슈나이더스는 다양한 학문적 교류와 신학적 고민을 통해 영성에 대한 학문적인 정의를 시도하였다. 그녀가 제시하는 정의에 따르면, 기독교 영성이란 예수 그리스도를 통하여 드러난 삼위일체의 하나님을 향해 그리스도인이 자기 자신을 뛰어넘어 삶의 전 면모를 그리스도인답게 통합해가는 활동에 의식적으로 참여하는 것이다.[6] 이 정의에는 현재의 자신을 뛰어넘어 삶의 전 영역을 궁극의 가치(그리스도를 닮아감)에 일관되게 통합해가는 초월적 변화가 내포되어 있다. 예수 그리스도를 지향하는 기준으로 삼고 삶의 전 영역에서 그리스도를 닮아감으로써 일종의 자기초월적 변화를 실현해가는 영적 여정인 것이다.

에스라는 이스라엘 민족의 변화를 이끌어가되 변화의 근원이신 초월적 하나님으로부터 그 길을 구해간다. 영성은 자기 초월적 변화의 실현 가능성과 길에 대해서 연구해가면서 관계적 접근을 취한다. 일반 학문적 접근에서는 영적 존재인 인간의 중심과 핵으로서의 영(spirit)을 이해하고 그 능력을 연구하는 것에 초점을 두지만, 기독교 영성은 하나님과의 관계성을 핵심으로 삼는다. 영이신 하나님과의 관계맺음 안에서 인간은 영적 존재다움을 이루는 동시에 자기 초월적 변화의 가능성을 발견하게 된다.

---

[6] 영성학자인 샌드라 슈나이더스는 영성을 '(한 사람이 인식하는) 궁극적 가치를 향하여 자기 초월을 통해 삶을 통합하는 과제에 의식적으로 참여하는 경험'이라고 정의 내린다. 더불어 그 지향하는 궁극적 가치가 예수 그리스도를 통해 드러나신 삼위일체의 하나님일 때, 그것은 기독교 영성이라고 밝힌다. Sandra M. Schneiders, "The Study of Christian Spirituality: Contours and Dynamics of a Discipline" Elizabeth A. Dreyer and Mark S. Burrows, *Minding the Spirit*, (Baltimore & London: The Johns Hopkins University Press, 2005), 5-6.

이러한 이해는 영성 훈련의 정의를 살펴볼 때 더 분명해진다. 일반적으로 영성 훈련이란 개인적으로, 그리고 공동체적으로 그리스도인이 하나님의 현존과 활동, 부르심을 알아차리기 위해 하나님께 집중하는 데 도움이 되는 모든 방법을 의미한다.[7] 그리스도인이라는 자기 정체성을 인식하는 가운데 그 정체성의 근원이 되시는 하나님의 임재와 활동, 그리고 부르심을 더 발견하고 반응하며 응답함으로써 관계를 형성 발전시켜가는 것이다. 이 관계성의 증진 속에서 초월적 하나님께서 보시는 눈으로 자기 자신과 세상을 인식하고, 하나님의 뜻으로 생각하며 살아갈 수 있는 길을 경험하게 된다. 더 나아가 구체적인 소명을 통해 세상 속에서 하나님의 부르심을 이뤄갈 수 있게 된다.

하나님과 인간 사이의 관계 맺음의 가능성은 성육신 하신 예수님을 통해 드러난 하나님의 찾아오시는 사랑에서 확인할 수 있다. 초월적이며 절대적 타자이신 분이 자기 비움(케노시스, κένωσις)으로 지상 존재인 인간에게 오신 성육신 사건은 하나님께서 인간과 관계맺음을 이루신 모델이다. 동시에 하나님께서 지상에까지 찾아오시는 사랑을 확증해주신 사건이며 그것이 본래적인 하나님의 뜻임을 보여준다. 영성 훈련은 기본적으로 이와 같이 사랑으로 그리스도인과 관계 맺으시는 하나님으로 말미암아 가능하며, 삶의 자리에서 그분의 현존과 활동, 부르심을 발견할 수 있게 된다. 더 나아가 하나님과의 관계 맺음 안에서 그리스도인은 이전의 자기를 뛰어넘어 예수 그리스도를

---

[7] 영성 연구회 평상, 『오늘부터 시작하는 영성 훈련』 (두란노, 2017), 11.

더 깊이 닮아가는 자기 초월적 경험에 다가갈 수 있게 된다.

에스라는 하나님의 은혜와 신실하심에 기반 하여 이스라엘의 새 정체성 형성과 그 정체성에 걸 맞는 회개 및 쇄신 작업을 이끌어간다. "우리는 이전으로 돌아갈 수 있을 것인가?"라고 질문하던 상태에서 그 질문에 도리어 스스로 책임 있게 답하며 "그 책의 사람들(The People of the Book)"이자 "거룩한 자손(holy seed)"으로 자신들을 세워간다. 이는 영성학에서 강조하는대로, 이전의 자신을 뛰어넘는 일종의 자기 초월적 경험에 상응하는 것이다.

3) 자기 부인과 재건의 길

에스라가 이끈 영적 회복의 양상은 자기 부인과 정체성 재형성이라는 자기 초월적 변화의 과정을 보여준다. 단순한 향상이나 개발 추구가 아니라 도리어 삶의 어두운 국면을 드러내고 대면하도록 이끌어감으로써 자기를 부인하고 보다 깊은 차원에서 변화가 일어날 수 있도록 한 것이다. 에스라는 유대 민족이 그 취약함까지 포함하여 영적 실존을 인식해가도록 이끌면서 영적으로 씨름할 수 있도록 안내하였다.

구체적으로 에스라는 유대 민족의 멸망이라는 어두운 역사를 드러내고 그것이 자신들의 죄로 말미암은 당연한 결과임을 알려준다. 이는 재건을 앞둔 이들이 흔히 취하는 행동은 아니다. 일반적으로는 과거의 위대한 역사를 복기하며 이를 다시 연구함으로써 현재에 적용하고 발전시켜가는 길을 제안할 것이다. 그러나 에스라는 이와 다르게 접근한다. 철저하게 이스라엘의 죄악상과 어두운 면을 드러내고 이와는 대조적인 하나님의 신실함과 사랑을 강조한다. 뒤이어 그럼에도 불구하고 멸망을 야기했던 죄악을 반복하며 통혼으로 정결함을 훼손하고 있는 민족의 현실을 드러낸다. 다시금 하나님의 은혜와 영적 회복을 갈구하면서도 하나님의 뜻에 정면으로 반하는 행동을 지속하고 있는 어두운 실상을 직접적으로 언급하고 보여준다. 그 앞에서 에스라는 먼저 자신의 옷을 찢었고, 함께 하는 이스라엘 민족 전체가 죄악과 어둠을 직면하도록 이끌어갔다.

이와 같이 어두운 측면을 무시하고 부정하기보다 도리어 말씀의 조명 아래에서 대면하며 씨름하는 것은 영적 추구에서 핵심적 요소가 된다. 이에 대해서는 종교개혁가인 루터가 제안하고 있는 내용에서도 확인할 수 있는데, 그는 시편 119편의 강해에서 하나님의 말씀을 바르게 이해하기 위한 길로 세 가지의 단어를 제시하였다. 이는 기도(oratio), 묵상(meditatio), 그리고 시험(tentatio)으로서 이는 바른 목회자로 서기 위한 길이기도 했다. 여기에서 세 번째 단어인 시험(tenatatio)은 일종의 영적인 시련과 경험을 의미하는 것으로 루터는 이것이 말씀을 알고 이해하는 것 뿐 아니라 하나님의 말씀이 얼마나 바르며, 진실하며, 달콤하고, 사랑스러우며, 동시에 얼마나 힘이 있고 위로를 주는지를 경험하게 하는 시금석이라고 밝힌다.[8] 이에서 알 수 있는 대로 영적 시련과 일종의 테스트는 하나님 말씀을 지식적으로 이해하는 것을 넘어 삶으로 깨달을 수 있도록 초대하는 길이라 할 수 있다. 어두운 단면을 대면하고 씨름하는 과정으로의 초대는 일차적

---

8 Martin Luther, *Luther's Works* (American Edition) vol. 34, 287.

으로는 괴롭고 회피하고 싶은 것이지만 하나님의 말씀을 자기 전 존재로 진실하게 이해하는 길이 된다. 그리고 살아있고 활동적인 믿음으로 각 삶의 주체들이 응답하며 살아갈 수 있도록 이끌어간다.

자신을 강화하고 외면을 포장하는 것이 아니라 어두운 내면이나 죄악을 직면하는 것은 일종의 자기 부인이다. 하나님의 말씀 앞에서 자기 스스로가 해석자로 서는 것이 아니라 하나님 말씀이 자신의 삶을 비추고 어두운 영역과 죄의 속성을 드러내도록 하는 것이다. 이는 자기를 부인하고 하나님의 말씀에 권위를 드림으로써 도리어 말씀과 삶을 통합해가는 길을 놓게 된다. 통제의 욕구를 버림으로써 하나님의 말씀과 뜻을 이성으로만 아는 것이 아니라 머리와 마음으로 이해할 수 있게 된다. 또한 이것이 더 깊은 차원의 자기 변화를 놓아가게 된다.

에스라는 하나님의 말씀 앞에 이스라엘을 세운다. 그들이 정결한 공동체로서 실패했던 이들이었으며, 또 다시 실패하고 있는 자들임을 직시하도록 이끌어간다. 여전히 가치나 자격이 없는 이들이지만 또한 여전히 하나님 은혜 앞이 아니고서는 어디 갈 곳이 없는 자들임을 분명히 한다. 그리고 그들과 함께 주님 앞에 선다. 그리고 자신의 기도를 통해서 온 이스라엘이 함께 간구하도록 이끈다. "주님 앞에 한 사람도 감히 서지 못할 죄인입니다. 그러나 우리는 여기 주님 앞에 서있습니다"(스 9:15 재번역)라고 외친다. 이 한 고백 안에 동참한 이들은 자기부인과 자기 파괴적 회개의 길로 나아간다. 가정을 뒤흔들 수 있는 행위인 통혼을 무효화하고 이방 여인을 가정에서 내보내는 것이다. 하나님 말씀 앞에서 드러난 어두운 영역을 통과하도록 이끌어감으로써 에스라는 이스라엘이 다시금 하나님을 향한 갈망을 회복하도록 일깨워 나갈 수 있었다. 그리고 그 갈망은 단순 복구를 넘어서서 자기 부인과 참된 변화, 영적 회복의 길로 포로 이후기 이스라엘을 인도하였다.

4. 복구를 넘어서 더 나은 회복으로

에스라서는 제2의 출애굽과 같은 상황을 보여준다. 유대인들은 페르시아 제국의 노예에서 겨우 풀려난 귀환자들이었으며 돌아온 땅은 황폐한 상태로 재건의 숙제를 안겨다주는 곳이었다. "우리는 다시 돌아갈 수 있을 것인가?"라는 민족적인 질문으로 살아가던 때에 에스라는 하나님의 응답을 찾아 나섰다. 에스라는 깊은 열정으로 탐구해가면서 그 답을 여호와의 율례와 규례에서 찾아갔다. 그러나 단순히 율례를 배우고 가르치면서 지식적으로 살찌우는 과정을 밟아간 것이 아니다. 언약과 율례를 통해 자기 백성과 관계 맺으시며 이스라엘의 불충함에도 불구하고 신실하심과 은혜로 답하시는 하나님에 대한 경험적 확신을 근거로 움직여간다. 하나님의 신실하심에 대한 역사적 확증 속에서 그는 율례의 가치를 확인하며 이스라엘을 다시금 "그 책의 사람들"로 세워간다.

에스라가 보여준 영적 회복의 여정은 영성학적으로도 중요한 의의를 지닌다. 먼저 그 질문과 응답의 탐구 과정에서 귀납적, 연역법적 접근을 통합하여 진행한 영적 탐구의 모델이 된다. 또한 영성의 정의에서 강조하고 있는 자기초월적 변화의 특성을 이스라엘의 존재론적 변화와 새 정체성의 형성 과정을 통해 보여준다. 마지막으로 하나님의 말씀 앞에서 통혼의 죄라는 어두운 면을 드러내고 이스라엘 민족이 이를 대면하도록 함으로써 하나님을 향한 더 깊은 열망과 자기 존재론적 변화에 이르도록 인도한다.

한 사람의 영성은 사실 그 사람만의 고유한 산물이 아니듯 그 사람의 영성은 다시 그 시대와 상황 가운데 새로운 영향력을 발휘하게 된다. 학사이자 제사장으로서 에스라는 하나님과 그분의 율례를 다시 되살리고 재해석함으로써 이스라엘 민족의 자기 변화의 길을 열어갔다. 단순한 과거로의 복귀나 회복 차원이 아니라 과거와 현재의 실패를 발견하고 대면함으로써 더 나은 회복으로 초대한다. 그 결과 이스라엘은 사라지지 않고, 다시 그러나 새롭게, 지상에 하나님 백성의 공동체를 세워가게 된다. 에스라를 통해 드러난 영적 회복을 통해 오늘날 "우리는 다시 돌아갈 수 있을 것인가?"를 묻는 한국 교회와 성도들도 단순 복구가 아니라 깊은 차원의 변화와 더 나은 회복의 길로 나아갈 수 있기를 소망한다.

2 에스라와 하나님 말씀의 회복

허요환 목사(안산제일교회)

1. 들어가는 글

한국행정연구원의 『2019년 사회 통합실태조사』에 따르면, 종교기관에 대해 신뢰하지 않는다는 응답은 58.3%이며[1], 종교기관이 청렴하지 않다는 60%를 상회한다.[2] 종교 단체가 사회 통합의 중심적 역할을 수행해야 한다는 응답 역시 1순위와 2순위를 합산해도 3%에 불과하다.[3] 이것은 대다수 국민들이 사실상 종교기관의 사회적 역할에 대

---

1 한국행정연구원 편, 『2019년 사회 통합실태조사』(서울: 한국행정연구원, 2020), 188. 이 자료는 한국행정연구원 홈페이지(www.kipa.re.kr)에서 확인할 수 있다. 위의 수치는 '전혀 믿지 않는다'와 '별로 믿지 않는다'를 합한 것임.

2 한국행정연구원 편, 『2019년 사회 통합실태조사』(2020), 205. 위의 수치는 '전혀 청렴하지 않다'와 '별로 청렴하지 않다'를 합한 것임.

3 한국행정연구원 편, 『2019년 사회 통합실태조사』(2020), 288-289.

해 큰 기대를 하지 않는다는 지표일 것이다. 코로나19 바이러스의 영향과 함께 한국교회의 상황은 특히 심각하다. 교회가 직간접적으로 바이러스 확산의 온상으로 언론에 보도되고 있기 때문이다. 한국교회 내부의 추문 역시 신뢰도를 하락시키는 요인으로 작용하고 있다. 과연 한국교회는 추락을 멈추고 회복될 수 있을까? 종교의 영향력이 급속도로 약화된 탈종교사회에서 한국교회는 어떤 길을 모색해야 할까? 성도의 신앙을 돌보는 목회 돌봄과 사회 공공적 역할을 함께 꾀하는 것은 너무 어려운 과제인가? 이 질문들은 한국교회의 회복을 위해 다양한 각도에서 논구될 필요가 있다.

이 짧은 글은 범위를 한정하여 한국교회 설교 사역에 집중하려고 한다. 설교 강단의 회복을 동반하지 않으면 한국교회의 회복은 불가능하기에 중요한 주제라 하겠다. 이 과제를 논하기 위해 우리는 먼저 강단을 둘러싼 현실을 살펴볼 것이다. 필자가 판단하기에 한국교회의 현실은 구약성경에 나타난 이스라엘의 '유배'(exile) 상태와 유사하다. 왜 유배인가? 교회가 어떤 실체에 의해 물리적인 자유를 제한당하거나 억압당하는 것은 아니지 않는가? 게다가 여전히 자유롭게 성장하는 교회들이 있고, 사회 곳곳에서 선한 영향력을 나누는 활발한 목회 사역을 고려하면, 유배라는 유비는 지나치다고 평할 수 있다. 하지만 교회가 중흥기를 지나 쇠퇴기를 맞이한 것은 틀림없다. 특히 교회가 신앙의 고유한 목소리를 잃어가고, 오히려 세속 사회의 가치관에 의해 압도당하는 모습을 보면, 사실상 세속의 포로가 된 상황이라고 하겠다. '유배'는 이런 맥락에서 적절한 은유이다. 한국교회는 이미 '새로운 유배 시대'(new exile era)에 살고 있음을 주목해야 한다.

그렇다면 새로운 유배 시대의 설교는 어떤 변화가 필요할까? 이를 알아보기 위해 에스라 이야기를 살펴보려고 한다. 페르시아의 지배 아래에서 예루살렘 성전과 성벽을 재건하는 에스라의 이야기는 한국교회의 말씀 회복을 위해 좋은 통찰을 제공할 수 있다. 첫째, 에스라 본문은 한국교회 강단이 세속 사회에 대해 어떻게 대응해야 하는지 지침을 준다. 특히 고레스에 대한 호의적인 내용으로 시작하는 에스라 서론(스 1:1-4)은 하나님의 초월적 주권과 함께 이스라엘의 고집스런 선민 사상에 파열음을 일으킨다. 둘째, 에스라의 말씀 리더십은 공동체의 신앙적 갱신에 집중하고 있다. 다시 말해, 말씀 사역을 통해 영웅적 리더십을 강화했던 이전 세대와 달리, 에스라는 공동체 개개인의 능동적 참여를 돕는 말씀 사역을 전개한다. 백성들이 주도적으로 이방인과의 결혼에 대한 회개와 결단(스 10)을 한 것은 에스라의 말씀을 통해 코칭을 받은 결과라 하겠다. 이를테면 말씀을 통한 코칭 리더십이라 할 수 있다. 셋째, 에스라의 말씀 사역에는 탄식 기도가 함께한다.(스 9) 유배 상황에서 현실을 타개하기 위한 설교자의 탄식은 주변에 영적 파장을 일으키고, 이를 통해 자발적 회개 운동이 일어났음을 주목해야 한다.(스 10:1) 여기서 우리는 말씀 사역이란, 지성과 감성과 의지가 어우러진 종합 예술임을 깨닫게 된다.

요약하면 한국교회에 필요한 말씀 사역은 세속 사회를 뛰어넘는 하나님의 초월적 권위를 담대히 선포할 뿐만 아니라, 교회 내부에 함몰되지 않고 세상과 지혜롭게 교섭할 수 있는 영적 역량을 키우는 것이 필요하다. 또한 말씀을 전하는 설교자는 청중과 함께 긴밀하게 호흡하는 코칭의 역할을 감당할 필요가 있다. 즉, 교회됨의 참된 회복은 평신도 개개인의 능동적 말씀 수행에 달려 있다. 따라서 목회자는 스스로 사역을 주도하기보다 평신도의 실천을 돕는 코치가 되어 말씀을 선포하고 가르치는 것이 필요하다. 마지막으로 한국교회 강단은 울어야 살 수 있다. 탄식하며 운다는 것은 설교 가운데 지정의가 모두 필요함을 의미한다. 설교는 단순한 교리적 해설이 아니다. 설교는 하나님의 신비를 지적 성실성으로 돕고, 오감을 동원하여 느끼게 하고, 나아가 실천을 위한 의지를 발동시키는 종합 예술이다. 아래에서는 유배 시대의 이스라엘 신앙을 개관적으로 돌아보고, 이어서 에스라 이야기를 통해 한국교회 말씀 회복의 길을 구체적으로 살펴보도록 하자.

2. 유배 시대의 창조적 신앙

유배의 사전적 의미는 죄인을 귀양 보내는 일을 이른다. 반면, 성경에서는 북 이스라엘과 유다 왕국의 멸망 이후, 각기 앗수르와 바벨론의 포로로 끌려간 상황을 가리킨다. 이 추방은 일상의 삶에서 누리던 안정적인 토대의 상실이었다. 이스라엘은 낯선 땅에서 이방인이 되었고, 자신들이 향유했던 가치와 충돌하는 적대적인 지배 문화에 처하게 되었다. 이질적인 문화로 인한 충격뿐만 아니라, 이스라엘을 지탱해주던 야훼 신앙마저 철저하게 조롱당하고 무시당했다. 그렇기에 유배기의 경험은 단순한 지리적 이동이 아니라 영적인 좌절과 사회적이며 문화적인 격변이었다.[4]

---

4 월터 브루그만, 이승진 역, 『탈교회 시대의 설교』 (서울: 기독교문서선교회, 2018), 22.

그러나 구약성경의 포로기는 아이러니하게도 새로운 영성을 발견한 시기였다. 비록 이방의 땅으로 끌려가 민족적 정체성이 사라질 위기의 시절이었지만, 유배 경험 자체는 유대인이 믿음을 버리거나 절망에 빠지도록 하지도 않았고, 사사로운 개인적 영성으로 후퇴하도록 방치하지 않았다. 오히려 이스라엘은 포로기를 보내며 새로운 신학적 비전을 왕성하게 제시하였다. 구약성경의 상당히 많은 분량이 포로기에 저술되었다는 점이 이를 증명한다. 아마도 이와 같은 풍성한 창작활동은 주로 기성세대와 다음세대 사이의 신앙적 대화 가운데 이루어졌을 것이다. 바벨론과 페르시아에서 태어나고 자란 자녀들은 가정 중심의 야훼 신앙 교육과 지배 문화의 세속 교육 사이에서 다양한 질문이 생겼을 것이다. 하나님은 우리를 이방의 포로로 보내셨는가? 아니면 바벨론의 신들이 승리한 것인가? 우리는 여전히 하나님의 선택된 백성인가? 아니면 하나님께서 우리를 버리셨는가? 하나님은 이스라엘이 몰락할 때 어디에 계셨는가? 이스라엘의 멸망을 방치한 무기력한 하나님을 신뢰할 수 있는가? 우리는 여전히 야훼 하나님을 유일신으로 섬겨야 하는가? 하나님은 아브라함과 다윗에게 주신 언약을 기억하시고 우리를 구원하실 것인가? 이런 질문들은 유배 경험 가운데 일차적으로 해명되어야할 과제가 되었을 것이다. 그 응답으로 구약성경의 여러 책들이 등장했다. 따라서 유배 경험 자체는 쓰라린 고통이지만, 그 가운데 새로운 영적 상상력이 활발히 일어나고, 이를 통해 유배의 현실을 이겨낼 새로운 신학적 비전을 형성했으리라 유추할 수 있다.

그렇다면 유배라는 비극적 경험에서 새로운 신학적 상상력은 어떻게 구체화되었을까? 유배라는 은유를 중심으로 북미교회의 갱신을 논의한 여러 시도들[5] 가운데, 선구적인 연구를 수행한 구약학자 월터 브루그만(Walter Brueggemann)은 이스라엘 포로기 신앙의 특징을 여섯 가지로 정리한다. 첫째, 이스라엘 포로민은 자신들이 누리던 좋은 시절이 사라졌다는 것을 솔직하게 인정한다. 이것은 주로 공동체의 슬픔과 탄식을 담아내는 다양한 시편들과 예레미야 애가에서 발견되는데, 슬픔을 정직하게 인정하는 것은 단순한 신세한탄을 넘어 새로운 현실을 받아들이는 출발이 된다. 둘째, 슬픔의 탄식에는 포로민들이 마치 '부모 잃은 아이들'과 같음을 보여준다. 유배란 하루아침에 고아가 되는 경험이며, 그것은 뿌리를 상실한 것과 같다. 그렇기에 대안적 상상력은 새로운 족보의 가능성을 탐구하며 확대된 가족 의식을 나누려는 시도를 한다. 셋째, 포로 생활 가운데 가장 심각한 위협은 절망의 권세이다. 그러나 포로기 신앙은 눈에 보이는 모든 절망의 증거에 대항하여 과감하게 하나님의 예정된 대안 세계를 선포한다. 바로 그것이 "바라는 것들의 실상이요 보이지 않는 것들의 증거"(히브리서 11:1)인 믿음의 본질이다. 넷째, 유배 경험은 세상 속에서 하나님의 부재를 경험하는 시기이다. 예루살렘 성벽이 무너지고 거룩한 성전이 더럽혀진 현실은 하나님의 부재를 인정하게 만들었을 것이다. 그러나 포로 이스라엘은 "하나님은 어디에 계실까?" 라는 질문에 대해 성례전적인 응답으로 대응한다. 특히 할례와 안식일 준수, 성막은 거룩한 하나님의 임재를 제공하는 특별한 성례전적 시간과

---

5 예를 들면, 월터 브루그만, 『탈교회 시대의 설교』; Stanley Hauerwas and William H. Willimon, *Resident Aliens: A Provocative Christian Assessment of Culture and Ministry for People Who Know That Something is Wrong* (Nashville: Abingdon Press, 1989); 리 비치, 김광남 역, 『유배된 교회』 (서울: 새물결플러스, 2017) 등을 참조.

장소로 발전하게 되었다. 다섯째, 포로가 된 사람들은 자신들이 경험하는 끔찍한 운명을 선악에 관한 도덕으로는 전혀 설명할 수 없었다. 다시 말해 전통적인 인과응보의 논리로는 유배의 비참함을 해명할 수 없었다. 이와 같은 이유로 구약성경의 욥기와 같은 책이 저술되었다. 욥기는 갑자기 찾아온 고통과 파멸에 대해 손쉬운 도덕적 해명이 아닌 하나님의 신비로 응답한다. 이것은 고통스런 포로 생활을 새롭게 볼 수 있는 기회를 제공했을 것이다. 여섯째, 유배 생활은 포로민으로 하여금 지나치게 자신에게만 몰두하게 만든다. 이로 인해 자신을 벗어나 자기 바깥의 더 큰 실체를 성찰하고 새롭게 상상하는 일을 어렵게 한다. 그런데 이스라엘은 포로기 가운데 이런 위험을 극복할 수 있는 한 가지 전략을 고안한다. 신앙과 현실 사이를 지혜롭게 교섭할 수 있도록 돕는 내러티브, 즉 세상을 향한 과감함과 지혜를 담은 이야기를 제공하는 것이었다. 여기서 이야기의 핵심은 주로 이중 언어(bilingual) 구사에 있다. 예를 들면, 요셉, 에스더, 다니엘의 경우가 그렇다. 이들은 세상 제국의 언어를 잘 알고 기꺼이 사용하는 동시에, 자기가 본래 속한 신앙의 언어를 결코 잊지 않는 삶을 살았다.[6] 이상의 내용을 요약하면, 바벨론과 페르시아의 포로 생활 가운데, 이스라엘 공동체는 주어진 유배의 현실을 수용하면서도 거기에 함몰되는 것을 거부하고, 고유한 신앙의 가치와 대안적 상상력을 통해 신학적 지혜를 마련했다고 하겠다.

바로 이 지점에서 이스라엘의 유배 경험은 오늘 한국교회의 회복

---

6 월터 브루그만, 『탈교회 시대의 설교』 (2018), 26-50.

을 논구할 때에 독특하면서도 생산적인 은유가 될 수 있다. 다시 말해 구약 시대 이스라엘의 유배 상황은 현재 우리가 마주한 상황과 밀접한 유사성을 갖는다. 이것은 단지 가파르게 감소하는 교회 성도와 예산의 문제가 아니다. 이와 전혀 다른 각도에서 우리는 한국교회가 처한 유배 상황을 이해해야 한다. 그 핵심은 신앙의 가치체계가 세속 이데올로기에 의해 처참하게 무너지고 있다는 점이다. 기독교 신앙에 기반을 둔 가치 체계가 소비자 중심의 소비자본주의, 과학의 전지전능함을 부르짖는 과학만능주의, 자국 중심의 국가이기주의에 의해 잠식당하고 있다. 우리는 교회 안과 밖에서 복음이 추구하는 신념에 근거하여 말하고 행동해야 하지만, 분명한 것은 기독교인이 점차 이러한 사회적인 가치체계의 흐름에서 주도적 목소리를 내지 못하고 이방인처럼 밀려나고 있다는 것이다. 지금 한국교회 강단은 능숙하게 이중 언어를 구사할 수 있는 신앙인을 양성하는데 실패하고 있다.

왜 이렇게 되었을까? 한국교회가 유배된 상황임을 인정하지 못하기 때문이라 하겠다. 장동민은 『포스트크리스텐덤 시대의 한국 기독교』에서 이를 예리하게 간파한다.[7] 우리는 지금 크리스텐덤 시대가 아닌 포스트크리스텐덤 시대를 살고 있다는 것이다. 크리스텐덤(Christendom)이란 용어는 기독교(Christianity)와 왕국(Kingdom)을 결합한 것으로, 보통 로마 황제 콘스탄티누스가 기독교를 공인한 밀라노 칙령(주후 313년)에서 시작한 국가교회 형태를 가리킨다. 교회가 사회의 지배세력이 되고, 막강한 권력과 영향력을 행사했던 시대

---

7 장동민, 『포스트크리스텐덤 시대의 한국 기독교』(서울: 새물결플러스, 2019).

이다. 반면 포스트크리스텐덤은 기독교의 지배적인 영향력이 무너진 시대를 의미한다. 르네상스와 종교개혁, 시민 혁명과 과학 혁명, 기독교 신학의 변화와 함께, 서구 사회의 크리스텐덤은 아주 천천히 해체되었다. 따라서 포스트크리스텐덤 시대는 교회의 유배 상황을 달리 표현한 것이라 하겠다.

장동민의 주장에서 눈여겨볼 것은 한국교회에 대한 지적이다. 한국 사회는 서구권과 같은 크리스텐덤을 경험한 적은 없지만, 기독교가 전래된 지 한 세기가 되지 않아 상당 부분 서구 크리스텐덤과 유사한 양상을 보였다는 것이다. 기독교가 사회를 주도하는 일종의 '유사 크리스텐덤'(pseudo-Christendom) 시대의 황홀함을 경험했다. 그러나 이 기간은 아주 짧게 지나갔고, 서구 사회와 마찬가지로 온전한 형태의 세속화 사회가 도래했다. 문제는 이러한 변화를 한국교회가 수용하지 못하는데 있다. 여전히 과거 크리스텐덤의 영광에 취한 상태로 머물러 있다 보니, 새로운 현실에 대한 대응이 미숙하다.[8] 뼈아픈 지적이지만 일리가 있다. 결론은 단순하다. 한국교회는 포스트크리스텐덤 시대에 적응하는 것이 필요하다. 주변으로 밀려난 유배 상황을 인정해야 한다. 그리고 포로 시대를 이겨낸 이스라엘의 창조적 신앙을 배워야한다. 이를 통해 세속의 언어와 신앙의 언어를 능숙하게 구사하는 새로운 세대를 세우는 것이 오늘 한국교회의 중심 과제라고 하겠다.

---

8 장동민, 『포스트크리스텐덤 시대의 한국 기독교』 제2장 참조.

3. 에스라에 나타난 창조적 신앙

이제 유배의 고통 가운데 기록된 여러 작품 중 사례 연구로 에스라 이야기를 구체적으로 살펴보자. 사실상 한 권의 책이라고 할 수 있는 에스라와 느헤미야에는 여러 역사적 난제들이 있다. 페르시아 시대에 유다의 법정적 지위는 사마리아의 일부였는가 아니면 단독 속주였는가? 에스라와 느헤미야는 동시대 인물인가? 그렇다면 왜 이들은 서로에 대해 언급하지 않는가? 예루살렘에서 먼저 활동한 것은 에스라인가 느헤미야인가? 이 질문들은 여전히 구약학자들 사이에서 합의되지 못한 과제이다.[9]

그러나 여러 역사적 난제에도 불구하고 본문을 임의적으로 재배치하는 대신, 최종 본문을 존중하며 에스라와 느헤미야를 읽을 경우, 본문 구성은 비교적 명확한 배열을 따른다. 스룹바벨을 중심으로 한 예루살렘 성전의 재건축(스 1-6장), 에스라를 중심한 율법의 낭독과 공동체의 회개(스 7-10장), 느헤미야가 주도한 예루살렘 성벽 재건축(느 1-7장), 에스라의 율법 낭독과 공동체의 회개(느 8-13장)로 구분할 수 있다. 이와 같은 배열 구조에서 주목할 것은 세 번의 재건 과정이 모두 공통적인 진행 과정을 거친다는 점이다. 우선 하나님의 감동을 입은 페르시아 왕의 주도로 최초의 귀환이 이뤄지고(스 1:1, 7:6, 느 1:11), 이어서 매번 재건 계획을 방해하는 반대 세력이 뒤따르지만, 결국 하나님의 도우심으로 어려움을 극복하게 된다.

---

[9] 에스라와 느헤미야의 역사적 문제에 대해서는 데이비드 W. 베이커, 빌 T. 아놀드 편, 강소라 역, 『현대 구약성서 연구』(서울: 새물결플러스, 2019), 제9장을 참조.

이와 같은 과정에서 세 가지를 자세히 살피려고 한다. 먼저 에스라 1장 1절에 나타난 이방 왕 고레스에 대한 묘사이다. 포로 시대를 살며 땅의 권력을 어떻게 해석하는지, 나아가 그러한 해석이 신앙 공동체를 재건하는 과정에 어떤 의미를 갖는지 눈여겨 볼 필요가 있다. 두 번째는 에스라와 느헤미야가 보여준 리더십이다. 거대 제국의 지배 아래 있는 포로민들이 강력한 카리스마 리더십을 세우는 것은 어려운 일이다. 그런 현실에서 지도자는 어떤 리더십을 보여주는지 주목해야 한다. 마지막으로 지도자의 탄식이 백성들에게 어떤 영향을 끼쳤는가 하는 점이다. 막막한 상황에서 에스라와 느헤미야가 탄식하는 기도와 함께 새로운 길을 모색하는 방식은 주목할 만하다. 아래에서 차례대로 살펴보자.

1) 고레스의 이야기에 담긴 이중적 메시지

과거 하나님은 종종 이방의 왕을 대리인으로 사용하셨다. 주된 목적은 이스라엘을 징계하기 위한 것이었다. 가장 대표적인 경우는 역대하 36장 17절 이하의 기록에서 찾을 수 있다.

> 하나님이 갈대아 왕의 손에 그들을 다 넘기시매 그가 와서 그들의 성전에서 칼로 청년들을 죽이며 청년 남녀와 노인과 병약한 사람을 긍휼히 여기지 아니하였으며 또 하나님의 전의 대소 그릇들과 여호와의 전의 보물과 왕과 방백들의 보물을 다 바벨론으로 가져가고 또 하나님의 전을 불사르며 예루살렘 성벽을 헐며 그들의 모든 궁실을 불사르며 그들의 모든 귀한 그릇들을 부수고 칼에서 살아 남은 자를 그

가 바벨론으로 사로잡아가매 무리가 거기서 갈대아 왕과 그의 자손의 노예가 되어 바사국이 통치할 때까지 이르니라 이에 토지가 황폐하여 땅이 안식년을 누림 같이 안식하여 칠십 년을 지냈으니 여호와께서 예레미야의 입으로 하신 말씀이 이루어졌더라(대하 36:17-21).

그러나 에스라의 첫 번째 구절은 이방 왕에 대해서 이와 전혀 다른 접근을 취한다. "바사 왕 고레스의 마음을 감동시키시매."(스 1:1) 이것은 과거의 경우와 확실히 다르다. 하나님께서 이스라엘에 대한 심판이 아닌, 예루살렘을 재건하는 도구로 이방 왕을 이용하신다.

이 서술은 페르시아의 식민 정책에 대한 역사적 배경에 비춰보면 사실상 터무니없는 주장으로 들린다. 페르시아는 패권을 움켜쥔 후, 바벨론과 다른 식민 정책을 취한다. 바벨론에 끌려온 모든 포로들을 구별 없이 돌려보냈으며, 각 민족의 성전을 재건하는 비용을 충당해 주어 페르시아에 예속된 각 민족들에게 어느 정도 자치권을 부여해 준 것이다. 이와 같은 유화 정책은 각 민족의 지도자들을 인질로 붙잡아 둠으로 잠재적 위협을 제거하려고 했던 바벨론의 강경한 통치 방식과 확연히 다르다. 강한 바람보다는 뜨거운 햇볕을 내리쬐어 스스로 외투를 벗게 만드는 효과를 기대한 것이다.

헌데 본문은 역사적 사건을 신학적 차원에서 상당히 달리 해석한다. 야훼 하나님은 당신의 목적을 위해 당대 지상 최고 권력자인 고레스의 '영혼'[10]까지도 '움직이는'(stir up) 분이라고 진술한다. 하나님의 신적 권위가 땅의 최고 권위자보다 월등함을 명확하게 드러내는 말씀이다. 이것은 또한 70년 전에 "여호와께서 예레미야의 입을 통하여 하신 말씀"[11]이 세월 속에 잊힌 것이 아니라, 반드시 실현될 약속의 말씀이었음을 확인해준다.

에스라 1장 1절의 중요성은 유배 공동체에 끼치는 의도적인 효과에서 분명하다. 고레스의 영혼을 움직이셔서 전혀 상상하지 못했던 일을 시작하신 분이 하나님이라면, 북 이스라엘과 남 유다가 이방 권력에 의해 파멸당한 것은 하나님의 유기가 아닐 수 있다. 야훼 하나님은 온 땅의 주관자가 되시며, 모든 이름 위에 뛰어나신 분이다. 따라서 모든 권력은 하나님의 통치 아래 있으며, 하나님은 그 권력을 임의대로 선택하셔서 처분하실 수 있다. 에스라 1장 1절은 이 사실을 포로 이스라엘에게 선언하는 동시에, 추락했던 민족적 자긍심과 신앙적 담대함을 회복시키는 효과를 갖는다.

유배에 처한 현대 교회의 설교는 이와 같은 대범한 선언이 필요하다. 강대국들의 이해관계에 따라 지구촌이 움직이고, 공공연하게 무전유죄 유전무죄라는 푸념과 함께 돈의 위대함을 찬양하고, 막강한 과학 문명이 신의 영역을 대체하고 있는 아찔한 세상을 살고 있지만, 설교자는 여전히 세상의 주권이 하나님께 있음을 담대하게 선포해야

---

10 히브리어 '루아흐'를 우리말 개역개정과 새번역, 공동번역 개정판은 '마음'으로 옮긴다. 영어 성경 NIV의 경우는 'heart'로 번역한다. 그러나 대다수 영어번역본(NRSV, NLT, ESV, NKJV 등)의 경우에는 루아흐를 'spirit'으로 옮기고 있다. 이에 필자는 의도적으로 '마음'이 아닌 '영혼'으로 옮겼다.

11 "여호와께서 이와 같이 말씀하시니라 바벨론에서 칠십 년이 차면 내가 너희를 돌보고 나의 선한 말을 너희에게 성취하여 너희를 이곳으로 돌아오게 하리라."(렘 29:10)

한다. 그것은 철없는 어린 아이의 미성숙한 헛소리가 아니라, 영적 세계의 광활함을 꿰뚫어본 구약 예언자들의 길을 함께 걷는 설교자의 야성이다. 참으로 교회가 거룩의 공동체로 갱신되길 원한다면, 설교자는 세속의 지배 문화에 순응하길 거부하고 야성적 메시지를 선포해야 한다.

그런데 다른 관점에서 보면, 에스라 1장 1절은 이스라엘 포로민에게 상당히 불편한 말씀으로 읽혔을 가능성 또한 농후하다. 당시 바벨론으로 끌려간 유대인 가운데에는 정치적 해방을 위해 헌신한 사람이 많았을 것이다. 그럼에도 이 말씀은 유대인의 구원이 동족 지도자가 아닌, 전혀 생각해 본 적이 없는 이방 왕의 손을 통해 이루어진다고 선언한다. 고레스를 선택한 것은 하나님의 뜻 가운데 이루어진 일이라고 말한다. 이사야 45장 1절의 경우 고레스에 대해 훨씬 노골적으로 높여준다.

> 여호와께서 그의 기름 부음을 받은 고레스에게 이같이 말씀하시되 내가 그의 오른손을 붙들고 그 앞에 열국을 항복하게 하며 내가 왕들의 허리를 풀어 그 앞에 문들을 열고 성문들이 닫히지 못하게 하리라 (사 45:1).

하나님께서 고레스에게 기름을 부으셨다는 이사야의 묘사는 에스라 1장 1절과 비교할 때 충격의 강도가 훨씬 크다. '기름 부음'이란, 유대인들에게 매우 친숙한 '메시아'를 떠올리기 때문이다. 장차 하나님께서 이 땅에 세우실 다윗 왕국의 희망을 가리키고, 역사 가운데 하나님의 뜻을 실행하도록 선택받은 자가 메시아 아닌가? 그런데 하나님께서는 이스라엘 포로민들이 전혀 생각하지 못한 이방의 왕 고레스의 '영혼을 움직이시고,' 심지어 '기름 부음 받은 메시아'라고 칭하신다. 유대인이 아닌 고레스에게 유대인의 구원을 실행하는 과업이 주어졌다는 것이다. 당대 유대인들은 에스라 1장 1절과 이사야 45장 1절을 읽으며 심각한 충격을 받았을 것이다.

왜 이렇게 고레스를 미화하는 것일까? 당대 최고 권력자인 그에게 아첨하는 것인가? 그럴 가능성은 거의 없다. 오히려 고레스에 대한 성경의 기록은 유배 경험 가운데 새롭게 빚어진 신학적 비전을 담고 있다. 앞서 언급한 것처럼, 하늘의 하나님은 땅의 최고 권력자의 영혼까지도 주관하시는 분이다. 이를 통해 이스라엘은 하나님의 초월적 권위를 확실하게 고백한다. 동시에 고레스를 가리켜 하나님에 의해 기름 부음 받은 메시아요 영혼을 감동받은 자로 묘사하는 것은 이스라엘의 편협한 선민 사상에 심각한 파열음을 일으킨다. 다시 말해 하나님의 광대한 지평이 이스라엘이라는 민족적 한계를 훌쩍 뛰어넘는다는 사실을 선언하는 것이다.

이것은 오늘 한국교회 설교에 중요한 교훈을 준다. 크리스텐덤 시대의 사고방식에 젖어있는 설교자는 자연스레 교회를 세상의 중심에 위치시키고, 교회의 성도됨을 선민 의식으로 포장하는데 익숙하다. 그러나 세상의 포로로 전락한 유배 상황을 맞이한 오늘날, 설교자는 더 이상 교회 안에서만 역사하시는 하나님이 아닌, 세상 가운데 일하시는 하나님을 대범하게 선포해야 한다. 그 과정에서 설교자가 할 일은 현대판 '고레스'를 찾고, 그의 이름을 성도들 가운데 불러주는 것이다. 물론 이것은 일부에서 주도하는 정치인의 우상화와는 전혀 다른 성격이다. 설교자의 역할은 성도로 하여금 교회 내부의 이해관계에 매몰되지 않도록 일깨우고, 더 큰 세상을 위해 일하고 계시는 하나님의 비전을 가르치고, 적극적으로 동참할 것을 호소하는 것이다.

이런 점에서 고레스 이야기는 현대 설교자에게 이중적 메시지로 작용한다. 우선 설교자는 세상의 권세 위에서 온 우주를 운행하시는 하나님의 주권을 선포할 책임이 있다. 그리고 다른 한 편으로는 교회의 지평을 초월하여 상상하지 못한 방식으로 일하시는 주님의 경륜을 찬양하고, 하나님의 최종적 관심이 교회와 함께, 교회를 뛰어넘어, 더 넓은 피조 세상에 있음을 환기하는 것이다. 바로 그때 설교의 메시지는 세상을 초월할 뿐만 아니라 세상을 품는 하늘의 음성으로 자리매김하게 될 것이다.

2) 에스라의 코칭 리더십

두 번째로 에스라 이야기에서 주목할 것은 리더십이다. 에스라는 7장에서 처음 등장하는데, 그의 모습은 전형적인 이스라엘의 지도자들과 꽤 다르다. 모세와 같은 극적인 부르심이나 계시 경험에 대한 언급이 전혀 없다. 다윗처럼 적에게 맞서 용맹하게 싸운 전쟁 영웅도 아니다. 그는 단지 페르시아 정부로부터 파견을 받은 관리였다. 다만 대제사장 아론의 십 육대 후손(스 7:5)이며, 모세의 율법에 익숙한 학자(스 7:6)였기에, 야훼 신앙에 대해 남다른 열심히 있었을 것으로 짐작된다. 에스라 7장 10절은 그런 면모를 잘 보여준다.

> 에스라가 여호와의 율법을 연구하여 준행하며 율례와 규례를 이스라엘에게 가르치기로 결심하였었더라.

에스라가 이스라엘에게 율례와 규례를 가르치기로 결심했다는 것은 갑작스런 결심으로 보기 어렵다. 오히려 어린 시절부터 신앙의 가문에서 잘 양육 받고 자라는 가운데 자연스레 율법 교사로 섬기는 일에 관심을 갖게 되었고, 기회가 된다면 헌신할 준비가 되어있음을 의미한다. 아닥사스다 왕은 준비된 일꾼 에스라에게 조서를 내리는데, 그의 임무를 이렇게 기술한다.

> 에스라여 너는 네 손에 있는 하나님의 지혜를 따라 네 하나님의 율법을 아는 자를 법관과 재판관을 삼아 강 건너편 모든 백성을 재판하게 하고 그중 알지 못하는 자는 너희가 가르치라.

이 조서에서 알 수 있듯이, 에스라의 가장 중요한 임무는 율법을 가르치는 것이었다. 당시 율법을 가르친다는 것은 예루살렘 성전과 성벽의 재건만큼 중요한 일이었다. 공동체의 정신을 새롭게 하는 일이라는 점에서 그렇다. 민족 가운데 짙게 드리운 패배주의를 걷어내고, 현실을 타파하는 하나님의 말씀을 가르쳐야 했다. 이를 위해 에스라가 택한 전략은 자신의 권위를 강조하거나 윽박지르는 카리스마적 리더십이 아니었다. 오히려 그는 공동체 개개인이 신앙 갱신의 주도적 역할을 하도록 안내하는 방식을 택했다.

예를 들면, 에스라 10장에는 다른 민족들과의 결혼 문제를 다루는 내용이 나온다. 에스라는 이방인과의 결혼 문제로 인해 하나님 앞에 엎드려 울며 기도하고 죄를 자복한다. 이때 백성들의 반응에 주목해 보자. 백성들은 울며 기도하는 에스라를 보고, 역시 크게 통곡하며 함께 모인다. 그중 여히엘의 아들 스가냐는 에스라에게 이렇게 말한다.

> 우리가 우리 하나님께 범죄하여 이 땅 이방 여자를 맞이하여 아내로 삼았으나 이스라엘에게 아직도 소망이 있나니 곧 내 주의 교훈을 따르며 우리 하나님의 명령을 떨며 준행하는 자의 가르침을 따라 이 모든 아내와 그들의 소생을 다 내보내기로 우리 하나님과 언약을 세우고 율법대로 행할 것이라(스 10:2-3).

백성들은 상당히 극단적인 방법을 택한다. 아내와 자녀들을 내보내기로 작정한 것이다. 이방인과의 결혼에 대한 에스라식 처방은 비슷한 시대를 배경으로 하는 에스더의 경우와 완전히 다르다. 에스라와 느헤미야의 경우에는 이방과의 철저한 단절에 방점이 있다면, 상대적으로 에스더는 이방 문화에 대해 보다 동화된 모델이라 할 수 있다. 우리는 에스라와 에스더를 대립시켜 이해할 필요가 없다. 두 이야기가 모두 정경에 포함되어 있다는 것은 거룩의 정신이 현실에서 다양하게 구현될 수 있음을 암시한다.[12]

다만 에스라의 리더십에 주목해서 살펴보자. 모세나 사사들이나 왕들과 비교할 때, 에스라는 구체적인 계획을 주도적으로 실행하는 카리스마적 리더십은 아니다. 오히려 유대인 백성들이 스스로 결단하고 행동할 수 있도록 돕는 코칭 리더십을 보여준다. 즉 에스라의 역할은 그들에게 율례와 규례를 가르치는 일에 해당한다면, 이방인과의 결혼 문제에 대해 주도적인 역할을 담당한 것은 에스라가 아닌 백성들이다. 이런 점에서 에스라는 코칭 리더십의 면모를 보여준다.

---

12 리 비치, 『유배된 교회』(2017), 263-264 참조.

이와 같은 공동체 개개인의 역량을 강화시키고 적극적 참여를 독려하는 코칭 리더십은 느헤미야의 경우에도 발견된다. 느헤미야 3장의 내용에서 알 수 있듯이, 예루살렘 성벽을 재건할 수 있었던 것은 백성들의 자발적인 참여로 가능했다.

따라서 유배를 경험한 이스라엘의 재건에 있어서 에스라와 느헤미야가 보여준 리더십은 공동체 개개인의 역량을 키우는 수평적 코칭 리더십이라고 할 수 있다. 다시 말해, 한 명의 영웅을 중심으로 공동체를 끌고 가는 것이 아니라, 공동체 자체를 중요하게 생각하고 부각시켰다는 말이다.

이것은 오늘 한국교회 설교자에게 중요한 메시지가 된다. 유배 상황에 놓인 한국교회는 이전과 달리 코칭 역할을 적극 수행하는 설교자가 필요하다. 코칭 설교자는 이전 세대의 주된 설교자 모델이었던 전령(herald) 모델과 교사(teacher) 모델을 극복하는 새로운 패러다임이다. '전령' 모델은 주로 설교의 신적 권위에 집중하고 선포 자체로 역할을 한정짓는다. 따라서 설교를 듣는 청중에 대한 관심이 부족하고, 설교를 효과적으로 전달하기 위한 수사적 전략에 무척 인색하다. 반면, '교사' 모델은 청중을 설득하기 위해 다양한 수사적 전략을 동원한다. 따라서 전령 모델에 비해 청중 친화적이라고 할 수 있다. 다만 이 모델은 설교의 성패가 하나님이 아닌 설교자의 역량에 달려있는 것처럼 오해할 가능성이 농후하여, 설교자의 무제한적 책임을 강조하는 경향이 있다. 전혀 다른 접근처럼 보이는 전령 모델과 교사 모델에게는 공통점이 있다. 흥미롭게도 이 둘은 청중의 능동적인 참여를 담아내지 못한다.

이에 반해 코칭 설교자는 말씀의 선포와 가르침이 설교자에 의해 이뤄지지만, 구체적인 실행은 청중의 몫임을 염두에 두고, 말씀의 실천 자체에 집중하는 모델이라 할 수 있다. 즉, 설교가 하나님 말씀의 사건이라면, 뭔가 구체적인 행동이 일어났다는 것인데, 이 사건은 설교의 현장이 아닌 설교 이후의 삶에서 완성된다는 함의를 갖는다. 따라서 코칭 모델은 설교의 현장과 설교 이후의 삶을 균형 있게 이해하도록 돕는다. 에스라의 율법 교육과 이후 백성들의 자발적인 실천이 이루어졌듯이 말이다. 특히 코칭 모델은 공동체의 거대 담론보다는 개개인의 관심과 필요를 강조하는 포스트모던적 사회에서 효과적인 설교 사역을 위해 유익한 모델이라 할 수 있다.

3) 지정의가 결합된 종합 예술로서의 설교

마지막으로 에스라의 말씀 사역에서 주목할 특징은 율법의 가르침과 감성적 탄식 기도 그리고 백성들의 결단이 어우러진다는 점이다. 이와 관련하여 에스라 9장에 나타난 에스라의 회개 기도는 중요하다. 에스라는 민족의 지도자들이 앞장서서 다른 민족 사람들과 결혼을 하고 그들의 가증한 일을 행한다는 소식을 듣게 되었다. 이에 속옷과 겉옷을 찢고 머리털과 수염을 뜯으며 기가 막혀 앉게 된다.(9:3) 말씀을 가르치는 설교자의 감정이 고스란히 드러난 장면이다. 이것은 단순히 감정적 화풀이가 아닌, 구약성경의 전형적인 회개 수반 행동이다. 이와 함께 에스라는 하나님께 구체적으로 회개 기도를 드린다. 하나님의 긍휼과 자비로 종살이에서 해방되고, 하나님의 성전을 세우고, 무너진 것을 수리하는 은혜를 입었음에도, 하나님의 말씀을 버렸음을 고백한다. 이로 인해 하나님께서 이스라엘을 멸하시고 피할 자가 없도록 진노하신다고 해도 할 말이 없음을 인정한다.

에스라의 회개 기도는 어떤 결과를 가져왔는가? 공동체에 큰 파장을 일으켰다. 앞서 살펴본 것처럼, 이스라엘 백성들이 자발적으로 다른 민족과의 결혼을 정리한다. 이방 여인들과 자녀들을 내보내는 결단을 취한 것이다. 여기서 에스라가 보여준 설교자의 모델은 코치에 가깝다. 더 나아가 에스라의 기도를 설교의 일부분이라고 한다면, 그의 설교는 지정의가 결합된 일종의 종합 예술이라고 할 수 있다. 에스라는 단순히 모세의 율법을 교리적으로 해명하고 가르친 것이 아니다. 그는 율법에 나타난 하나님의 신비를 지적으로 해명할 뿐만 아니라, 눈물과 탄식의 기도를 통해 이스라엘 백성들에게 감성적으로 호소하고, 이를 통해 청중들의 의지적인 결단을 이끌어낸 것이다. 그런 의미에서 에스라의 설교는 종합 예술이라 할 수 있다.

아우구스티누스는 『그리스도교 교양』에서 설교의 목적으로, 가르치는 것, 매료시키는 것, 그리고 설득하는 것을 언급한다.[13] 가르치는 것이 말하는 내용과 관련이 있다면, 다른 둘은 말하는 방식과 연결된다. 따라서 가르침은 주로 이해를 돕는 지성과 관련이 있고, 매료시키는 것은 감성, 설득은 의지와 통하기 마련이다. 결국 설교란 지성과 감성과 의지에 전인격적으로 다가가는 종합 예술이다.

안타깝게도 한국교회는 오랜 기간 설교를 파편적으로 이해한 경향이 있다. 한편에서는 지나치게 주어진 명제를 이성적으로 해명하는 대지설교를 신봉했고, 다른 한편에서는 복음의 내용은 찾아볼 수 없

---

13 아우구스티누스, 성염 역, 『그리스도교 교양』 (왜관: 분도출판사, 2017), 405-407.

고 오로지 감정적 자극만 난무하는 웅변 설교를 옹호했다. 그러나 에스라와 아우구스티누스의 경우에서 보듯이, 온전한 설교 사역은 복음의 내용을 지성적으로 해명하는 가르침, 기도와 눈물 그리고 해학이 넘치는 감성적 매력, 청중의 자발적인 결단을 이끌어내는 의지에의 호소가 어우러진 종합 예술이라고 정의할 수 있다. 한국교회는 에스라의 말씀 사역에서 설교에 대한 바른 정의를 발견하고, 이를 건강하게 실천하는 동력을 찾을 수 있다.

4. 나가는 글

에스라가 이스라엘 백성들을 향해 펼친 말씀 사역은 한국교회 말씀의 회복을 위해 중요한 통찰을 제공한다. 오늘 한국교회 설교자는 세속 사회를 뛰어넘는 하나님의 초월적 권위를 담대히 선포할 뿐만 아니라, 세상과 지혜롭게 교섭할 수 있는 영적 역량을 키우는 것이 필요하다. 세상의 언어와 복음의 언어에 모두 익숙한 이중 언어 능력을 길러야 한다. 또한 설교자는 청중과 함께 긴밀하게 호흡하는 코칭의 역할을 감당할 필요가 있다. 설교자 스스로 사역을 주도하기보다 평신도의 실천을 돕는 코치가 되어 말씀을 선포하고 가르치는 역할을 자처해야 한다. 마지막으로 한국교회 강단은 이전보다 훨씬 지성적 해명과 감성적 공감과 의지적 결단이 어우러질 필요가 있다. 설교는 단순한 교리적 해설이 아니며, 변죽만 울리는 웅변도 아니다. 설교는 하나님의 신비를 지적 성실성으로 돕고, 오감을 동원하여 느끼게 하고, 나아가 실천을 위한 의지를 발동시키는 종합 예술이다.

미국의 시인 로버트 프로스트(Robert Frost)는 '가지 않은 길'이라는 시에서 두 갈래로 갈라진 길 앞에 섰던 경험을 이렇게 노래한다.

> 먼 훗날 어디에선가
> 나는 한 숨을 쉬며 말할 것입니다.
> 숲 속에 두 갈래 길이 있었는데,
> 나는 사람이 적게 간 길을 택했노라고,
> 그래서 모든 것이 달라졌다고.

구약성경의 유배 경험과 유사한 오늘 한국교회의 현실은 분명 낯선 길을 걷는 일일 것이다. 한 번도 가본 적이 없는 미지의 길을 헤치고 가야 한다. 그렇기에 우리는 하나님의 도우심이 필요하다. 지혜가 필요하다. 에스라의 통찰을 통해 한국교회 강단이 건강하게 회복되길 소원한다.

3 에스라와 인간의 회복

하경택 교수(장로회신학대학교)

1. 들어가는 말

'인간의 회복'이라는 주제는 보편적 의미를 가진다. 역사적 환경의 제한을 넘어 어느 시대 누구에게나 적용 가능한 메시지를 전해주어야 할 것이다. 그러한 점에서 제2차 포로 귀환 후 재건기[1]에 활동했던 에스라를 통해서 '인간의 회복'이라는 보편적 주제를 다루는 것은 적절치 않을 수 있다. 시대제한적인 의미를 보편적인 의미로 비약시키는 우를 범할 수 있기 때문이다. 하지만 반대로 시대제한적인 의미가

---

1 아닥사스다 7년의 해석에 따라 에스라의 활동시기가 달라지기도 한다. 아닥사스다 1세라고 이해하면 주전 458년경이 되고, 아닥사스다 7년을 37년으로 고쳐 읽으면 주전 428년이 되며, 아닥사스다 2세로 가정하면 주전 398년에 에스라가 예루살렘에 도착한 것이 된다. 어떤 식으로 이해하든 주전 4-5세기 에스라가 페르시아 제국의 지배아래 있는 포로 귀환 공동체의 재건을 위해 활동했다는 사실에는 변함이 없다. 에스라의 활동시기에 관하여 다음을 참조하라. B. W. Anderson, 『구약성서탐구』, 김성천 옮김 (서울: CLC, 2017), 742-745.

보편적인 의미의 일례로 작용할 수 있다. 한 시대의 인물과 활동을 통해 '인간 회복'의 의미와 모델을 찾아보는 것이다. '인간 회복'은 '하나님과 이웃과의 올바른 관계 회복'이라고 정의할 수 있다. 인간 회복은 그 자체로 의미를 갖기 보다는 하나님과 이웃과의 관계 회복으로 증명되고 의미를 갖게 된다는 것이다. 이러한 점에서 에스라는 '인간 회복'이라는 주제에 어떤 의미가 있을까? 필자는 에스라를 두 가지 차원에서 분석해 보고자 한다. 하나는 그가 가지고 있었던 정체성이며, 다른 하나는 그가 보여준 활동이다. 전자는 그의 리더십을 통해서 '인간 회복'과 연결되고, 후자는 공동체 안에서 드러나는 활동을 통해서 '인간 회복'과 연결된다.

2. 에스라의 정체성

에스라의 정체성은 다음 세 가지 칭호를 통해서 드러난다.[2] 각 칭호에 해당하는 에스라의 정체성은 무엇인가?

1) 학사(히브리어: 〈소페르〉 [ספר], 아람어: 〈사페르〉 [ספר])

히브리 낱말 〈소페르〉는 서기관 또는 율법학자라는 의미를 가진

---

[2] 에스라는 에스라-느헤미야서에서만 약 23회 언급되며, '학사'로 6회(스 7:6, 11; 느 8:1, 4, 13; 12:36), '제사장'으로 4회(스 7:5[사독의 5대손이자 아론의 16대손]; 10:10, 16; 느 8:2), '제사장 겸 학사'로 5회(스 7:11; 느 8:9; 12:26) 아람어로: 스 7:12, 21), 나머지는 이름만 언급된다. 김윤이, "에스라는 누구인가?," 「구약논단」 14 (2008.6), 90.

다. 에스라 7장 6절에서 에스라는 '이스라엘 하나님 여호와께서 주신 모세의 율법에 익숙한 학자'로서 소개된다. 이것은 에스라가 모세의 토라에 대한 전문적 지식과 해석의 능력을 소유한 사람이었음을 보여준다.[3] 하지만 이것은 에스라가 아닥사스다 왕의 조서를 따라 유대인들의 거주지 예루살렘에 파견 받을 때 받은 페르시아 관리로서의 공식 직함이기도 하다(스 7:11-26). 에스라는 "네 손에 있는 네 하나님의 율법(דָּת)을 따라 유다와 예루살렘의 형편을 살피기 위해"(7:14) 예루살렘에 파견되었다. 이것이 7장 25절에서는 다음과 같이 자세히 설명된다. "너는 네 손에 있는 네 하나님의 지혜를 따라 네 하나님의 율법(דָּת)을 아는 자를 법관과 재판관을 삼아 강 건너편 모든 백성을 재판하게 하고 그 중 알지 못하는 자는 너희가 가르치라." 그리고 26절에서는 "하나님의 명령"과 "왕의 명령"이 동등하게 취급된다. 이것은 '하나님의 법(토라)'이 동시에 '왕의 법(다트)'으로 간주되고 있음을 보여준다.[4] 따라서 '학사'라는 에스라의 호칭에는 두 가지 의미가 있다고 말할 수 있다. 하나는 페르시아 관리로서의 의미와 다른 하나는 토라 연구자로서의 의미이다.

---

3 R. Rendtorff, 『구약정경개론』, 하경택 역 (서울: CLC, 2020), 686. 에스라의 의미를 "역사적 사건들의 해석자"로서의 예언자에서 "기록 전승에 대한 해석자"로서 학사에로의 전환이라고 평가하기도 한다(W. Schneidewind, *The Word of God in Transition: From Prophet to Exegete in the Second Temple Period* [Sheffield Academic Press, 1995]; B. W. 앤더슨, 구약성서 탐구, 759쪽에서 재인용).

4 R. Rendtorff, 『구약정경개론』, 685.

2) 제사장(히브리어: 〈코헨〉 [כֹּהֵן], 아람어: 〈카헨〉 [כָּהֵן])

에스라-느헤미야서에서 에스라는 사독의 5대손이요 아론의 16대 손으로 소개된다(스 7:1-5). 에스라가 이스라엘의 정통 제사장 가문의 일원으로서 당시 유대 사회를 이끌 수 있는 지도층의 인물임을 보여주는 것이다. 그가 예루살렘에 귀환할 때 부여받은 임무 중 하나는 "왕과 자문관들이 예루살렘에 거하시는 이스라엘 하나님께 성심으로 드리는 은금"(스 7:15)과 "바벨론 온 도에서 얻을 모든 은금과 및 백성과 제사장들이 예루살렘에 있는 그들의 하나님의 성전을 위하여 기쁘게 드릴 예물"(스 7:16)을 가져와 수송아지와 숫양과 어린 양과 소제와 전제의 물품으로 바꾸어 예루살렘 성전 제단 위에 드리는 것이었다(스 7:17). 이것은 에스라의 제사장적 직무를 떠올리게 하는 내용이다. 특별히 그가 '제사장'으로 소개되는 것은 이방인과의 혼인 문제를 해결할 때이다(스 10:10, 16). 그는 이스라엘의 거룩한 자손이 '이 땅의 백성들'(〈암메 하아차로트〉 [עַמֵּי הָאֲרָצוֹת])과 통혼하는데 유다의 지도부(방백들과 고관들)가 으뜸이 되었다는 사실을 알고(스 9:1-2), 하나님 앞에 죄를 회개하고(9:3-15) 온 이스라엘에게 공포함으로 공론화하여(10:5-12), 마침내 이방 여인을 아내로 맞은 110명의 사람들이 이혼하도록 조처한다(10:18-44). 제사장 무리 가운데 이방 여인을 아내로 맞이한 자들의 문제를 처리할 때 숫양 한 마리가 속건제로 드려진다(10:19). 이것은 통혼으로 더럽혀진 유다 땅을 '주의 교훈과 하나님의 명령과 토라'(10:3)를 따라 정결하게 하고 새로운 언약을 세워 유다 공동체의 순수성을 수호하는 개혁적인 '정통 제사장'의 모습을

보여준다.[5]

3) 제사장 겸 학사(히브리어: 〈학코헨 핫소페르〉 [הַכֹּהֵן הַסֹּפֵר], 아람어: 〈카하나 사파르〉 [כָּהֲנָא סָפַר])

에스라-느헤미야서는 위 두 가지 칭호가 동시에 나타나는 본문들이 있다. 아닥사스다 왕의 조서를 소개하는 도입부에서 에스라를 '제사장 겸 학사'로 소개하고 있고(스 7:11), 아람어로 된 조서 안에서 에스라가 '제사장 겸 학사'로 호칭된다(스 7:12, 21). 그리고 '모든 백성'(8:1, 3, 5, 6, 9, 12))과 '총회'(8:2, 17)라는 강조되어 나타나는 느헤미야 8장 본문에서 에스라가 '학사'(1, 4, 13절) 또는 '제사장'(2절)으로 불리다가 9절에서 '제사장 겸 학사'로 불린다. 더 나아가 느헤미야 12장 26절에서는 제사장 요야김과 총독 느헤미야에 이어 마지막으로 에스라가 '제사장 겸 학사'로 소개된다. 이렇게 두 호칭이 하나로 결합되어 나타나는 것은 에스라가 두 가지 정체성을 동시에 가지고 있음을 보여준다. 두 가지 정체성의 우선성에 관한 여러 가지 견해가 있지만,[6] 분명한 것은 어느 하나의 정체성만으로는 에스라의 모습을 설명할 수 없다는 사실이다. 결과적으로 두 가지 정체성을 통해서 드러나는 에스라의 모습은 다음 장면에서 분명하게 드러난다. 느헤미야 활동의 절정에 해당하는 예루살렘 성벽 봉헌 예식에서 두 무리의 찬양 행렬이 성벽을 돌게 되는데, 이때 에스라와 느헤미야가 선두에

---

5 김윤이, "에스라는 누구인가?," 「구약논단」 14 (2008.6), 98.
6 김윤이, "에스라는 누구인가?," 「구약논단」 14 (2008.6), 89.

서서 각각 한 무리씩을 이끌고 행진을 하였다(느 12:36, 38). 이것은 에스라가 단순히 율법을 연구하고 가르치는 자이거나 제의 실행자가 아니라 '온-이스라엘의 대표'로서 백성을 통합시키고 이끄는 지도자로서의 면모를 보여준다.[7]

3. 에스라의 활동

에스라-느헤미야서의 기록을 따라 살펴보면 우리는 에스라의 활동을 다음과 같이 요약할 수 있다.

1) 파견 명령

에스라 7장 7절에 따르면 에스라는 아닥사스다 왕 제 7년에 귀환하는 무리들을 이끌고 예루살렘에 올라온다. 이때 그가 한 결심이 7장 10절에 소개되어 있다: "여호와의 율법을 연구하여 준행하며 율례와 규례를 이스라엘에게 가르치기로 결심하였었더라." 이러한 에스라의 귀환은 에스라 7장 12-26절에 아람어로 소개되어 있는 아닥사스다 왕의 조서에 따라 이루어졌다. 이 조서에는 에스라가 예루살렘

---

[7] 김윤이, "에스라는 누구인가?," 「구약논단」 14 (2008.6), 102. 김윤이는 이 논문에서 에스라에 대한 호칭이 다르게 나타나는 것은 역사적인 에스라에 대한 후대의 해석에서 비롯된 것으로 보고 각각의 본문층들에 대한 해석을 시도하고 있으며, '제사장 겸 학사'라는 호칭은 '기능이 확대된 학사'로서의 에스라상을 보여준다고 말한다. 하지만 필자는 이렇게 다양하게 나타나는 호칭은 에스라가 지니고 있는 정체성의 다양성에서 비롯된 것이라고 평가한다. 따라서 본문에 따라 호칭이 다르게 나타나는 것은 해당 본문에서 강조하고자 하는 에스라의 정체성이 다르기 때문에 생겨난 현상으로 파악할 수 있다.

에 와서 어떠한 임무를 수행해야 하는지가 잘 나타나 있다. 그는 "하늘의 하나님의 율법"을 책임지는 '제사장 겸 학사'였다(12절). '제사장 겸 학사'로서의 에스라의 직무는 위에서 그의 정체성에 관한 설명에서 밝힌 바와 같이 '하나님의 율법'을 따라 유다와 예루살렘의 형편을 살피는 것과 페르시아에서 가져온 은금과 예물을 필요한 제물로 바꾸어 성전 제단에서 드리는 것에서 잘 드러난다. 특별히 에스라가 페르시아의 관리로서의 지니고 있던 '학사'의 정체성은 그가 "하나님의 명령과 왕의 명령을 준행하지 아니하는 자는 속히 그 죄를 정하여 혹 죽이거나 귀양 보내거나 가산을 몰수하거나 옥에 가둘지니라"(스 7:26)는 조서의 내용을 통해 확인된다. 그는 유대인들이 살던 "강 건너편" 지역에 제국의 질서를 세우고 확고히 하는 행정 관리로서의 임무를 부여받고 파견된 것이다.[8]

2) 귀환 준비

에스라 7장 27-28에는 1인칭으로 기록된 에스라의 고백이 나타난다.[9] 그는 "내 하나님 여호와의 손이 내 위에 있으므로 내가 힘을 얻어 이스라엘 중에 우두머리들을 모아 나와 함께 올라오게 하였노라"라고 말한다. 이것은 그의 귀환 여정이 하나님의 도우심에 힘입어 성공적으로 마무리되었음을 보여준다. 그러나 그의 귀환 과정이 순탄치만은 않았다. 떠나올 때부터 문제점이 발견되었다. 에스라는 출발지

---

8 R. Rendtorff, 『구약정경개론』, 685.
9 스 8:15-9:15에도 에스라의 1인칭 기록이 나타난다.

인 아하와 강가에서 예루살렘으로 떠날 준비를 하다가 백성과 제사장만 있고 귀환자들 가운데 레위 사람들이 한 사람도 없음을 깨닫게 된다(스 8:15). 그래서 에스라는 가시바 지방으로 사람을 보내 레위사람들과 느디님 사람들을 추가로 모집하여 귀환자의 무리에 합류하게 만든다(스 8:18-20).

이때 에스라는 아하와 강가에서 귀환하는 무리에게 금식을 선포한다(스 8:21). 에스라가 선포한 금식은 사람을 통한 안전이 아니라 하나님의 도움과 인도하심을 구하는 기도를 드리기 위한 것이었다(8:22). 그들은 왕에게 자신들을 도울 보병과 마병 구하지 않고, 하나님께 자신들이 안전하게 예루살렘에 도착할 수 있는 '평탄한 길'을 구했다. 이것은 자신들이 왕에게 "우리 하나님의 손은 자기를 찾는 모든 자에게 선을 베푸시고 자기를 배반하는 모든 자에게는 권능과 진노를 내리신다"고 말한 바를 입증하는 행위이기도 하였다. 그들은 자신들의 금식 기도에 대한 응답을 체험하고 귀환의 여정을 시작한다(스 8:23).

3) 귀환 후 제사

에스라가 이끄는 귀환자 무리는 바벨론 지역을 떠난 지 약 3개월 반 만에 1400-1500킬로미터의 여정을 마치고 예루살렘에 도착한다(스 7:9; 8:31). 그들은 예루살렘에 도착하여 삼일 간의 휴식 시간을 가진 후에 번제와 속죄제를 드린다(스 8:35). 에스라는 자신들이 가져온 왕의 조서 덕분에 왕의 총독들과 강 건너편에 있던 총독들에게서 도움을 받아 활동하게 된다(스 8:36).

4) 이방인과의 통혼 문제 발견과 회개 기도

그러나 예루살렘에 도착한 후 한 가지 큰 문제와 마주하게 된다. 그것은 새롭게 형성된 공동체의 많은 사람들이 '이 땅 백성들'의 여인들과 결혼하여 '거룩한 자손'의 모습을 상실한 것이다(스 9:1-2). 이 일 때문에 에스라는 큰 충격에 빠진다. 그는 겉옷과 속옷을 찢고 머리털과 수염을 뜯으며 기가 막혀 앉아 있었다(스 9:3). 그때 '이스라엘 하나님의 말씀으로 말미암아 떠는 자들'이 '사로잡혔던 자들의 죄' 때문에 에스라 주위에 모여 들었다(스 9:4). 에스라는 저녁 제사를 드릴 때까지 기가 막혀 앉아 있다가 저녁 제사를 드릴 때에 장엄한 회개 기도를 드린다(스 9:6-15).

그는 먼저 현재 자신들의 모습이 얼마나 부끄럽고 낯 뜨거운 일인지를 고백한다. "우리 죄악이 많아 정수리에 넘치고 우리 허물이 커서 하늘에 미칠"만큼 크고 많다는 사실을 인정한다(스 9:6). 조상들 때부터 자행된 죄악은 이스라엘의 멸망으로 나타났다. 이스라엘 왕들과 제사장들과 백성들을 여러 나라의 왕들의 손에 넘기셨고 사로잡혀가 흩어지게 하셨다(스 9:7). 하나님께서는 얼마를 생존한 남은 자들로 남기셔서 소생하게 하셨지만(스 9:8-9), 다시금 그들은 예언자들을 통한 하나님의 명령을 어기고 이 땅 백성들과 관계를 맺었다(스 9:10-12). 그러한 이스라엘의 행동은 용납될 수 없는 일이었다. 그래서 에스라는 다음과 같이 질문한다(스 9:13-14). "우리의 악한 행실과 큰 죄로 말미암아 이 모든 일을 당하였사오나 우리 하나님이 우리 죄악보다 형벌을 가볍게 하시고 이만큼 백성을 남겨 주셨사오니 우리가 어찌 다시 주의 계명을 거역하고 이 가증한 백성들과 통혼하오리이까? 그리하면 주께서 어찌 우리를 멸하시고 남아 피할 자가 없도록 진노하시지 아니하시리이까?" 에스라의 기도는 "이스라엘의 하나님 여호와여, 주는 의로우시나이다"라는 고백으로 종결된다(스 9:15).

5) 개혁 조치

에스라는 성전 앞에서 엎드려 울며 기도했다(스 10:1). 이러한 에스라의 기도는 많은 사람들의 호응을 이끌어 낸다. 많은 사람들이 함께 통곡하였으며, 백성의 남녀와 어린 아이의 큰 무리가 그 앞에 모여든다. 이때 엘람 자손 중 여히엘의 아들 스가냐가 나아와 에스라의 행동을 지지하는 발언을 한다(스 10:2-3). '주의 교훈과 하나님의 명령과 토라'를 따라 이방 여인들과 그들의 소생을 내보내고 언약을 세워 율법대로 행하겠다고 말한다. 그리고 에스라가 앞장서서 일하면 자신들이 도울 것이라고 약속한다(스 10:4).

에스라는 이러한 조력자들의 도움을 받아 개혁 조치에 돌입한다. 제사장들과 레위 사람들을 비롯한 온 이스라엘이 이 일에 동참할 것을 맹세하게 한다(스 10:5). 그러면서 에스라 자신은 금식하며 하나님께 기도한다(스 10:6). 그런 후 에스라는 유다와 베냐민 모든 사람들을 예루살렘에 모이게 하고 이방 여인을 끊어 버릴 것을 맹세하게 한다(스 10:12). 에스라는 이러한 개혁 조치가 제대로 실행될 수 있도록 위원회를 만들어 활동하게 한다. 이러한 조치에 반대하는 사람들도 있었으나(스 10:15), 에스라는 위원회를 구성하여 약 3개월의 활동을 하게 함으로써 개혁 조치를 완성한다(스 10:17). 그들의 활동은 이방 여인을 아내로 맞은 자들의 명단을 작성함으로써 종결되었는데, 그들이 작성한 명단은 그 대상자가 110쌍에 이른다(스 10:18-44).

6) 토라 낭독

에스라의 활동은 여기에서 끝난듯하다. 하지만 에스라-느헤미야서에서 에스라의 활동이 다시 한 번 등장한다. 이번에는 느헤미야와 협력하는 가운데 그의 활동이 이루어진다. 느헤미야 8장에는 에스라-느헤미야서의 절정이라고 말할 수 있는 토라 낭독 사건이 기록되어 있다.[10] 성벽 재건 후 맞는 일곱째 달 첫째 날은 새해의 첫날로서 기념된다. 수문 앞 광장에 모든 백성이 일제히 모였을 때 백성들은 에스라에게 모세의 율법책을 가져오게 한다(느 8:1). 그때 에스라는 새벽부터 정오까지 남녀노소를 불문하고 알아들을 만한 사람들 앞에서 율법책을 낭독한다. 낭독되는 율법책의 내용은 모든 백성이 귀 기울여 들었다(느 8:3).

토라 낭독은 그냥 이루어지지 않았다. 그것은 장엄한 예식으로 수행되었다. 에스라가 책을 펼 때 모든 백성이 일어섰다(느 8:5). 에스라가 크신 하나님 야훼를 송축하면, 백성들은 손을 들고 "아멘, 아멘"으로 응답하며 몸을 굽혀 얼굴을 땅에 대고 경배했다(느 8:6). 이때 에스라와 함께 했던 레위인들은 낭독된 토라의 내용이 무엇을 의미하는지 설명하여 이해하게 하였다(느 8:7-8). 백성들이 율법의 말씀을 듣고 울 때 에스라는 느헤미야를 비롯한 자신을 돕던 사람들과 함께 백

---

10 R. Rendtorff, 『구약정경개론』, 689.

성들을 위로하였다(느 8:9). 그 날은 야훼의 성일이며 슬픔의 날이 아니라 기쁨의 날이라는 사실을 상기시켰다.

7) 초막절 준수

토라 낭독이 있던 다음날 백성의 족장들과 제사장들과 레위 사람들이 율법의 말씀을 분명하게 알고자 에스라에게 모여들었다(느 8:13). 그들은 일곱째 달에는 초막절을 지켜야 한다는 사실이 율법에 기록된 것을 확인하고 율법에 기록한 바를 따라 초막절을 지킨다(느 8:14-17). 포로 귀환 공동체는 초막을 짓고 그 안에 거하면서 크게 기뻐하였다. 이때 에스라는 첫날부터 끝 날까지 날마다 율법책을 낭독하였다(느 8:18). 이스라엘 백성은 일곱째 달 스무 나흗날에 다시 모여 금식하며 자신들과 조상들의 허물과 죄를 자복하고 율법책을 낭독하였다(느 9:1-3). 이때 그들은 낮 사분의 일은 율법책을 낭독하고 낮 사분의 일은 죄를 자복하며 야훼께 경배하였다. 그들은 하나님을 찬양하는 가운데 자신들의 역사를 회고하며 긴 회개 기도를 드린다(느 9:4-37). 그런 다음 그들은 문서로 확인된 언약을 세우고 인봉한다(느 9:38). 느헤미야 10장에는 이 언약의 당사자들과 언약의 의무사항들이 기록되어 있다.

8) 성벽 봉헌

이후 성벽 봉헌 사건이 기술된다. 성벽 봉헌은 에스라-느헤미야서의 마지막 절정을 이룬다.[11] 성벽 봉헌도 장엄한 예식으로 거행된다. 성벽 봉헌 예식을 진행하기에 앞서 먼저 제사장과 레위 사람들이 자신들을 정결하게 한 후에 백성과 성문과 성벽까지 정결하게 하는 의식을 거행한다(느 12:30). 이로써 참여자 모두가 정결하게 되고(스 6:20 참조), 성벽 봉헌 예식 준비가 완료된다. 그런 다음 성벽 봉헌 예식 참여자들은 두 그룹으로 나뉘어 성벽을 따라 행진한다(느 12:31, 38). 각 행렬 선두에는 레위인 가수들이 서고 그 뒤로 각각 에스라와 느헤미야가 이끄는 찬양대 행렬과 일반 백성이 뒤따른다. 마침내 두 행렬은 하나님의 전 앞에서 만나 큰 제사를 드리고 함께 즐거워하는 축제를 거행함으로 성벽 봉헌 예식을 마무리한다(느 12:40-43). 이로써 에스라의 활동에 대한 서술이 종결된다. 느헤미야 13장에는 느헤미야가 실시한 개혁 조치가 하나의 부록처럼 기록되어 있다.

4. 인간 회복의 길

에스라의 정체성과 활동을 기반으로 두 가지 차원에서 인간 회복의 길을 탐구하고자 한다. 하나는 에스라의 리더십이 주는 의미이고, 다른 하나는 에스라의 활동이 주는 의미이다.

---

11 R. Rendtorff, 『구약정경개론』, 694.

1) 에스라의 리더십을 통한 인간 회복의 길

(1) 실력을 갖춘 지도자

에스라가 실력을 갖춘 지도자라는 사실은 여러 면에서 확인된다. 그의 정체성은 위에 보았듯이 종합적으로 평가하면 '제사장 겸 학사' 였다. 그가 제사장의 정체성을 갖게 된 것은 그의 가문 덕택이다. 에스라 7장 1-5절에 따르면 그는 아론의 16대손이요, 사독의 5대손이다. 이스라엘의 정통 제사장 가문의 일원임을 알 수 있다. 이것은 에스라가 선택할 수 있는 것이 아니라 운명으로서 주어진 것이다. 좋은 가문에 태어난다는 것은 은혜이고 일종의 특혜라고 말할 수 있다. 왕이 없는 상황에서 제사장의 기능은 매우 중요했다. '제사장과 백성'이 이스라엘 전체를 나타내는 표현방식으로서 쓰일 만큼(참조, 렘 27:16; 28:1, 5; 31:14),[12] 제사장은 이스라엘 사회의 지도적 위치를 확고히 차지하고 있었다. 제의적인 의식을 도맡아 실행하며 이스라엘 사회를 이끄는 영적 지도자의 역할을 감당하는 사람이었다.

그러나 에스라의 정체성은 '제사장'에 그치는 것이 아니라 '학사'라는 칭호를 동시에 가지고 있었다. 이것은 위에서 말한 바와 같이 '페르시아 관리'로서의 의미뿐 아니라 '토라 연구자'로서의 의미를 동시에 가지고 있는 칭호이다(2.1 '학사'로서의 정체성 참조). 이러한 '학사'라는 칭호에서 에스라가 실력을 갖춘 지도자라는 사실이 확인된다. 그가 페르시아의 관리로서 임명되고 파견된다는 것은 페르시아 정

---

12 W. L. Holladay / P. D. Hanson, *Jeremiah: a commentary on the Book of the Prophet Jeremiah* (Hermeneia) (Minneapolis: Fortress Press, 1989), 162.

부가 그의 실력과 능력을 인정한다는 의미가 있다.[13] 에스라 7장 6절은 에스라가 "이스라엘 하나님 여호와께서 주신 모세의 율법에 '익숙한' 학자"였다고 말한다. 여기에 '익숙한'이라고 번역한 히브리 낱말 〈마히르〉 (מָהִיר)는 어떤 일에 능숙하고 숙련되어 있어 어떤 상황에도 재빠르게 대처할 수 있는 사람을 가리킨다(참조, 시 45:2; 잠 22:29; 사 16:5). 이것은 에스라가 모세의 토라에 대한 전문적 지식과 해석의 능력을 소유한 사람이었다는 사실을 말하는 것이다. 그런데 이러한 능력은 단지 종교적인 차원에만 머무르지 않는다. 에스라 7장 26절에서 "하나님의 명령"과 "왕의 명령"이 동등하게 취급되는 것을 볼 때, '하나님의 법(토라)'이 '왕의 법(다트)'으로 인정되고 있음을 알 수 있다. 토라를 이해하고 해석하는 능력은 단순히 야훼 신앙을 위한 지침을 제공하는 것이 아니라 생활 전반에 법적 효력을 발생시키는 법률가와 행정가로서의 면모를 갖추고 있음을 보여주는 것이다.

이러한 에스라가 예루살렘에 파견되면서 결심한 바가 있다. 그것은 "여호와의 율법을 연구하여 준행하며 율례와 규례를 이스라엘에게 가르치기"(스 7:10)로 결심한 것이다. 이러한 결심은 에스라에 있었던 토라 연구자, 모범적 실행자, 전문적 교육자의 세 가지 측면을 모두 보여준다. 이렇게 실력을 갖춘 지도자로서의 모습이 결정적으로 드러나는 것이 토라 낭독 사건이다(느 8장). 일곱째 달 초하루에 이스라엘 모든 백성들이 수문 앞 광장에 모여 그로 하여금 모세의 율법책을 가져오게 하고 자신들 앞에서 낭독하게 한다. 이때 에스라는

---

13 이뿐 아니라 에스라는 직무 수행에 있어 페르시아 제국의 모든 권위를 가지고 집행할 수 있도록 왕실로부터 전폭적인 지지를 받았다. R. 알베르츠, 『이스라엘 종교사 II』(서울: 크리스챤다이제스트, 2004), 191.

레위인들과 함께 토라를 낭독할 뿐만 아니라 읽은 내용이 무엇을 의미하는지 설명해 준다(느 8:7-8). 낭독되고 설명된 토라의 내용을 듣고 참가자들은 눈물을 흘린다. 자신들의 삶이 말씀과 얼마나 동떨어져 있는지를 깨달았기 때문에 흘린 눈물이었을 것이다. 그것은 말씀대로 살지 못하는 자신들의 모습에 대한 자책과 동시에 하나님의 복된 약속들에 대한 깨달음의 감격을 경험하고 흘리는 눈물이었을 것이다. 그러자 에스라와 그와 함께 한 지도자들은 백성들을 위로하며 슬퍼하지 말고 기뻐하라고 권면함으로 기쁨의 시간을 갖도록 유도한다(느 8:9-12).

토라 낭독이 있은 후 다음날 사람들이 학사 에스라를 찾아온다(느 8:13). 찾아온 사람들은 백성들을 지도하는 위치에 있는 족장들과 제사장들과 레위 사람들이었다. 그들이 에스라를 찾아온 이유는 '토라의 말씀들'을 밝히 알고자 함이었다. 토라에 대한 정확한 이해와 통찰을 얻기 위해서 에스라를 찾아온 것이다. 그의 실력과 능력이 당시 사람들에 의해서 인정되고 있음이 증명된다.

(2) 진정성 있는 지도자

진정성은 에스라 리더십이 보여주는 가장 중요한 요소이다. 진정성은 지도자가 가져야 할 가장 기본적인 요소이나 역설적이게도 지도자들에게서 찾아보기 힘든 요소이기도 하다. 에스라는 지도자로서의 역할을 감당하면서 매사에 진정성 있는 모습을 보여주었다. 몇 가지 예를 들어보자. 그는 귀환 여정에 앞서 아하와 강가에서 금식을 선포한다. 금식을 선포한 이유는 1400-1500킬로미터의 긴 여정에 '평탄한 길'(דֶּרֶךְ יְשָׁרָה)을 간구하기 위해서이다. 이러한 귀환 여정이 순조롭게 이루어지기를 바라는 기도는 당연할 것이다. 그러나 그들이 구한 기도내용을 보면 특별하다. 그들이 시작하고자 하는 귀환 여정은 아닥사스다 왕의 조서에 따른 것이기 때문에 그들은 적군을 막고 자신들을 도울 수 있는 보병과 마병을 왕에게 구할 수 있었던 것으로 보인다(스 8:22). 그러나 그들은 왕께 자신들의 보호를 책임질 군대를 구하는 대신 하나님께 간구한다. 왜냐하면 그들이 이전에 왕에게 "우리 하나님의 손은 자기를 찾는 모든 자에게 선을 베푸시고 자기를 배반하는 모든 자에게는 권능과 진노를 내리신다"(스 8:22)고 말했기 때문이라는 것이다. 이런 말을 했던 자신들이 왕에게 도움을 구하는 것은 부끄러운 일이라고 생각한 것이다. 에스라는 자신이 한 말에 대한 책임을 지는 사람이었다. 허투로 말하지 않았고 자신이 말한 바는 그대로 행동으로 옮기는 사람이었다. 또한 이러한 모습 속에 진실로 하나님을 의지하는 삶을 사는 그의 모습을 보게 된다. 우리의 삶은 사람이 책임질 수 있는 것이 아니라 하나님이 함께 하셔야만 온전할 수 있다는 사실을 믿고 행동하는 모습이다(스 7:27-28 참조). 이처럼 에스라는 말과 행동, 신앙과 삶이 일치하는 모습을 보여준다.

그의 진정성 있는 모습은 예루살렘 도착 후 귀환한 무리들이 그 땅의 사람들과 혼인함으로 '거룩한 자손'(זֶרַע הַקֹּדֶשׁ)의 순수성을 지키지 못한 문제를 발견했을 때 다시금 확인된다(스 9:1-2). 에스라는 그러한 이야기를 듣고 옷을 찢고 머리털과 수염을 뜯으며 '기가 막혀'(מְשׁוֹמֵם) 한다(스 9:3-4). 그 일이 에스라에게 얼마나 큰 충격을 주었던지 넋이 나간 상태인 그의 모습을 확인할 수 있다. 하루 종일 그러한 상태로 있다가 저녁 제사를 드릴 때에 근심 중에 일어나 속옷과 겉옷을 찢고 무릎을 꿇은 채 손을 들고 하나님께 기도한다. 그리고 하나님께 드린 기도의 첫 마디가 다음과 같다. "나의 하나님이여, 내가 부끄럽고 낯이 뜨거워서 감히 나의 하나님을 향하여 얼굴을 들지 못하오니…"(스 9:6). 이러한 모습들은 에스라가 어떤 상황을 맞닥뜨렸을 때 그것을 얼마나 진지하게 받아들이고 진정성 있게 그 문제를 해결해 나가려고 하는가를 알 수 있다. 하루 종일 '기가 막혀' 앉아 있거나 진심을 다해 하나님께 기도하는 모습을 통해, 그가 얼마나 자신이 맞고 있는 상황과 현실에 대해서 공감하고 아파하는가를 알 수 있다. 그의 진정성 있는 모습은 그 이후 이어지는 일 가운데서도 확인할 수 있다. 에스라는 성전 앞에서 울며 기도할 때 많은 사람들이 함께 통곡하였으며, 에스라의 진정성 있는 행동에 많은 사람들이 호응한다(스 10:1-4). 마침내 에스라는 제사장들과 레위 사람들을 비롯한 온 이스라엘이 이 일에 동참하겠다고 맹세하는 결집된 지지를 이끌어 낸다(스 10:5). 그러나 이러한 상황에도 에스라는 자만하지 않고 혼자 방에 들어가 하나님께 금식하며 기도한다(스 10:6). 이것은 사람에게 인정받는 것을 우선하는 것이 아니라 하나님께 인정받아 일을 이루고자 하는 신실하고 겸손한 지도자의 모습이다.

(3) 협업과 연합에 탁월한 지도자

리더십의 효능은 자기 계발이나 자기 조절 능력에서 끝나지 않는다. 오히려 다른 사람과 얼마나 연합할 수 있고 협력을 얼마나 잘 이끌어 내는가에서 판가름 난다고 말할 수 있다. 에스라는 다른 사람과 이루어 내는 협업과 연합에 탁월한 지도자라고 평가할 수 있다. 그가 귀환 무리들을 이끌고 예루살렘으로 돌아오는 여정을 시작할 때 보여준 매우 인상적인 장면이 있다. 에스라는 아하와 강가에서 예루살렘으로 떠날 준비를 하다가 귀환자들 가운데 레위 사람들이 한 사람도 없음을 알게 된다(스 8:15). 에스라는 백성과 제사장만 있고 레위사람들이 없다는 사실은 문제라고 판단하고 레위사람들이 귀환자의 무리에 포함되도록 추가 모집을 한다. 이때 레위사람들뿐만 아니라 레위 사람들을 돕는 느디님 사람들이 뒤늦게 합류하게 된다(스 8:18-20).

이러한 조치는 어떤 의미가 있을까? 그것은 귀환 후 에스라의 활동에 나타나는 레위인들의 역할을 보면 알 수 있다.[14] 느헤미야 8장에 기록된 토라 낭독 사건에서 레위인들의 역할이 두드러진다. 에스라의 주도 하에 이루어진 토라 낭독에서 레위인들은 에스라 좌우에 서서 에스라를 돕는다(느 8:4). 이뿐 아니라 레위인들은 '백성을 가르치는'(느 8:9) 사람들이 되어 제자리에 서 있는 백성들을 찾아가 낭독된 내용에 대한 해석과 이해를 돕는 역할을 한다(느 8;7-8). 또한 그들은 에스라나 느헤미야와 함께 낭독된 토라의 내용을 듣고 우는 청중들을 위로하고 기쁨의 축제를 벌이도록 지도한다(느 8:9-12).

또한 레위 사람들은 하나님을 찬양하는 일을 담당하고(느 12:8, 24) 문지기로서 순서대로 문안의 곳간을 지키는 역할을 하였다(느 12:25). 이러한 하나님의 성전을 위하여 섬기는 자로서(느 8:19) 레위 사람들이 보여준 역할은 성벽 봉헌 예식에서 두드러지게 나타난다. 레위 사람들은 '감사하며 노래하며 제금을 치며 비파와 수금을 타는' 역할을 하였다(느 12:27). 성벽 순례 행렬의 무리들 가운데 선두에 서

---

[14] 레위인들의 역할에 관해서는 다음 글을 참조하라. 배희숙, "역대기에 나타난 레위인의 기능 및 그 의미,"「장신논단」45 (2013. 12), 67-89.

서 감사 찬송을 불렀으며, 다윗의 악기를 가지고 연주하며 장엄한 의식이 진행되는데 중요한 역할을 담당하였다(느 12:31-43). 이렇게 중요한 역할을 감당해야 할 사람들이 레위 사람들임을 알았기 때문에, 에스라는 귀환자들 가운데 레위 사람들이 포함될 수 있도록 추가적인 조치를 취한 것이다. 에스라는 레위 사람들과의 협력을 통해 자신이 이루고자 하는 바를 제대로 이행할 수 있음을 알고 있었으며, 레위 사람들과의 협업을 사전에 준비한 것이다.

에스라의 협업 리더십은 느헤미야와 협력하는 모습에서도 드러난다. 에스라-느헤미야서에서 두 사람이 동시에 등장하는 장면은 두 군데 있다. 하나는 토라 낭독 사건에서(느 8장), 다른 하나는 성벽 봉헌 예식에서이다(느 12장). 두 가지 사건 모두 에스라-느헤미야서에서 절정을 이루는 중요한 사건들이다. 이 두 사건에서 두 사람이 동시에 등장한다는 사실은 에스라-느헤미야 개혁이 어느 한 사람의 활동을 통해서 이루어진 것이 아니라 두 사람의 협업과 연합을 통해서 가능했다는 사실을 반증하는 것이다. 이러한 사실은 에스라-느헤미야서가 두 권의 책이 아니라 한 권의 책으로 이해하게 만드는 근거가 되기도 한다.[15]

마지막으로 에스라의 협업과 연합의 리더십은 개혁의 조치를 실행할 때 혼자서 앞서가지 않는 모습에서도 확인된다. 에스라는 자신이 인식하고 깨달은 바가 주위 사람들에게까지 전달되도록 때를 기다린다. 성전 앞에서 회개 기도를 드릴 때도 사람들이 모여들어 동참하겠

---

15 에스라-느헤미야서의 형성사 문제에 관하여 다음을 참조하라. 민경진, "에스라-느헤미야서는 한 권인가, 두 권인가?" 「장신논단」 19 (2003. 6). 447-461.

다는 의사를 밝힐 때까지 그는 어떤 주장도 하지 않는다(스 10:1). 토라 낭독 사건에서도 자신이 앞서서 어떤 것을 주장하지 않는다. 토라 낭독이 있고 난 다음날 백성의 지도층 인사들이 찾아와 율법의 말씀을 밝히 알고자 원했고 토라를 살피면서 초막절 준수의 필요성을 깨닫게 되어 초막절을 지키게 된다(느 8:13-18).

(4) 종합

에스라의 리더십은 다음 세 가지로 종합된다. 첫째, 에스라는 실력 있는 지도자였다. 에스라는 '학사'로서 토라에 대한 지식 뿐 아니라 해석 능력에 대해서도 대내외적으로 인정받는 실력자였다. 하나님의 말씀에 대한 지식과 해석 능력이 혼란과 변화의 시대에 사람들을 이끌 수 있는 지도력을 발휘하게 한다. 둘째, 에스라는 진정성 있는 지도자였다. 그는 자신이 말한 바를 그대로 지키는 지도자였고, 솔선수범하는 지도자였다. 특별히 그는 중요한 순간마다 하나님을 의지하고 나아가는 모습이 많은 사람에게 감동을 주고 주위 사람들의 호응을 이끌어 내었다. 셋째, 에스라는 협업과 연합에 탁월한 지도자였다. 아무리 능력이 탁월하다고 해도 혼자서 할 수 있는 일은 한계가 있다. 함께 할 때 시너지의 효과를 기대할 수 있고, 함께 할 때 공동체의 온전한 변화를 이끌어 낼 수 있다. 협업과 연합의 리더십이 효과적이고 총체적인 개혁을 가능하게 한다. 정보기술이 발달한 21세기에 이러한 협업과 연합의 리더십은 더욱 절실하게 요구된다.

이러한 세 가지 리더십은 '하나님과 이웃과의 관계 회복'이라는 '인간 회복의 길'로 연결된다. 에스라의 리더십은 하나님과 함께 하는 삶을 보여주고, 사람들에게 감동을 주어 이웃과 함께 하는 삶을 가능하게 하기 때문이다.

2) 에스라의 활동을 통한 인간 회복의 길

(1) 하나님의 말씀에 근거한 개혁

에스라 활동의 모든 근거는 하나님의 말씀에 있다고 말할 수 있다. 그는 '모세의 율법에 익숙한 학자'로 소개될 뿐만 아니라 그의 모든 활동에는 하나님의 말씀이 그 근거로서 작용하고 있다.[16] 귀환자들과 이방 여인과의 혼인 문제가 인지되었을 때 에스라는 옷을 찢고 머리털과 수염을 뜯으며 기가 막혀 앉아 있었다(스 9:3). 이때 '이스라엘 하나님의 말씀으로 말미암아 떠는 자들'이 에스라에게 모여든다. 포로 귀환 공동체가 '이 땅 백성들'과 섞이는 일은 하나님의 말씀을 거스르는 일이었기 때문이다(참조, 출 34:15-16; 신 7:1-4; 삿 3:6; 왕상 11:2). 이러한 주위 사람들의 반응을 통해 에스라의 행동 이유를 유추할 수 있다. 그러나 에스라가 '기가 막혀' 하는 반응을 보인 이유는 이어지는 회개 기도에서 명확해진다. 그것은 '하나님의 종 예언자들을 통해서 명령하신 바'를 듣지 않은 것이며(스 9:11), '하나님의 계명'을 거역하는 것이라는 사실이다(스 9:14). 하나님의 말씀에 비추어 볼 때 이방 여인과의 혼인을 통해 '거룩한 자손'이 섞이게 되는 일은 하나님을 배반하게 되며 다시금 하나님의 심판을 초래할 수 있는 중대한 문제로 인식한 것이다.

---

[16] 에스라-느헤미야서에 나타난 모세의 율법에 관하여 다음을 참조하라. 김래용, "에스라-느헤미야서에 나타난 모세와 다윗," 「신학논단」 68 (2012. 6), 37-61.

하나님의 말씀을 근거로 행동하는 에스라의 모습은 토라 낭독 사건에서도 드러난다. 그는 토라 낭독을 통해 하나님께서 원하시는 삶이 무엇인지를 백성들에게 가르쳤고(느 8:1-12), 그 이후 이어지는 초막절 준수도 토라 말씀의 연구를 통해 이루어진 사건이었다(느 8:13-17). 초막절이 지켜지는 기간에도 에스라는 토라 낭독과 실천을 그치지 않았다(느 8:18). 그달 스무 나흗날에 이루러진 금식에서도 백성들은 토라 낭독을 통해 자신들의 죄를 깨닫고 회개한다(느 9:1-3).

(2) 기도가 동반된 실행

에스라는 하나님의 말씀에 근거한 판단과 행동을 실행하면서 기도의 끈을 놓지 않았다. 그의 모든 행동은 기도가 동반된 활동이었다. 그의 기도는 예루살렘으로의 귀환에 앞서 아하와 강가에서 이루어진 금식 기도를 통해 알 수 있다(스 8:21-23). 왕의 도움을 받아 안전한 귀환 여정을 보장받을 수 있는 가능성이 있었음에도 불구하고, 그는 야훼 하나님에 대한 고백의 말을 지키기 위해 왕에게 보병과 마병을 구하지 않고 금식 기도로 하나님의 인도와 보호를 간구한다. 기도의 사람 에스라는 이러한 과정을 통해서 이루어진 예루살렘으로의 안전한 귀환에 대하여 다음과 같이 말한다. "내 하나님 여호와의 손이 내 위에 있으므로 내가 힘을 얻어 이스라엘 중에 우두머리들을 모아 나와 함께 올라오게 하였노라"(스 7:8).

그의 활동이 기도가 동반된 것이었다는 사실은 에스라 9장에 기록된 회개 기도 장면에서도 확인된다. 그는 귀환자들이 일으킨 이방 여인과의 혼인 문제를 접하고 저녁 제사 드릴 시간이 되기까지 어의를 상실한 채 앉아있었다. 저녁 제사를 드릴 때가 되었을 때, 그는 옷을 찢고 무릎을 꿇으며 야훼를 향해 손을 들고 기도한다(스 9:5). 그가 기도하는 모습을 보면 그가 얼마나 온 마음과 힘과 뜻을 다해 기도하고 있는가를 알 수 있다(스 9:6). 그리고 그의 기도는 이스라엘 역사의 흐름에 대한 전망을 가지고 드리는 기도였다(스 9:7-15). 이러한 그의 기도는 많은 사람의 반향을 일으킨다. 이스라엘 백성의 남녀노소를 불문하고 큰 무리가 그 앞에 모이게 된다(스 10:1). 그리고 그의 기도가 촉발제가 되어 이방 여인과의 혼인 문제를 해결하기 위한 절차가 시작된다. 이렇게 큰 매듭이 풀리고 많은 사람들이 호응하는 가운데 일이 진척될 때에도 그는 기도하는 것을 멈추지 않는다. 여호하난의 방에 들어가 음식을 먹지도 않고 물도 마시지 않으면서 기도에 힘쓴다(스 10:6).

(3) 구호가 아니라 실천을 통한 회복

에스라의 활동에는 구체적인 실천이 있었다. 그가 이루고자 하는 바를 구호에 그치지 않고 실천하였다. 그는 조사위원회를 만들고 2개월여의 조사를 통해 이방 여인과 혼인하였던 110쌍의 명단을 확보하고 그 사람들이 이혼하도록 조치를 취했다(스 10:16-44). 성벽이 재건된 후 백성들이 모세의 율법책 가져오기를 요구했을 때, 에스라는 그들의 요구를 들어주었을 뿐만 아니라 그 이상의 것을 실행으로 옮겼다. 그는 백성들 앞에서 새벽부터 정오까지 모세의 율법책을 낭독하였고(느 8:3), 낭독한 내용을 이해할 수 있도록 레위 사람들의 해석과 설명이 이어지게 만들었다(느 8:7-8). 이때 토라 낭독은 장엄한 의식 속에서 이루어졌다. 에스라가 책을 펼 때 백성들은 일어섰고(느 8:5), 에스라가 야훼 하나님을 송축할 때 백성들은 손을 들고 "아멘,

아멘"으로 응답하였을 뿐 아니라 땅에 엎드려 경배하였다(느 8:6). 이러한 토라 낭독을 통해 백성들은 감동의 눈물을 흘렸고, 에스라를 비롯한 지도자들은 백성들이 슬픔에 젖어있지 않도록 백성을 위로하였다(느 8:9-12).

에스라 활동에서 구체적인 실천은 초막절 준수를 통해서도 이루어졌다. 토라 연구를 통해 초막절의 필요성을 깨달은 책임자들은 모든 성읍과 예루살렘에 공포하여 산에 가서 각종 나무의 가지를 가져다가 초막을 짓게 하였다(느 8:14-15). 그들은 지붕 위, 뜰 안, 하나님의 전의 뜰, 수문 광장, 에브라임 문 등 초막을 지을 수 있는 곳에 초막을 짓고 여호수아 이래 최대의 초막절을 지키게 된다(느 8:16-17). 초막절에 참여한 모든 사람들은 크게 기뻐하며 초막절 축제에 참여했다. 초막의 체험을 통해 이루어진 토라의 실천은 그 어떤 것보다 강력한 교육적 효과를 가져 오는 계기가 되었을 것이다. 성벽 봉헌 예식에서도 동일한 의미를 찾아볼 수 있다(느 12:27-43). 성벽 봉헌은 예식에 참여하는 모든 사람들을 정결하게 하는 의식으로 시작되었다(느 12:30). 의식을 주도한 제사장들이나 레위 사람들뿐만 아니라 백성과 성문과 성벽까지 모든 참여자와 의식이 거행되는 모든 공간까지 정결하게 하였다. 그리고 참여자들은 두 개의 행렬로 나뉘어 성벽을 순례했다. 각 행렬에는 찬송하는 레위인 가수들과 악기를 연주하는 연주자들이 있어서 축제의 분위기를 만들었다. 성전 앞에서 만난 두 행렬은 함께 제사를 드리고 크게 기뻐하였다. 부녀와 어린 아이들까지 참여하는 성대한 예식이었고, 멀리서도 즐거워하는 소리가 들릴 정도였다고 보도한다(느 12:43).

(4) 공동체적 행동을 통한 새 출발

에스라의 활동은 공동체적 행동이 동반되었다는 것이 특징이다. 에스라의 개혁은 개인적인 영역에 머무르지 않고, 공동체 전체가 참여하는 의식을 통해 변화의 계기를 만들었다. 이방 여인과의 결혼 문제를 해결할 때도 공동체 전체가 에스라의 말대로 맹세하게 하고 개혁을 실행하였다(스 10:5). 이러한 맹세는 그것의 실행을 약속하는 언약의 의미가 있는 것이다(스 10:19). 일곱째 달 초하루의 토라 낭독 사건이 있고 나서도 토라 연구와 낭독은 계속되었다. 스무 나흗날에 이루어진 금식과 토라 낭독을 통해 백성들은 회개 기도를 드린다. 그런 다음 그들은 새로운 출발을 다짐하는 내용을 문서로 기록한 언약을 세우고 인봉한다(느 9:38). 이 언약의 당사자들과 언약의 의무사항들이 느헤미야 10장에 기록되어 있다. 에스라-느헤미야의 언약사건은 요시야 시대의 계약 사건과 놀라울 정도로 유사하다. 두 언약 사건에서 모두 율법책의 낭독, 죄의 고백, 제의적·사회적 개혁, 하나님의 계명을 따르지 않는 것에 대해 저주를 감수하겠다는 서약이 모두 나타난다.[17] 이것은 에스라의 활동이 공동체에 얼마나 큰 의미가 있으며, 영향을 주는 사건이었는지를 보여준다. 포로기 이전에 요시야가 있었다면, 포로기 이후에는 에스라가 있었다고 말할 수 있다.

(5) 종합

에스라의 활동이라는 측면에서 인간 회복의 길은 어떻게 나타날

---

17 B. W. 앤더슨, 『구약성서 탐구』, 746.

까? 다음 네 가지로 인간 회복을 위한 에스라 활동의 의미를 찾을 수 있을 것이다. 첫째, 에스라의 활동은 하나님의 말씀에 근거하였다. 그의 모든 활동은 '모세의 율법에 익숙한 자'(스 7:6)로서 '야훼의 율법을 연구하여 준행하며 율례와 규례를 이스라엘에게 가르치기로 한' 그의 결심을 실천한 결과였다. 하나님의 말씀이 개인의 삶과 인류 역사의 '등'이요 '빛'이 되어야 함을 보여준다(시 119:105). 둘째, 에스라의 활동에는 항상 기도가 동반되었다. 기도는 그의 활동의 출발점이자 완성이었다. 에스라는 자신의 활동을 기도로 시작하고, 기도로 진행하며, 기도로 완결 지었다. 기도는 사람이 아니라 하나님이 일하시게 하는 신앙인의 삶의 방식이다. 셋째, 에스라의 활동은 구호에서 끝나지 않고 실천으로 수행되었다. 말로는 누구나 쉽게 할 수 있으나 그것을 실행하는 것이 어렵다. 에스라의 활동은 뜻을 세운 내용들이 구체적인 실천을 통해 나타났다. 특별히 장엄한 의식과 축제 행사를 통해 의미와 기쁨을 동시에 체험하는 실천을 이루었다. 넷째, 에스라의 활동은 공동체적 행동을 통해 나타났다. 개인적인 결단과 실행은 비교적 쉽게 이루어질 수 있다. 하지만 공동체 모두가 동의하고 함께 하는 결단은 매우 어렵다. 어려운 만큼 중요하고 역사를 바꾸는 놀라는 힘을 제공한다. 에스라의 활동은 공동체의 변화를 이끌어 내었고, 공동체의 새 출발을 가능하게 했다.

에스라의 활동이 보여주는 네 가지 특징은 곧바로 '하나님과 이웃과의 관계 회복'이라는 '인간 회복의 길'로 연결된다. 그의 활동은 하나님과의 관계 회복이 어떻게 일어나며, 하나님과의 관계 회복은 어떠한 모습으로 나타나야 하는가를 보여주기 때문이다. 말씀과 기도가 인간 회복의 출발점이자 동력이며, 구체적 실행과 공동체적 행동을 통해서 '하나님과 이웃과의 관계 회복'이라는 '인간 회복'이 입증된다.

5. 나가는 말

지금까지 에스라의 삶을 통해 '하나님과 이웃과의 관계 회복'이라는 차원에서 '인간 회복의 길'을 살펴보았다. 에스라의 삶은 그가 보여준 리더십과 활동을 통해서 조망되었다. 하지만 이 모든 것 이면에는 '에스라'라는 한 사람이 있었다. 이것은 '인간 회복'이나 '역사의 변화'와 같은 큰 주제의 사건에 한 사람의 의미가 얼마나 큰 가를 절감하게 한다.[18] 오늘날 우리 시대에도 에스라와 같은 리더십과 활동을 보여줄 한 사람을 기대하고 있으며, 우리 각 사람은 에스라와 같은 리더십과 활동을 보여주길 요청받고 있다.

---

[18] 후기 유대교는 에스라를 '제2의 모세'로서 느헤미야와 85명으로 구성된 조직(느 8-10장)의 배후에서 정경을 창시한 자라고 칭송되기도 하며(R. 알베르츠, 『이스라엘 종교사 II』, 200, 각주 37번), 오경의 정경화를 이루고 유대교가 생성되게 하는 "유대교의 설계자"로 인정되기도 한다(B. W. 앤더슨, 『구약성서 탐구』, 748).

4. 에스라와 교회의 회복

최현준 교수(대전신학대학교)

1. 들어가는 말

이제까지 한국교회는 세계 어느 나라에서도 유래가 없는 성장을 경험하였다. 세계 수많은 민족들이 한국교회의 성장을 배우려고 몰려들기도 했다. 그러나 2000년대부터 한국교회는 심각한 교인수의 감소를 경험하고 있으며, 올해 일어난 코로나19 사태는 더욱 한국교회를 위축시키고 교회의 미래를 더욱 암담하게 하고 있다. 2000년대 초부터 교세가 위축되는 상황을 인지하기 시작한 한국교회는 교회의 갱신과 부흥을 외치기 시작했고 교회의 부흥을 위해 다양한 대안과 방법을 제시해 왔다. 그러나 불행하게도 어떤 대안과 방법도 실효성 있는 결과를 가져오지 못한 것도 한국교회의 현주소라고 판단된다.

우리는 이런 교회의 위기 상황 속에서 탈출구를 찾아야 하는데 그 하나의 제안으로 구약성경의 에스라를 통해 그 대안을 모색해 볼 수가 있다. 왜냐하면 에스라는 이스라엘이 겪었던 바벨론 포로기라는 위기 속에서 어떻게 이스라엘 공동체를 회복할 수 있을까 고민했던 사람이었고, 고민에 머무르지 않고 구체적 대안을 제시하고 실천했던 개혁가였기 때문이다. 이에 본 소고는 에스라가 행했던 개혁의 내용을 살펴보고 그것이 가지는 종교적 의의가 무엇인지 생각해 봄으로써 오늘날 한국교회가 처한 어려움을 극복할 대안을 모색해 보고자 한다.

2. 에스라와 종교개혁

남유다가 바벨론의 느부갓네살에 의해 멸망한 후 포로로 끌려간 지 70년이 지나 바사의 왕 고레스는 주전 538년에 조서를 내려 스룹바벨을 예루살렘의 총독으로 임명하고 그와 함께 유다 백성들이 고국으로 돌려보내 성전을 재건토록 한다(스 1:1-4). 1차로 귀국한 백성들에 의해 성전의 재건은 주전 516년에 여러 어려움을 겪으며 완공되었다(스 6:13-15). 그 후 주전 458년인 바사제국의 아닥사스다 왕 제7년에 약 1775명의 백성들의 2차 귀환이 있었다(스 8:1~20). 에스라는 2차 귀환의 주역으로(스 7:12~13) 고국에 돌아왔는데, 율법에 능한 자로서 예루살렘 멸망시의 대제사장이었던 스라야의 후손이었다(스 7:12-13, 왕하 25:18).

사실 고레스가 허락한 유대 백성들의 귀환은 야훼 신앙적인 관점에서는 하나님의 역사하심이었음이 분명하지만, 당시 바벨론은 거대한 제국을 이루었고 많은 나라들을 속국으로 지배하였으나 그 광활한 영토를 모두 관리한다는 것을 현실적으로 불가능한 일이었다. 따라서 효율적인 통치를 위해 자신들의 군사를 주둔시키는 대신 각 속국의 정치 제도나 종교를 인정하고 자치적으로 통제할 수 있는 정책을 적용시켰다. 이는 강제로 데리고 온 각국의 포로들을 그들의 나라로 돌아가도록 하여 바사에 조공을 바치게 하는 통치방식이었다.

에스라의 보고에 따르면 1차 귀환 때 스룹바벨이 42,360명의 이스라엘 백성들을 이끌고 예루살렘에 돌아왔으며, 이들이 가장 먼저 했던 일은 느부갓네살에 의해 파괴된 야훼의 성전을 다시 세우는 일이었다. 출애굽 한 이스라엘 백성들이 우선적으로 성막을 완성한 것처럼, 바벨론에서 귀환한 백성도 오직 성전 건축을 열망하던 신앙적 이상주의자들이었다. 귀환한 백성들은 옛 성전이 있던 터 위에 단을 세우고, 아침과 저녁으로 번제를 드리고 초막절을 지키고 성전 지을 준비를 하였다(스 2:64, 3:1-7). 이들은 귀환 후 둘째 달에 마침내 성전의 지대를 놓고 성전 건축 역사를 시작하였다(스 3:8-13). 그러나 사마리아인들이 집요하게 성전 재건을 방해했기 때문에 성전 건축은 중단되고 말았다. 왕에게 조언을 하던 자들이 사마리아 사람들에게 뇌물을 받고 유대인들을 참소했기 때문이었다(스 4:5). 그 후 성전 건축은 약 16년 동안 중단되었다가 선지자 학개와 스가랴의 격려와 이에 감동한 스룹바벨과 여호수아를 비롯한 백성들에 의해 다리오 왕 제2년 6월 24일에 재개되었다(스 5:1-2, 학 1:14-15, 슥 4:6-10). 그리고 마침내 다리오 왕 제 6년 아달월 3일에 성전이 완성되고 봉헌되었다(스 15-18).

스룹바벨 성전이 완성된 후 아닥사스다 왕은 많은 보화와 왕의 자문관 일곱 명을 함께 보내며, 에스라로 하여금 예루살렘에 거하는 백성들의 형편을 살펴보라는 조서를 내렸다(스 7:14). 에스라는 그해 1월 12일 바벨론의 아하와 강을 떠나 4개월만인 5월 1일 예루살렘에 도착하였다(스 7:9; 8:31). 에스라는 백성들과 함께 금식하며(스 8:21) 하나님께 평안을 구했고, 하나님께서는 선하신 손들의 도움과, 대적과 길에 매복한 자의 손에서 그들을 지켜주셨다(스 8:21, 8:31). 예루살렘에 도착한 에스라는 그 곳 관원들로부터 백성들이 이방 여인들과 통혼한다는 보고를 듣고, 통곡하며 회개하고 백성들 가운데서 끊어지게 하는 개혁을 단행하였다(스 7:3, 7:9, 10:9, 9~10장). 에스라는 그해 10월 1일부터 석 달간 제사장, 레위인, 노래하는 자, 이스라엘 중에서 이방 여인과 통혼한 자들에 대한 조사를 마치고 그 명단을 상세히 공개하였다. 그들 중에는 대제사장 예수아의 친아들과 조카들 마저도 포함되어 있었다(스 10:18).

에스라가 예루살렘에 귀환한 후 실행했던 개혁은 다음의 세 가지 측면에서 이루어진 개혁이었다.

1) 에스라의 개혁: 땅과 성전의 회복

바벨론 포로로 잡혀갔던 이스라엘 백성들에게는 예루살렘으로의 귀환은 노예로 억압받던 이스라엘 민족을 구원하셨던 출애굽 사건에 견주는 하나님의 구원의 사역이라고 믿었다. 성경의 '젖과 꿀이 흐르는 땅'(민 16:13)이라는 표현은 고대 근동의 문학적 표현으로서 고라 자손이 광야에서 애굽으로부터 그들을 이끌었던 모세를 향해 불평할 때 애굽을 묘사했던 말이었다. 고대 근동에서 땅의 개념은 신이 인간에게 내린 축복이자 권한의 상징이었다. 예를 들어, 하나님께서 세상을 창조하시고 그들을 위해 준비하신 것이 에덴 동산이었다. 에덴은 하나님이 당신이 창조하신 인간에게 그들이 다스리며 누릴 수 있도록 허락하신 특권의 공간이었으며, 그 곳에서 그들은 하나님의 명령에 순종하며 그가 허락하신 모든 것들을 누리며 살 수 있었다. 따라서 성서에서 땅은 토지이나 토질의 개념을 의미하는 것이 아니라 이스라엘 백성들의 여호와 하나님과 관계적 관점에서 이해해야 한다. 에덴은 단순한 땅의 개념이 아니라 하나님이 이루시는 하나님 나라의 상징이다. 이스라엘 백성들이 돌아온 가나안 땅은 이스라엘에게 주신 하나님의 선물이었다. 폰라트가 육경적 관점에서 가나안을 '여호와의 주신 땅'과 '언약의 땅'이라는 표현이야말로 가장 중요한 신학적 사상이라고 보았던 것처럼 구약성서에서 땅은 구약사상에 있어서 중심을 차지하는 개념 중 하나이다. 아브라함에게 "내가 네게 보여줄 땅으로 가라"(창 12:1)라고 말씀으로부터 시작하여 족장의 이야기는 땅의 약속에 관한 것이었고, 출애굽과 38년간의 광야의 생활도 궁극적으로 가나안 땅을 들어가기 위한 준비과정이었으며, 가나안 정복과 땅의 분배, 그리고 왕정 시대는 하나님이 주신 축복의 땅을 어떻게 상실하게 되었는가를 보여주고 있다. 바벨론에 의해 멸망 후 예언자들의 입을 통해 하나님은 죄를 범한 이스라엘을 용서하시기 원하시고 그들을 속죄하시기 원하신다고 말씀하신다. 에스겔이 보았던 예루살렘 성전에 떠났던 하나님의 영광이 다시 돌아오는 환상처럼 하나님은 당신의 백성을 포기하지 않으시고 반드시 하나님의 땅에서 당신의 나라를 다시 회복하실 것이라는 믿음을 이스라엘은 지키고 있었고 스룹바벨의 귀환으로 그 이상은 현실이 된 것이다(겔 43:1-5).

이스라엘 백성들이 회복된 땅으로 돌아오자마자 했던 일은 성전을 다시 세우는 일이었다. 그들이 돌아온 땅은 하나님이 약속하신 땅이며 그들에게 주신 축복의 상징이었다. 땅의 회복은 곧 그 땅의 주인 되시는 하나님과의 관계가 회복될 기회가 주어졌음을 의미하는 것이었다. 성전의 회복은 이스라엘의 죄로 인해 단절되었던 하나님과의 관계가 회복되는 영적 사건이다. 성전의 파괴는 단순히 건물이 파괴되는 사건이 아니었다. 이스라엘의 하나님이 거하시는 거룩한 장소가 파괴되는 것이었고, 하나님의 거룩한 집을 지켜내지 못한 이스라엘의 신앙적 실패를 의미하는 것이다. 따라서 이스라엘 백성들을 성전을 다시 세움으로서 그들을 돌아오게 은혜를 베푸신 하나님과의 영적 관계를 회복되길 소망했던 것이다.

2) 에스라의 종교개혁: 사람의 회복

(1) 지도자의 회복: 회개하는 마음

에스라는 율법에 정통한 학자일 뿐만 아니라, 그는 혈통적으로도 아론의 후손이요 사독 계열의 제사장이었다. 그는 이스라엘 백성 귀환을 이끌 직무를 맡을 정도로 신임을 받는 원칙에 매우 철저하고 하나님의 법도대로 살려고 하는 의지가 투철한 사람이었다(스 7:6). 그리고 율법에 익숙한 학사이며 제사장이면서 율법을 꾸준히 연구하면 실천하는 사람이었다(스 7:10). 또한 에스라는 자신이 연구한 율법을 백성에게 가르쳐 그들의 잘못을 깨닫게 하고 회개케 하여 율법을 따라 살도록 훈육하는 교육자였다(스 10장, 느 8장). 또한 그는 귀환할 때 바사 왕의 도움을 거절하고 온전히 하나님만 의지하여 행한 성실한 믿음의 소유자요 자신의 영적 상태에 대하여 만족하지 않고 늘 하나님의 뜻과 일치되는 삶을 살기 위하여 끊임없이 노력하는 영적인 사람이었다(스 8:21-23). 그래서 그가 그의 백성과 함께 귀환하려고 할 때에 그들이 가지고 가는 많은 재물과 보물 때문에 혹시 이주하는 도중에 노략을 당할 위험이 있어서 왕에게 함께 동행 해 줄 군사를 요청할 마음이 있었으나, 에스라는 그러한 시도를 포기하였던 것이다. 왜냐하면 이전에 그가 왕에게 우리 하나님의 손은 자기를 찾는 모든 자에게 선을 베푸신다고 하였기 때문에 길에서 적군을 막고 우리를 도울 보병과 마병을 왕에게 구하기를 부끄러워했던 것이다(스 8:22).

에스라의 이러한 성품과 신앙 때문에 그가 아닥사스다의 귀환 명령에 따라 이스라엘 땅으로 돌아가서 나라의 회복과 개혁을 시작하려고 마음을 작정한 다음에 가장 먼저 한 일은 자신의 죄를 회개하는 것이었다. 그는 "나의 하나님이여, 내가 부끄럽고 낯이 뜨거워서 감히 나의 하나님을 향하여 얼굴을 들지 못하오니 이는 우리 죄악이 많아 정수리에 넘치고, 우리 허물이 커서 하늘에 미침이니이다"라고 하나님 앞에 회개했다(스 9:6). 모세나 다니엘이나 위대한 지도자들의 공통점은 언제나 백성들의 죄를 자신의 죄로 여겼다는 점이다. 에스라는 자신의 죄에 대한 회개에 머무르지 않고 그가 이끄는 이스라엘 백성들의 죄도 자신의 죄로 여겨 하나님께 회개하는 참된 지도자였다(스 9:1-15).

이스라엘 백성이 고집하여 왕정 제도를 선택한 이후 세워진 왕들은 먼저 다른 신들을 섬기며 하나님의 뜻을 저버리는 종교적 죄악을 저질렀으며, 정치적으로도 많은 악행을 저질렀다고 구약성서는 기록하고 있다. 이로 인해 사회적이고 경제적인 불평등 속에 백성들은 끊임없이 고통에 시달려야만 했다. 구약의 역사서를 통해 신명기 사가는 이스라엘이 왕정 제도를 선택하는 것은 하나님을 버리는 행위였으며 왕정 제도가 끼칠 폐해가 어떤 것인지 구체적으로 설명함으로써 그들의 왕정 제도에 대한 신학적 입장을 분명하게 보여주었다(삼상 8장). 그들에게 있어서 신앙적 본질의 차원에서 참된 이스라엘의 왕은 하나님 한분이시다. 인간으로서 왕은 하나님이 택하신 기름 부음 받은 종으로 야훼 신앙을 수호하며 하나님의 뜻에 따라 백성들을 다스리는 목자요 중보자로 이해했다. 그러나 왕정 제도가 실패로 끝난 이유는 하나님께서 원하시는 왕의 개념을 이해하지 못한 왕들이 하나님 앞에 범죄하고 회개치 않은 결과였고, 더 나아가 나라의 멸망이라는 엄청난 재난을 경험하게 되었던 것이다. 바벨론 포로기를 거치면서 이스라엘의 예언자들은 나라의 멸망의 원인이 전적으로 신앙적 타락에 있음을 지적하며 진정한 이스라엘의 지도자가 나타나기를 소망하였다.

에스라는 이러한 진정성을 가진 신앙적 지도자의 부재 가운데 출현한 사람이었다. 그는 이스라엘의 귀환을 이끌었던 사람이었고 하나님의 율법에 해박한 지식을 가진 율법사로서 제사장으로서의 모습을 갖춘 거룩한 사람이었으며, 하나님의 백성을 회복하기 위해 종교개혁을 실천했던 개혁가였다. 그는 하나님 앞에서 뿐만 아니라 백성들의 죄를 위해 회개하는 진정한 신앙인이었다. 에스라가 이렇게 행할 수 있었던 것은 무엇이 야훼 신앙의 본질이며 이 진리를 이해하는 진실한 지도자였기 때문이라고 생각된다.

(2) 백성의 회복: 거룩한 백성

에스라가 귀환 후 했던 개혁의 중심에는 하나님 백성의 회복이라는 목표가 있었다. 에스라가 돌아왔을 때 그에게 보였던 문제는 이스라엘 백성들이 하나님께서 금하신 이방 여인들을 취하여 아내로 삼고 자식들을 낳은 것이었다. 이로 인해 에스라는 금식하며 유다와 예루살렘의 백성들에게 예루살렘으로 3일 내에 모이라고 공포하였고, 만일 순종치 않으면 그들의 재산을 적몰하고 사로잡혔던 모임에서 추방시키겠다고 했다(스 10:6-8). 여기서 재산을 적몰한다는 말은 히브리어의 하람(חרם)이라는 단어이다. 이 단어가 가지는 의미는 종교적이지만, 원래 이는 에스라가 아닥사스다 왕으로부터 부여받은 사법적 권한이었다(스 7:26). 왕의 명령을 거역하는 자는 그의 재산을 몰수할 수 있다는 것이다. 그러나 여기에서의 '적몰'이라는 단어가 가지는 의미는 단순히 7장 26절에서 사용한 벌금에 해당하는 에노쉬(ענש)와는 원어상 다르다.

'적몰'이라는 말의 의미는 단순한 재산의 압수 내지 벌금의 의미가 아닌 강력한 종교적 의미를 갖는다. 하나님께 신앙적으로 범죄 한 사람의 재산은 빼앗는데 그치지 않고 그것을 불태워 완전히 소멸시켜 버리고, 그것이 사람과 가축이라면 모두 죽여서 그 죗값을 치르게 한다는 의미이다. 에스라는 아닥사스다 왕으로부터 받은 세속적 사법적 권한을 종교적 차원으로 적용시켰던 것이다. 또한 '사로잡혔던 자의 모임에서 쫓아내리라'는 의미는 히브리어로 바달(בדל)이라는 어근에서 파생된 재귀 형태로 본질상 서로 조화할 수 없는 것으로 간주 되서 철저히 분리 되어 진다라는 종교적 의미로 보아야 한다. 따라서 이것 역시 에스라가 바사의 왕으로부터 부여받은 사법적 권한을 종교적으로 사용한 예라고 볼 수 있다. 즉 하나님의 백성은 하나님께 속한 자들이며 그의 구원의 은혜를 입은 자들이다. 따라서 그들은 이 방인들과는 구분되는 거룩한 백성으로서 살아야 하는 존재들이었다. 그러나 에스라는 이방인들을 취한 이들을 하나님의 자녀로 인정할 수 없으며 하나님의 구원에서 제외된 존재들로 보았던 것이다. 따라서 이들은 성전 제사에 참여할 수 없으며, 이스라엘 공동체의 한 일원으로서의 권리가 박탈된 사람들로 간주하였다.

이러한 죄악을 앞장서서 저지른 사람들은 유다의 방백들과 고관들이었다(스 9:2). 에스라는 이 일에 대하여 백성들에 관해 통회하며 회개하고 방백들과 장로들과 함께 과감한 개혁을 실행한다. 그의 개혁은 매우 조직적이며 구체적이었다. 우선 이방인들과 결혼한 자들의 명단을 자세히 작성하고, 그 이방인 아내들과 자식들을 그들의 나라로 돌려보내는 개혁을 시작하였다(스 10:18~44). 에스라가 종족을 따라 가기 지명된 족장 몇 사람을 위임하고 이방인들과 결혼한 자들의 수를 조사하게 했고 3개월 만에 조사를 마쳤다. 이방인들과 통혼한 자들은 제사장 자손 중에서 18명, 레위 사람 중에서 10명, 평민 가운데서 86명, 도합 114명이었다(10:16-44). 이방인들이라 해도 오랫동안 산 아내와 자신이 낳은 자녀들을 추방한다는 것은 심히 고통스러운 일이었을 것이다. 그러나 그들과 결별하기로 한 것은 이방인과의 통혼이 하나님이 금하신 죄이기에 하나님 앞에 바로 서기 위한 결단이었다. 이방 여인을 취하는 것은 율법에 금한 행위였다(출 34:16, 신 7:3-4). 이방인과의 통혼을 금지한 이유는 솔로몬의 경우에서 보듯이 그들을 통해 우상을 숭배하는 유혹이 시작된다는 것과 그들의 이교적인 관습과 풍속에 물들게 됨으로써 하나님으로부터 멀어지기 때문이다. 에스라의 개혁은 이스라엘 백성들이 하나님 앞에 신앙적인 정통성과 거룩성을 회복하기 위해서는 이방인들과의 통혼을 청산해야 한다는 종교적 신념에서 비롯된 것이었다.

(3) 에스라의 종교개혁: 말씀의 회복

에스라는 제사장이었고 율법학자였다(스 7:12). 그는 아닥사스다왕도 에스라를 하나님의 율법에 완전한 학자였다라고 평가하였으며, 탈무드에는 에스라를 모세보다 먼저 태어났다면 토라를 받았을 만큼 훌륭한 자라고 할 정도로 높이 평가하였다. 이스라엘 백성들이 바벨론 포로에서 예루살렘으로 돌아왔을 때 그들은 영적으로 매우 침체되어 있었다. 이스라엘 백성들은 수문 앞 광장에 모여 율법학자 에스라에게 하나님이 모세에게 주신 율법책을 가져와 읽어달라고 요청한다. 그가 나무 강단에 높이 서서 율법책을 펴고 위대하신 하나님 여호와를 찬양하자 모든 백성들은 아멘하며 응답하였고, 그들은 얼굴을 땅에 대고 엎드려 여호와를 경배하는 역사가 일어났다. 또한 에스라가 그 율법책을 읽을 때 백성들이 말씀을 듣고 울었고 우는 그들을 향해 에스라와 백성을 가르치는 레위 사람들이 하나님의 성일이니 슬퍼하지 말며 울지 말라고 하였다(느 8:1-12). 율법 선포를 통해 백성들의 회개의 역사가 나타나자 말씀을 낭독하던 에스라와 레위 사람들은 그들을 격려하였던 것이다. 그러자 백성들은 각자 집으로 돌아가 기쁘게 절기를 지키며 음식을 나누어 먹으며 크게 즐거워하였는데 이는 그들에게 들린 율법의 말씀을 깨달은 까닭이었다(느 8:12). 이튿날에는 백성들의 족장들과 제사장들과 레위 사람들이 율법책에 적힌 말씀을 알고자 학사 에스라에게 모여들었다. 그들은 더 깊이 율법을 배우기 원했고, 그 율법책을 통하여 그들은 여호와께서 모세에게 명령하신 칠월 절기에 초막에 거해야 하다는 것을 알게 되었다. 따라서 그들은 모든 성읍과 예루살렘에 "너희는 산에 가서 감람나무 가지와 들감람나무 가지와 화석류나무 가지와 종려나무 가지와 기타 무성한 나무 가지를 가져다가 기록한 바를 따라 초막을 지으라"라고 공포하였다(느 8:15). 백성들은 이에 나가서 나무 가지를 취하여 초막을 짓고 그 안에 거하니 눈의 아들 여호수아 때로부터 그 날까지 이스라엘 자손이 이같이 행함이 없었으므로 이에 크게 즐거워하며 에스라는 첫날부터 끝 날까지 날마다 하나님의 율법책을 낭독하고 무리는 칠일 동안 절기를 지키고 제 팔일에 규례를 따라 성회를 열었다(느 8:16-18). 이 절기의 절정은 느헤미야 9장에 나오는 계약 갱신에 있었다. 에스라의 율법 낭독과 가르침을 통해 유다의 멸망과 바벨론 포로 생활의 원인이 하나님과의 계약을 파기한 자신들에게 있음을 깨달은 백성들은 하나님 앞에 자신들의 죄를 고백하였고, 에스라는 중재자로서 아브라함 때부터 계획하시고 인도하신 하나님의 은혜를 기억하며 찬양하고 기도드린 후 하나님과의 계약을 갱신을 선포하는 말로 끝을 맺었다(느 9:38). 더 나아가 백성들의 대표들이 서명했고 나머지 백성들은 마음을 합하여 모세를 통해 주신 하나님의 율법 안에서 행하기로 맹세하고, 그 언약을 어기면 저주의 벌을 받겠다고 맹세하고 계약을 갱신하였다(느 10장).

에스라의 개혁의 핵심은 성전의 회복과 하나님께 속한 거룩한 백성의 회복, 그리고 백성들을 말씀(율법)으로 깨우치는 것이었다. 에스라는 자신 스스로 율법을 연구하는데 그치지 않고 그것을 백성들이 깨닫도록 돕고 가르쳤다. 그는 말씀(율법)을 통해 백성들을 변화시키려 했고 실제로 변화를 이끌어 냈던 것이다. 이는 이스라엘이 율법을 중심으로 살아가는 신앙 공동체로 거듭나는 사건이었으며 말씀(율법)이 회복되는 사건이었다.

에스라가 가졌던 개혁의 목표는 율법을 중심으로 한 이스라엘 신앙 공동체를 만드는 것이었다. 예루살렘 귀환 후 재건한 성전이 이스라엘에게 제의와 함께 모일 수 있는 장소로서의 역할은 했지만 사실상 이전의 이스라엘 가졌던 국가로서의 지위를 회복시켜 주지는 못했다. 이스라엘은 더 이상 국가로서의 면모를 가지고 있지 못했다. 다만, 율법은 페르시아의 허락을 받아 백성들에게 주어진 것이었기 때문에 이스라엘 백성들은 비록 정치적으로는 페르시아에 귀속되어 있었지만 그들은 하나님의 법에 따라 스스로 내적 문제들을 해결할 수 있는 공동체를 형성하는 데는 성공할 수 있었다. 이때부터 이스라엘은 율법중심의 공동체로 존속하였고, 그들이 어디에 있든지 하나님의 말씀을 중심으로 하는 신앙 공동체를 존속할 수 있게 된 것이다.

3. 에스라의 개혁을 통해 배우는 한국교회의 회복을 위한 교훈

에스라의 개혁의 핵심은 회복이었다. 회복은 에스라가 추구했던 신앙적 핵심이었으며 삶의 목적이었다. 포로 귀환 후 이스라엘이 처한 상황은 신학적 이상과는 거리가 멀었다. 귀환자들이 가지고 있던 회복의 희망은 희망이었을 뿐 현실은 너무나도 냉정한 것이었다. 이런 상황 속에서 에스라가 그의 개혁을 통해 추구했던 것은 하나님 백성이 가져야 할 본질의 회복이었다. 본 저자는 에스라가 추구한 개혁을 통해 작금의 한국교회를 평가해보고 어떻게 하면 신앙적 본질을 회복할 수 있을지 그 해결점을 제안해보고자 한다.

1) 교회의 회복

수많은 사람들이 한국교회의 모습을 보면서 공통으로 지적하는 것이 있는데 오늘날 한국교회는 성경이 말하는 본질을 상실했다는 점이다. 어떤 이들은 더 나아가 한국교회는 자신의 문제를 문제라고 인지조차 못하는 위기상태에 이르렀다고 말하기도 한다. 유해룡은 오늘 한국교회는 이중적인 위기에 처해 있다고 말한다. 첫째는 교회외적인 요인으로 인한 급변하는 문화적 시대사조이고, 두 번째는 교회 내적인 요인으로써 급변하는 시대사조에 교회가 적절하게 대응하지 못한데 있다는 것이다.[1] 한국교회는 급변하는 사회에 지나치게 반응해왔다. 지나친 개인주의와 다원주의는 교회 안에까지 깊숙이 영향을 미치고 있다. 교회가 가지고 있는 본질적인 성격은 신실한 예배와 기도, 교회에 대한 소속감, 교회 구성원들 간의 깊은 교제, 그리고 교회의 머리되신 그리스도에 대한 순종과 헌신이라고 할 수 있다. 그러나 세속적인 가치관이 교회 안에도 팽배해 지면서 교회는 교회로서의 참된 모습을 더 이상 지키지 못하는 상태가 되었다. 개인주의로 인해 교인들은 교회 안에서 익명성과 편의성을 요구하면서 적극적인

---

[1] 유해룡, "교회의 위기와 복음 선포에 대한 고찰," 「장신논단」 46(2014.3), 150.

신앙생활을 거부하는 모습을 보이고 있으며, 대형 교회가 가지는 이러한 성향을 선호하여 교회 간의 교인들의 이동이 잦아지게 되었다. 그리고 다원주의의 영향으로 하나님의 절대적 주권이 위협받게 되었고 더 나아가 하나님이 세우신 교회 지도자들의 권위 또한 무너져 가고 있는 것이 현실이다. 이러한 교회 내외적 요인들은 교회의 본질인 말씀이 권위를 떨어지고 영성에 대한 관심과 열정이 사라지게 만들어 하나님의 권위조차 인정하지 않는 상황에 이르게 만들었다. 오늘날의 교회의 문제는 교회를 세우고 이끌어 가는 모습에서도 잘 드러난다. 교회는 그리스도를 섬기는 이들의 공동체이며, 영적 교제의 모임이라는 본질을 추구하기보다 교회를 경영학적 개념으로 이해하여 효율적인 조직을 기반으로 하는 세속적 기업의 구조를 추구하며, 투자와 수익이라는 경제적 원리를 적용해서 운영하려 한다. 그리고 교회의 재정을 교회의 본질인 선교와 구제에 쓰기보다 빚을 져가며 초현대식 건물과 시설을 갖춰 교인들을 끌어들이는 수단으로 삼고 있는 모습을 쉽게 찾아볼 수 있다.

이러한 교회의 가치관 변화는 종말론적 신앙을 추구하기보다 어떤 교회에 구성원이 되었을 때 내게 어떤 유익이 주어지는지가 교회를 선택하는 기준이 되게 하고 내세적 신앙이 아닌 지금 자신의 삶에 만족하기 원하는 현세적 신앙을 추구하게 만들었다 생각한다. 더 이상 성경적이고 교회다운 교회로 사람들이 오게 될 것이라는 희망조차 갖지 못하게 된 것이다. 신앙적 열심과 열정으로 시작한 개척교회 목회자는 몇 년이 지나면 신용불량자가 되는 모습을 많이 보았다. 열정만으로 하는 목회는 성공할 수 없다는 수식이 생겨났다.

이스라엘 백성들이 바벨론 포로에서 해방되어 예루살렘에 귀환한 후 먼저 했던 일은 성전을 다시 세우는 일이었다. 비록 이방의 왕의 명령이었지만 성전을 세우는 일은 이스라엘 신앙 공동체를 회복하는 가장 중요한 일이라고 여겼기 때문이다. 성전은 하나님의 집이며 이스라엘 백성들이 하나님과 만나 교제하며 백성들이 서로 교제하는 곳이었다. 한국교회가 회복과 부흥을 원한다면 먼저 교회의 본질을 회복해야 한다. 교회가 교회다워야 한다. 교회는 건물의 화려함을 추구하는 것을 멈추고, 진정한 그리스도의 몸으로써의 교회를 만들고 하나님과 만나는 거룩한 성전으로 회복시켜야 한다. 그래야 한국교회는 회복될 수 있다.

2) 예배의 회복

오늘날 한국교회의 위기 중에 하나가 진정한 예배의 상실이다. 예배는 살아계신 인격적 하나님과 만나는 시간이며 사건이다. 한국교회는 지난 20여 년간 교회의 부흥을 위해 제자훈련, G12, 셀 목회 알파코스 등 다양한 프로그램에 사활을 걸었다고 해도 과언이 아닐 정도로 엄청난 투자를 해왔다. 그러나 그런 프로그램을 통해 성장한 교회는 소수일 뿐 수많은 목회자들은 그 프로그램들을 배우기 위해서 모든 에너지를 쏟아 부은 후 경험한 것은 허탈함이었다. 프로그램은 목회자들로 하여금 교인들에게 진정 필요한 것은 하나님을 만나는 예배라는 사실을 잊게 만들었다. 그런 프로그램들이 없었을 때도 예배만으로 하나님을 만날 수 있었고 인격과 삶이 변화되었다. 프로그램은 사람을 변화시킬 수 없다는 사실을 착각한 것이었다. 오늘처럼 교인의 숫자가 많지 않았을 때도 교인이라는 이유로 어려움을 당할 때도 세상 속에서 신앙인으로서 그것을 견디며 오히려 세상을 변화시키는 놀라운 역사가 있었다. 이사야는 하나님의 성전에서 기도하다가 하나님의 보좌를 보고 자신의 죄인 됨을 깨달았으며 하나님의 부르심을 받았다. 단한 번의 하나님과의 만남이 그의 인생을 바꿔놓은 것이다. 예배는 하나님을 기쁘시게 하기 위해 그 분 앞에 나아가는 행위이며 우리 자신의 죄를 용서받기 위해 그 분의 자비를 구하는 시간이다. 예배자는 최신 음향과 미디어 장치를 갖춘 교회에서 마치 공연을 보는 관객이 아니다. 그 예배 가운데 임재하시는 하나님을 만나야 하며 세상 속에서 살아갈 힘과 회복을 경험하는 시간이다.

예배 회복은 어떻게 하는가의 문제가 아니라 어떻게 본질을 깨닫는 가의 문제라고 생각한다. 내가 원하는 예배가 아니라 하나님이 우리에게 원하시는 예배가 무엇인지를 고민해야 한다. 창세기 4장의 가인과 아벨의 제사 이야기를 우리는 잘 알고 있다. 하나님은 아벨의 제사는 받으시고 가인의 제사는 받지 않으셨을 때 "아벨과 그의 제물은 받으셨으나 가인과 그의 재물은 받지 아니하신지라"라고 말씀하고 있다. 이 이야기의 초점은 그들이 드린 제물에 있지 않았고 그 제사를 드린 사람에게 있었다. "아벨과 그의 제물"이라고 기록하고 있는데 제사의 중심은 그 제물을 드리는 사람에게 있다는 것을 암시하고 있는 것이다. 따라서 예배의 본질은 형식에 있는 것이 아니라 예배를 드리고 있는 예배자 자신에게 있는 것이다. 오늘날 우리는 한국 교회의 예배 회복을 외치고 있다. 이를 위해 다양한 시도도 하고 있다. 그러나 우리가 진정한 예배의 회복을 원한다면 무엇을 하느냐를 고민하기보다 원점으로 돌아가 예배의 본질이 무엇이냐를 고민해야 한다. 예배의 본질은 밖으로 보이는 외형에 있는 것이 아니라 예배자 자신의 내면에 있다는 사실을 깨닫고 하나님과 인격적 만남을 추구하는 예배의 모델을 제시해야 한다고 생각한다.

3) 말씀의 회복

에스라는 학문에 깊은 통찰력을 가진 학자였다. 그는 백성에게 성경을 체계적으로 가르치면서 하나님의 율법과 말씀에 비추어 그들의 죄와 잘못된 점이 무엇인지를 구체적으로 명확하게 제시하였다. 에스라가 일하는 곳에는 어디에서나 말씀의 부흥이 있었다. 그리하여 그들의 부흥과 개혁은 모두 하나님의 말씀에 입각한 것이었기 때문에 거부하거나 핑계를 댈 수 없는 문제들이었다.

오늘날 한국교회에 미디어 기술의 발달로 넘쳐나는 설교의 홍수 속에 있다고 해도 과언이 아니다. 교인들은 장소에 구애받지 않고 어디서나 쉽게 설교를 접할 수가 있는 시대에 살고 있다. 그런데 역설적인 사실은 교인들의 삶 속에서 말씀이 사라져 가고 있다는 것이다. 학생들에게 지금 사역하고 있는 교회에서 성경 공부를 하고 있는 곳을 조사해 보면 그 숫자가 생각보다 소수라는 사실을 여러 번 확인한 경험이 있다. 전통적인 성경읽기 운동을 하는 교회들은 아직 많이 있지만, 설교 외에 성경을 가르치는 성경 공부를 하고 있는 교회는 많지 않다는 걸 의미한다. 오늘날 한국교회에서 나타나고 있는 말씀의 부재현상은 두 가지 원인에서 기인하며 이를 극복할 방안을 고민해야 한다고 생각한다.

첫째로, 말씀의 부재가 설교 강단에서부터 일어나고 있다는 것이다. 오늘날 설교 자체는 넘쳐나고 있지만 많은 설교학자들은 설교에서 성경 본문을 심도 있게 다루지 않는 문제를 지적하고 있다. 설교의 본문은 정하지만 정작 그 본문을 풀어 설명해 주지 않는 설교자들이 많다는 것이다. 성경 본문을 해석해주고 그 본문에서 발견되는 메시지를 전하는 것이 아니라 자신의 생각을 전하는데 시간을 할애하는 설교자들이 많음을 지적한다. 이는 설교자 자신이 성경 본문을 해석할 능력이 부족하던지 성경 본문 자체에 관심이 없다는 것으로 이해된다. 성경 본문이 실종된 설교는 설교자의 주관적 견해가 지배적일 수밖에 없으며 그러한 태도는 습관화될 수 있다는 위험성을 가진다는데 그 심각성이 있다. 강단의 말씀 선포는 본문의 맥락에 관한 충분한 숙고에서 출발해야 한다. 올바른 설교자는 본문이 전하는 본래의 메시지를 이해하기 위한 진지하고 엄격한 본문 분석과 연구에 전력을 다한다. 분석을 통해 발견한 메시지를 오늘의 삶에서 어떻게 적용할 것인가를 제시하고 실천의 단계까지 교인들을 견인하는 역할을 해야 한다. 이 단계의 작업이 간과되거나 소홀히 될 때 말씀의 진의가 쉽게 왜곡될 수 있다. 본문중심에 그 무게를 두게 될 때 복음이 왜곡되지 않게 된다. 복음의 가치는 성경에 담긴 의미를 고민하고 성찰함을 통해 우리가 살고 있는 환경을 파악하고 그것을 균형 있게 실천할 때에 나타난다. 오늘날 한국교회의 회복을 원한다면 강단의 말씀의 회복이 있어야 하며 말씀을 선포하는 목회자의 말씀에 대한 열정이 회복되어야 할 것이다.

둘째로, 오늘날 한국교회의 말씀을 회복하기 위해서는 성도들이 말씀을 사모하고 말씀의 진리를 깨닫기 위한 열정을 세워야 한다. 설교가 말씀을 선포하는데 초점이 있다면 선포된 말씀을 청종하는 교인들의 열심히 회복되어야 한다. 초대 한국교회의 부흥은 사경회를 통해서 시작되었고 오랫동안 성경을 배우기 위한 교인들의 열정은 지속되었다. 그러나 한국교회가 긴 시간 프로그램에 집중하는 동안 성경은 교인들의 삶의 중심에서 그 영향을 잃어가기 시작했다. 프로그램을 시행하기 위해서 온 교회는 말씀이 아닌 행사에 집중해야 했고 그 결과에만 집착해왔다. 무엇이 신앙의 본질인지를 판단하는 능력을 상실했던 것이다. 이는 교인들만의 잘못이 아니다. 그 바탕에는 프로그램에 자신의 목회의 사활이 걸려 있다는 목회자들의 잘못된 판단이 있었다. 말씀은 지식이 아닌 사람을 변화시키는 능력을 가진 복음을 담고 있다. 말씀이 없는 교회에는 성도들의 변화가 일어나지 않는다. 능력도 나타나기 어렵다. 쉽게 좌절하고 한번 번아웃(Burnout)되면 다시 회복되기 어렵고 심한 경우 신앙을 잃어버리게 된다. 따라서 이러한 환경 가운데 있는 교인들을 회복시키기 위해서는 말씀에 집중할 수 있는 환경을 회복시켜야 한다. 성경 공부 프로그램을 활성화시키는 것도 한 방법일 것이다. 이 프로그램은 말씀이 열정을 가진 목회자가 선제되어야 한다. 성경 공부는 목회자가 말씀에 대한 열정으로 연구하고 고민한 것들을 전하는 장이다. 이와 더불어 중요한 것은 말씀을 듣고 배우려는 열정의 변화가 필요하다. 말씀을 전하는 것도 중요하지만 진정한 변화는 말씀을 청종하는데서 시작된다. 마음의 문을 열고 말씀을 배우고 듣는 동안 우리는 자신의 삶을 들여다보게 되고 변화의 능력이 나타난다. 그래서 시편기자는 주의 말씀은 내 발에 등이요 내 길에 빛이라고 고백했던 것이다(시 119:105).

4. 나가는 말

오늘의 한국교회는 마치 가야할 길의 방향을 잃고 헤매는 모습으로 느껴진다. 수없이 한국교회의 재부흥을 외치고 있지만 실제로 그 변화는 나타나지 않고 제자리에서 쳇바퀴 돌고 있지는 않은가라고 생각이 든다. 교세는 자꾸 줄어드니 조급한 마음을 추스르기 어려운 모습들이 여기저기 보인다. 급할수록 본질로 돌아가야 한다. 에스라의 개혁은 본질을 찾아가는 몸부림이었다. 하나님 중심, 성전 중심, 말씀 중심의 신앙 공동체의 회복이 에스라가 꿈 꾼 개혁이었다. 우리 그리스도인에게 교회의 본질은 교회의 몸 되신 그리스도를 중심으로 하나님의 계시의 말씀에 집중하고 그 복음을 삶에서 실천하는 능력에 있다. 현재 한국교회가 잃어버린 것이 무엇인지를 깊이 성찰하고 작은 것에서부터 조금씩 회복을 위해 실천해 가는 노력이 절실하다.

5
에스라와 국가의 회복

민경진 교수(부산장신대학교)

1. 들어가는 말

'인문학'이라는 말이 세간에 유행이다. 이 단어는 라틴어 "스투디아 후마니타스"(studia humanitas)를 번역한 말이다. 인학(人學)이나 인간학(人間學) 대신 인문학(人文學)이라는 단어를 선택한 것은 인간은 각각 고유의 무늬[文]가 있음을 강조하려는 의도가 깔려 있었던 것 같다. 인간을 보편적 관점에서 두루뭉술하게 이해하지 않고 개개인의 특성을 주시하고 존중하려는 것이 인문학의 정신임을 겨냥한 단어 선택이다.

인간 고유의 개별성을 중시하여 상대방을 대하려는 인문학적 태도를 성경 본문에 대해서도 적용하면 큰 도움이 된다. 성경 본문들도 각각 자기의 고유한 무늬를 지니고 있기 때문이다. 다른 본문과 '차이' 있는 자신만의 목소리가 있다. 그래서 각 본문들은 독자들이 자신들의 이러한 고유한 특성을 존중해 주고 발견해 주길 기다리고 있다. 이런 시각에서 본문을 대하면 어느 본문 하나 새록새록 다가오지 않는 것이 없다. 이와 같은 태도는 성경 개별 본문만이 아니라 성경 각 책들의 차원에서도 견지 될 수 있다. 창세기나 시편 등의 개별 책들은 다른 책에서 찾을 수 없는 자신만의 독특한 메시지를 지닌다. 이 책은 저 책과 남다른 '차이'를 지닌다. 그리고 이 '차이'들은 조화를 이루어 성경 전체는 아름다운 하모니를 만들어 낸다. 따라서 각 권의 고유성을 파악하는 것은 성경 읽기의 기본이자 성경 전체의 메시지를 이해하는 지름길이 된다.

　에스라서 역시 이런 차원에서 접근해 볼 수 있다. 에스라서의 고유한 특성은 뭔가? 에스라서의 독특성에 대한 이 질문을 바꾸면 "우리에게 에스라서가 없다면 우리는 무엇을 모르게 될까?"가 된다. 즉각적으로 떠오르는 것만도 꽤 많다. 우선 에스라서에만 나오는 인명들이 많다. 가령 에스라서가 없으면 세스바살, 심새, 닷드내 등의 인물들에 대해 아무 것도 모르게 된다. 또한 제2의 모세로 불리는 에스라가 아론의 16대 자손이었다는 등의 에스라의 개인적 정보에 대해서도 알 수 없게 된다. 중요한 사건들은 더 많다. 가령, 에스라서가 없다면 바벨론 포로에서 돌아온 이후의 유다 역사는 그야말로 암흑시대가 될 뻔했다. 즉 에스라서가 없다면 우리는 제2의 성전인 스룹바벨 성전이 세워진 과정을 세밀히 알 수 없다. 얼마나 힘든 과정이 있었고 그 과정에서의 하나님의 도우심의 손길에 대해 우리는 전혀 모르게 된다. 힘든 과정을 거쳐 유다 사회의 '하드웨어' 격인 성전이 세워졌다. 하지만 성전 건축 후 유다는 하나님을 예배하는 공동체로서의 감동적인 이야기들을 이어가지 못했다. 곧 한 사회와 국가의 하드웨어 구축이 소프트웨어 구축까지 자연스럽게 이어지는 것은 아니라는 것도 에스라서를 통해 배우게 된다.

하지만 무엇보다 포로 지역에서 돌아온 직후의 혼란스런 국가 상황에서 하나님은 어떤 방식으로 현안들을 타개해 나가셨는가를 풍성히 보여준다는 점에서 에스라서는 오늘 우리에게 특히 중요한 책이 된다. 당시의 유다 사회는 여러 점에서 오늘 우리 한국 사회 및 교회현실과 유사한 점이 많기 때문이다. 갈등과 대립이 그렇고, 미래에 대한 비전 상실이 그렇고, 개혁 과제가 산적한 상황이 그렇다. 이에 현 시점에서 에스라서를 다시 톺아보는 것은 시의적절하고 큰 유익이 있을 것으로 생각된다. 이번 글에서는 과거 유다 사회가 어떻게 재건되었는가를 에스라서를 통해 살펴보고 이를 토대로 우리 한국교회는 한국 사회의 현 상황에 대해 어떤 대처와 기여를 할 수 있는가를 논의해 보려고 한다.

2. 포로기 이후 유다와 에스라서

1) 당시의 유다 상황

전체 열 장으로 구성된 에스라서는 두 부분으로 나뉜다. 앞부분(1~6장)은 바벨론에서 귀환하여 성전을 재건한 내용이다. 뒷부분(7~10장)은 유다에 파견되어 온 에스라가 유다 사회를 개혁하는 이야기이다. 연대적으로는 고레스 칙령에 근거해 귀환을 시작한 주전

538년경부터 에스라가 귀환한 주전 458년까지 약 80년 정도의 기간을 배경으로 하고 있다. 이 기간의 유다 사회에 대한 정보를 전해 주는 구약성경 내의 자료는 거의 없어, 그 내면의 모습을 파악하기가 쉽지 않다. 하지만 에스라서에 근거해 볼 때 이 기간 동안 유다가 놓였던 상황과 당면 과제를 아래와 같이 간추릴 수 있다.

(1) 정치적 측면

주전 587년 경 바벨론에 멸망당한 이후 유다 땅은 총독에 의해 통치되었다. 바벨론에 이어 페르시아가 새 제국이 된 이후에도 유다 지역은 총독에 의해 관할되었다. 일부 학자들은 당시의 유다의 영토가 축소되어 있었기에, 사마리아 속주에 병합되어 사마리아 총독이 유다 지역까지 관할했다고 본다. 곧 유다에는 독자적인 총독이 없었으며, 느헤미야가 총독으로 파견됐을 때 사마리아 총독이었던 산발랏이 느헤미야를 집요하게 공격한 것은 이런 연유였다고 본다. 하지만 유다가 사마리아에 병합되었다는 기록은 어느 곳에서도 찾아 볼 수 없다. 오히려 예루살렘 멸망 직후 느부갓네살이 그달랴를 총독으로 임명한 사실에서 볼 수 있는 대로(왕하 25:23) 사마리아 총독이 유다까지 관할한 것이 아니라 유다 지역만의 총독이 따로 선임 되었다고 보는 것이 더 설득력 있다. 느헤미야가 자신과 이전 총독들과의 차별성을 이야기하는 본문(느 5:14-15)도 이전의 총독들 역시 느헤미야처럼 유다 땅에 총독으로 파견됐었음을 보여준다.[1] 요컨대 예루살렘 멸

---

[1] Cf. Hugh G.M. Williamson, *Ezra and Nehemiah* (OTG; Sheffield:JSOT Press, 1987), 48-51.

망 이후 유다 땅은 제국이 임명한 총독에 의해 관할되어 왔으며, 에스라서 전반부에서 큰 역할을 하는 스룹바벨(스 3:2; 4:2)은 페르시아에서 임명된 총독이었다. 페르시아가 '총독' 체제를 유지한 것은 자국민을 규합시켜 여차하면 반란의 여지가 큰 왕정에 비해 속국 관리가 용이했기 때문이었다.

하지만 유대인들은 스룹바벨을 페르시아가 쉽게 임면할 수 있는 총독 이상의 의미를 부여했다. 스룹바벨이 누구인지 유대인들은 잘 알고 있었기 때문이다. 유다 왕국에 마지막으로 재위한 왕은 시드기야였지만 유대인들의 마음 속 진정한 왕은 여호야긴이었다. 여호야긴은 결사항전하다 포로로 바벨론에 잡혀간 반면(597년), 여호야긴의 숙부였던 시드기야는 예루살렘을 버리고 피신하다 붙잡혔기 때문이다(587년). 또한 에윌므로닥이 바벨론의 왕이 된 후 바벨론에서 37년 동안 옥고를 치른 여호야긴을 후대했다는 기록에 근거해 볼 때(왕하 25:27이하), 여호야긴은 최소한 주전 560년경까지는 생존했을 것이다. 포로 지역에 있던 유대인들에게는 자신들의 왕이 아직 건재한 셈이었으며, 추후에 다윗 왕국이 회복될 것이라는 희망이 퍼져 있었다. 바로 이 여호야긴의 손자였던 스룹바벨이 페르시아의 총독으로 임명받아 고국으로 돌아오게 됐으니, 유다의 회복을 기대해 왔던 이들에게는 스룹바벨이 범상치 않게 보였을 것이다.

유다로 돌아온 귀환자들은 유다 땅에 남아 있었던 이들과 힘을 합해 성전을 재건한다. 이 재건의 중심은 당연히 스룹바벨이다. 성전 지대를 놓고, 성전 건축을 진두지휘한다. 이에 당시 유다 사회는 성전을 지은 후 머지않아 스룹바벨을 중심으로 예전의 다윗 왕국의 영화를 회복하게 될 것이라는 기대로 가득했고, 이런 기대는 학개의 언급에도 반영되어 있다.[2] 스룹바벨을 향한 이런 기대가 과하다고 생각한 페르시아는 스룹바벨을 페르시아 제국의 위험 인물로 간주했고, 결국 스룹바벨은 그 이후의 역사에서 자취를 감춘다. 학자들은 통상 페르시아에 의해 거세된 것으로 추정한다.[3]

이런 우여곡절이 있었지만 학개와 스가랴의 권면과 유다 장로들의 역할에 힘입어 성전이 마침내 완공된다. 하지만 그 이상은 아니었다. '영토'와 '거주민'이 있고 신앙의 구심점이 될 '성전'까지는 확보됐지만 다윗 왕국과 같은 왕정체제를 목표로 페르시아를 설득해 내기에는 역부족이었다. 성전은 있지만 왕은 없이 지내야 하는 페르시아 속국의 유다, 이 불편한 정치 현실을 그대로 수용하는 현실적 선택을 해야 할 것이지, 아니면 제2의 스룹바벨과 같은 인물을 통해 다윗 왕가의 회복을 꿈꾸어야 하는지 선택해야 할 과제를 안고 있었다.

(2) 사회적 갈등

당시의 유다 사회는 갈등이 심화된 상태였다. 70여 년의 포로기간 동안 서로 다른 곳에 살았던 사람들이 만났기 때문이다. 70년 후에 돌아올 것이라는 예레미야의 예고가 현실이 되자, 시편 126편의 시인이 노래하듯 이들은 꿈꾸는 것 같았을 것이다. 부둥켜안고 울며 감사했을 것이다.

하지만 이런 기쁨과 감격이 서로를 향한 대립과 반목으로 바뀌는

---

[2] "너는 유다 총독 스룹바벨에게 말하여 이르라. 내가 하늘과 땅을 진동시킬 것이요, 여러 왕국들의 보좌를 엎을 것이요. 여러 나라의 세력을 멸할 것이요. 그 병거들과 그 탄 자를 엎드러뜨리리니 말과 그 탄 자가 각각 그의 동료의 칼에 엎드러지리라."(학 2:21-22)

[3] R. Kittel, *Geschichte des Volkes Israel III* (Stuttgart, 1929), 461ff.

데 오래 걸리지 않았다. 이른 바 유다 땅에 "남아있던 자들"과 "귀환한 자들" 사이의 현실적 갈등 때문이다. 한 동포임을 확인하고 즐거워할 겨를도 없이 '다름'이 쉽게 확인됐다. 언어가 달랐다. 문화도 달라 생각과 삶의 방식이 달랐다. 특히 신앙도 많이 달랐을 것이다. 큰 차이였지만, 한 민족이니 이런 차이는 시간이 지나면 극복될 수 있는 문제로 볼 수 있다. 하지만 더 심각한 문제가 있었다. 경제적 문제이다. 바벨론에 포로로 잡혀간 이들은 대부분 사회적 지도층 인사들이었다. 따라서 이들의 후손들인 귀환자들은 귀환한 후, 자신들의 조상이 예전에 소유하고 있었던 토지와 가옥의 소유권을 주장했다. 하지만 나라가 패망한 상태에서 남겨진 재산과 땅을 자신들의 몫이라고 생각하며 수십 년간 일구어 왔던 남아 있던 이들 역시 소유권이 자신들에게 있다고 주장했다. 이런 경제적 갈등은 한 마음으로 나라를 재건하는데 큰 걸림돌이 되었다.

남아있던 자들과 귀환한 자들 사이의 사회적 갈등뿐 아니라 제사장들과 레위인들 사이의 갈등도 역시 풀어야 할 해묵은 과제였다. 바벨론에서 귀환한 자들 명단이 실려 있는 에스라 2장에 의하면 제사장들의 귀환자 수는 4,289명인데 반해 레위인들은 74명에 불과했다. 또한 에스라와 함께 귀국한 이들이 전체 1,496명이었지만(스 8:3-14), 이들 중에 레위인은 한 명도 포함되어 있지 않았다. 에스라가 급히 수소문해서 귀국 행렬에 동참시킨 레위인은 결국 40여 명에 불과했다. 이런 상황은 제사장과 레위인 사이의 오랜 갈등과 대립의 한 단면을 보여준다. 레위인들 입장에서는 제사장들 주도로 이뤄지는 귀국 프로젝트에 굳이 적극적으로 참여하고 싶지 않았을 것이다.

요컨대 에스라서가 관계하는 이 시기의 유다 사회는 사회 경제적 갈등 및 계층 간 갈등이 심한 상태였다. 이 갈등이 하루아침에 쉽게 해소되지는 않았지만 결국 포로기 이후 새 공동체로 조금씩 다듬어져 갔다. 에스라서는 이 과정에서 어떤 일이 있었는가에 대한 소중한 정보를 제공하고 있다. 갈등 사회를 살아가고 있는 우리가 에스라서를 유념하고 읽어야 하는 이유이다.

(3) 어떤 공동체가 될 것인가?

당시의 유다 사회는 위에서 언급한 정치적, 경제적 현안 외에도 해결해야 할 또 다른 문제가 있었다. 민족의 정체성에 대한 문제였다. 성전이 있고, 사람은 있었다. 영토도 있었다. 하지만 그렇다고 국가다운 국가가 세워지는 것은 아니다. '존재'가 '의미'를 발생하기 위해서는 그 이상의 뭔가가 필요했다. 곧 "자신들은 누구인가?"하는 정체성과 "누구이어야 하는가?" 하는 미래 비전에 대한 답이 있어야 했다. 이런 점에서 당시는 심각한 상태였다. 바벨론에서 올라온 이들 중 여러 명은 보계(譜系)조차 확인 되지 않았다(스 2:59-60). 제사장들도 자신들의 계보를 확인해 주지 못하는 이들이 많았다(스 2:61-63). 심지어 사회 지도층 인사들 중 상당수는 주변국 여인들과 통혼관계에 있었다(스 9~10장). 이것은 민족의 순수성을 위협할 뿐 아니라, 신앙의 순수성 역시 위협하는 것이었다.

현실은 이런저런 고난과 갈등이 있을 수 있다. 하지만 미래는 그렇지 않을 것이라는 확신이 있어야 힘든 현실을 버틸 수 있는 동력이 생성된다. 당시의 유다 사회는 바로 이 점에서 비관적이었다. 성전 재건이 완성된 515년 이후 50년이 넘도록 이 기간 동안의 역사에 대해 성경은 아예 침묵하고 있는 것으로 볼 때 의미 있는 성과가 없었던 것 같다.[4] 성전이라는 하드웨어만 있었지, 이 하드웨어를 의미 있게 만들 소프트웨어가 부재한 상황이었다. 현실을 바꿀 힘도 없고, 미래의 대안을 마련할 의지도 없었던 이 유다를 하나님은 어떻게 바꾸고 새롭게 하셨는가를 엿보는 것은 에스라서로부터만 배울 수 있는 또 다른 특별한 기회이다.

2) 극복

우리는 위에서 에스라서가 관계하는 주전 538~458년경의 유다 사회가 직면한 상황에 대해 살펴보았다. 정치 현실은 기대와는 달리 여전히 페르시아의 속국의 상황이었다. 사회적 갈등과 대립은 격화되었고, 미래에 대한 비전을 상실한 채 하루하루를 연명하는 무의미한 삶의 연속이었다고 진단했다. 하지만 유다는 극복해 냈다. 그리고 후에 에스라가 율법을 읽어주자, 율법의 말씀 앞에 울며 새 공동체로 도약하게 된다(느 8~10장 참조).

이런 감동적인 일을 회고하며, 에스라서 저자는 어려운 정황을 신앙적으로 극복해 나갈 수 있었던 새로운 시각과 방법을 보여준다. 세 가지를 간추려 볼 수 있다. 첫째, 세상사에 대한 시각이다. 세상 역사는 결국 하나님에 의해 이끌려 진다는 점을 소개하며 이런 시각으로 세상을 대할 것을 요청한다. 이것을 수용하면, 우리 주변에서 벌어지는 많은 일들에 대해 초조하지 않고 여유 있는 태도를 견지할 수 있

---

4 에스라가 귀환한 것은 아닥사스다 제7년이므로 주전 458년의 일이다(스 7장). 성전 완공과 봉헌식이 주전 515년경의 일이었으니(스 6장) 격차는 57년의 시간차가 있지만 에스라서는 이 기간에 대해 전적으로 침묵하고 있다.

다. 둘째, 갈등은 구성원들이 공동의 목적을 지니고 추진할 때 극복될 수 있는데, 성전 재건은 바로 이에 대한 중요한 사례임을 보여준다. 마지막으로 에스라와 같은 바른 개혁자가 필요하며, 구성원들은 개혁자의 진심을 믿고 동참할 때 공동체가 회복될 수 있음을 가르쳐 준다. 아래에서는 이 세 가지를 부연해 보려 한다.

(1) 세상사를 보는 시각

우리가 사는 세상은 우리 기대와 다른 경우가 많다. 당시의 유다 사회도 마찬가지였다. 정치세력의 불균형은 인류 역사 이래 극복된 적이 없다. 강자가 있고 약자가 있다. 유다는 약자였다. 자신의 행동과 결정에 제약을 받는다는 점에서 그렇다. 절대 강자였던 페르시아가 허락하고 용인하는 범위 내에서의 자유만 주어져 있다. 바벨론에서 고국으로 돌아올 수 있었던 것도 페르시아 왕 고레스의 조서 덕분이다. 성전 건축 역시 고레스가 허락했기 때문이다. 의기투합해서 성전을 건축하고 있었지만 갑자기 중단됐다. 이것 역시 페르시아 왕이 그렇게 했기 때문이며, 성전 건축을 다시 재개할 수 있었던 것도 페르시아 왕이 허락했기 때문이다. 에스라 역시 마찬가지였다. 율법을 가르치겠다는 결심이 시행될 수 있었던 것도 아닥사스다 왕이 에스라를 유다에 파견했기 때문에 가능했다. 유다는 이 시대의 약자였고, 타인의 결정에 의한 제한된 삶을 살아야 했다.

생각해 보면 석연치 않은 구석이 있다. 하나님을 믿는 백성들의 혜택이 전혀 없어 보인다. 세상은 많이 변했지만, 유다 사회는 바벨론에서 페르시아로 지배자만 바뀌었을 뿐이다. 하지만 에스라서 저자는 하나님의 백성의 표지를 다른 데서 찾는다. 정치적 독립이나 경제적 부요함이 그 표지가 될 수 없음은 자명하다. 하나님의 백성이라도 당시의 국제 관계와 경제 질서 등의 영향에서 벗어날 수는 없다. 이런 엄연한 현실을 벗어날 수는 없지만, 다른 길을 택할 수는 있다. 곧 세상을 보는 시각을 바꾸는 일이다. 현재 일어나는 일에 대한 해석의 기술을 배우면 된다. 사실 우리의 해석에 따라 같은 사건이 천국이 될 수도 있고 지옥이 될 수도 있다. 주지하듯이, 성경을 읽는다는 것은 바로 이런 해석 능력을 기르는 것인데, 에스라서 역시 해석 능력의 중요성을 설파한다.

한 예를 들어 보자. 당시 고레스는 승승장구했다. 주변 강대국을 의외로 손쉽게 정복했고 마침내 바벨론마저 쉽게 점령했다. 이런 과정을 보며 고레스는 무슨 생각을 했을까. 아마 자신의 뛰어난 전술의 결과로 생각했을 것이고, 이를 보는 그의 부하들 역시 고레스의 역량을 찬양했을 것이다. 바벨론에 입성한 고레스는 곧바로 유대인들을 포함한 포로민들을 자국으로 돌려보내는 정책을 편다. 이른바 관용정책이다. 귀환을 허락해 줄 뿐 아니라 성전을 지을 재료까지 손에 쥐어 보낸다. 특히 느부갓네살이 예루살렘에서 강탈해 왔던 성전 그릇까지 유다로 가져가게 한다(스 1:1-10). 고레스가 성인군자가 아닐진대 이런 선의를 베풀 리가 없다. 겉으로 보기엔 관용을 베푼 것 같지만 정치적, 경제적인 노림수가 있었다. 페르시아에 충성을 서약한 유다인들은 당연히 변방의 수비를 맡아 주게 될 것이고, 경제를 일구어 많은 세금을 징수하게 할 목적이 깔려 있다.[5]

---

5 페르시아의 제국주의 정책에 관해서는 민경진, "아케메니드 정책과 에스라-느헤미야서", 「부산장신논총」6집(2006), 1-21쪽을 보라.

이런 고레스의 행위에 대해 에스라서 저자는 다른 시각을 제시한다. 에스라서의 첫 구절이다.

> 바사 왕 고레스 원년에 여호와께서 예레미야의 입을 통하여 하신 말씀을 이루게 하시려고 바사 왕 고레스의 마음을 감동시키시매 그가 온 나라에 공포도 하고 조서도 내려 이르되(스 1:1).

고레스는 자국의 이익에 따라 귀환 조서를 내렸지만, 그것은 '하나님'의 사건이었다고 저자는 해석한다. 고레스가 주변국을 쉽게 정복한 것은 그의 능력이 뛰어났기 때문이 아니라, 하나님께서 70년 전에 예레미야에게 말씀하셨던 것을 이루게 하기 위함이었다고 해석한다. 변두리 예언자로 살았던 예레미야의 말이었고 70년이란 세월이 지났기에, 어느 누구 하나 기억도 못하고 있을 그 약속의 성취로 고레스 사건을 이해하고 있는 것이다. 인간은 이 약속을 기억 못하고 있었지만, 당신의 말씀을 이루실 날을 기다리시던 하나님은 시간이 차자, 고레스가 바벨론을 정복한 바로 그 해 원년에 그 일을 즉각 행하신다. 이 일을 행하시기 위해 고레스 마음을 감동시키신다. 여기서 '감동'에 해당하는 히브리어 '우르'(עור)는 "휘젓다"(to stir up)는 뜻이다. 하나님이 고레스의 마음을 휘저으시니 조서를 쓰지 않을 수 없었을 것으로 해석한다. 사건들이 있었다. 고레스의 정복이 있었고, 고레스 조서가 있었다. 이 사건들에 대해 많은 해석이 있을 수 있다. 고레스 자신의 해석도 있고, 유다 백성들의 해석도 있다. 하지만 저자는 세상에서 벌어지는 사건들을 하나님의 사건으로 해석한다. 각자의 입장에서 유불리를 따져가며 세상의 일들을 평가할 수 있지만, 저자는 이런 일들 뒤에서 작동하고 계시는 하나님이 진정한 주인임을 에스라서 첫 머리에 소개하며 독자들에게 촉구하고 있다.

사실 에스라서는 페르시아 왕들에 대해 지나치게 관대하다. 전술한 대로 고레스는 조서를 통해 유대인들을 귀환시켰다. 다리오는 성전 재건을 용인했다. 아닥사스다 역시 에스라를 예루살렘에 파견함으로써 에스라가 개혁을 추진할 발판을 만들어 주었다. 따라서 에스라서를 읽으면 페르시아 왕들에 대해 호감을 갖게 된다. 이런 묘사에 대해 민족주의적 관점에서 비판할 수 있다. 페르시아 왕들의 정책들은 결국 자국의 이익을 최대화 하는 맥락에서 주어진 정책들이므로 이와 같은 저자의 시각은 순진해 보이기 때문이다. 하지만 엄밀히 따져 보면, 그렇다고 이런 인식이 대안이 되는 것은 아니다. 페르시아 왕들을 민족의 적으로 보고 정치적 독립을 추구하는 것이야말로 당시의 현실을 고려하지 않은 무책임한 인식이기 때문이다. 저자의 이런 생각이 페르시아에 대한 반민족적이고 현실 타협적 생각에서 나온 것이라면 문제일 것이다. 하지만 역사의 주인은 하나님이심을 알기에 페르시아 왕 역시 하나님의 역사를 이끌어 가는 단순한 도구로 보고 있는 것이다.

우리도 세상사를 이런 시각으로 본다면 많은 변화가 있을 수 있다. 이런 태도는 현 세상의 질서를 수동적으로 인정하고 기존 질서에 복종하라는 의미가 아니다. 인류사를 이끌어 가시는 하나님을 궁극적으로 신뢰하는 데서 얻을 수 있는 여유로움이다. 우리 사회에서 일어나는 일들을 하나님과 무관한 사건들로 바라보고 해석할 수도 있겠지만, 생각을 달리하면 '다른' 해석도 응당 가능해 진다. 에스라서는 삶에 대한 이런 태도야말로 정치적으로 사회적으로 부조리한 현실을 극복해 내는 강력한 무기가 될 수 있음을 가르쳐 준다.

(2) 갈등 극복으로서의 성전 건축

에스라서의 전반부인 1~6장은 성전 재건에 관한 이야기이다. 1장은 고레스의 조서에 근거해 성전을 짓겠다고 결심한 자들이 돌아오는 이야기이고, 2장은 이때 귀환한 자들의 긴 명단이다. 이후 성전기초 공사가 시작됐지만(3장) 주변국들의 방해로 인해 성전 건축 공사가 중단된다(4장). 이런저런 노력 끝에 결국 다리오 왕이 조서를 내려 성전 건축 공사가 재개된다(5장). 마침내 완공됐고 하나님께 성전을 봉헌한다(6장).

에스라서가 전체 '열 장'으로 되어 있으니 60%가 성전 이야기이다. 질문해 보자. 성전이 당시 왜 그렇게 중요했을까? 성전 없이도 70여 년 동안 유다 땅과 바벨론에서 각자가 신앙생활을 유지해 왔다. 많은 수의 귀환자들이 유다에 왔을 때 엄밀히 따지면 성전 재건보다 더 중요한 것은 먹고 사는 문제였다. 그래서 성전을 재건할 때가 아직 이르지 않았다고 생각하는 것도 이해가 된다(cf. 학 1:2). 하지만 문제가 발생했다. 먹고 살기 위해 열심히 일했지만 기대와는 달리 수확이 적고 일상에 어려움이 가중되었다(학 1:6-11). 당시의 이런 재난은 다소 의외의 상황이었다. 이 시기 전후로 이와 같은 재난은 없었기 때문이다.

하지만 이런 재난은 이미 예고된 것이었다. 사회적 갈등이 심했기 때문이다. 유다 땅에 남아있던 자들과 바벨론에서 귀환한 자들 사이의 재산권을 둘러싼 법적 분쟁을 포함해서 여러 요구들이 빗발쳤을 것이다. 정상적 사회에서는 시스템이 작동되어 갈등 해결이 가능했겠지만, 일관된 권한을 행사할 권력 기구도 없었고 이질적 성향을 지닌 구성원들의 다양한 목소리가 가득했기에 사회 전반적인 시스템이 제대로 작동되기 어려웠을 것이다. 또한 신앙의 성향도 언어도 다르니, 이런 차이들이 모아져 사회적 혼란이 심하게 됐다.

이런 상황을 타개해 나가기 위한 돌파구가 있었다. 곧 성전을 재건하는 것이다. 성전 재건은 유다 공동체 어느 누구도 반대할 이유나 명분이 없었다. 서로를 향해 자신들의 입장을 요구할 때는 갈등으로 이어졌지만, 공동의 목표를 지니고 같은 곳을 함께 바라보니 "너와 나"가 아니라 "우리"가 되었고 협력의 관계가 된 것이다.

이런 맥락을 고려해 볼 때 '성전' 자체가 궁극적인 목적이 아니었음을 유념할 필요가 있다. 위에서 언급한 대로 당시 백성들은 성전 없는 상태에서도 신앙을 유지해 왔으며, 성전 건축을 하나님께서 늘 지지했던 것도 아니다(cf. 삼하 7장). "산에 올라가서 나무를 가져다가 성전을 건축하라"(학 1:8)는 성전 재건 촉구의 말씀이 어느 시대나 어떤 상황에서나 모든 것에 우선하는 으뜸 패라고 보아서는 안 된다는 뜻이다. 당시에 백성들 사이에 마음이 갈리고 서로의 다름이 먼저 드러나서 사회적 혼란이 심했던 이 상황을 타개할 가장 중요한 대안이 성전 재건이었던 것이다. 성전 재건 자체가 중요한 것이 아니라 성전 재건으로 인해 수반되는 백성들 간의 단합과 그로 인한 새로운 하나님 나라의 공동체로 세워지는 일이 더 핵심이었다고 보아야 한다.

이런 인식은 에스라서 저자가 '성전'의 의미를 비단 물리적 성전 재건만이 아니라 하나님 나라 공동체로 회복되는 것까지로 포괄해서 사용한다는 점에서도 확인된다. 곧 성전 건축의 범위를 "고레스와 다리오와 아닥사스다의 조서를 따라" 건축된 것까지를 포함한다(스

6:14). 고레스와 다리오 시대의 성전만이 아니라 아닥사스다의 조서에 따른 예루살렘 성벽과 새 공동체로 회복된 사건까지를 포함하고 있는 것이다.[6]

요컨대 저자는 성전 건축 자체도 중요하지만 성전 건축의 이면인 갈등을 치유하고 공동체의 회복에 더 집중하고 있음을 볼 수 있다. 공동체의 이런 단합에 대한 강조는 에스라서 2장의 명단에도 잘 드러나 있다. 백성들은 두 형식으로 기술되어 있다(스 2:3-35). 하나는 백성들을 '가문' 위주로 기술하고(3-20절), 다른 하나는 '지역'이나 '지명'을 중심으로 기술한다(21-35절). 이런 상이한 기술에 대해 학자들은 '가문' 위주로 소개된 이들은 바벨론에서 귀환한 자들이고, '지역' 위주로 소개된 이들은 유다 땅에 남아 있었던 자들을 가리킨다고 본다. 귀환자들을 중심으로 시작될 새 공동체에 남아 있던 자들 역시 엄연한 일원임을 강조하기 위한 목적으로 후자 그룹을 귀환자 명단에 포함시켰다고 본다.[7] 저자는 귀환 이후 유다 사회의 갈등의 현실을 보며 이를 타개하기 위한 최고의 대안인 '성전'을 하나님께서 짓도록 하셨던 계획을 읽어내는 한편, 중요한 귀환자 목록에 공동체 모두를 포함시킴으로써 전 공동체를 품어 내는 기회로 삼았음을 볼 수 있다. 저자의 이런 갈등 치유의 태도는 제사장과 레위인을 협력 관계로 상승시키려는 노력에서 절정을 이룬다.[8]

---

6 Tamara C. Eskenazi, *In an Age of Prose* (Atalnata: Scholars Press, 1988), 53-57, 71-73, 83-87, 119-21, 188-89.

7 S. Japhet, "People and Land in the Restoration Period", in G. Strecker (ed.), *Das Land Israel in biblischer Zeit* (Göttingen: Vandenhoeck & Reprecht, 1983), 103-25.

8 Cf. Kyung Jin Min, *The Levitical Authorship of Ezra-Nehemiah* (JSOTSup 409; London & New York: T&T Clark International, 2004)

저자의 이런 시각을 토대로 오늘날 우리의 현안들에 대해 논의해 볼 수 있다. 사회 안에 여러 목소리들이 있다. 이해 충돌로 인한 갈등도 있다. 교회 안에도 여러 해결해야 할 문제가 많다. 교회와 사회, 교회와 국가 간에도 해결해야 할 문제가 산적해 있다. 자칫 잘못하면 서로를 향한 요구가 시작되고 심각한 갈등과 분열로 이어질 수 있다. 이런 상황에서 하나님은 모두가 공감하는 선결 과제로 성전 건축을 제시하셨다. 저자는 귀환자 명단 등을 기록하면서 공동체 내의 화해와 협력을 겨냥한 대안들을 제시하였다. 에스라서를 읽는 우리도 할 수 있다. 이 시대에 하나님께서 우리에게 선결 과제로 요구하는 것이 무엇일까 잘 관찰하고 하나님의 뜻에 귀 기울여야 한다. 동시에 각자의 삶의 자리에서 갈등을 넘어 새 시대의 공동체에 부합한 가치와 이념을 함께 만들어가야 할 과제가 있다.

(3) 진정성 있는 개혁자

개혁은 쉽지 않다. 고된 작업이기도 하다. 개혁 대상자들의 반발이 있을 것이고, 공동체가 분열되는 결과가 초래되기도 하기 때문이다. 그렇다고 어쭙잖은 온정주의적 접근은 개혁을 일구어내지 못한다. 개혁의 당위를 반대할 사람은 없다. 개혁은 성숙한 사회를 위해 거쳐야 하는 공동체의 과제임을 부인할 사람은 없다. 결국 남는 문제는 "개혁, 어떻게 하면 되는가, 그리고 누가 할 것인가?"의 문제로 귀착된다.

이런 점에서 볼 때 에스라의 개혁 이야기가 실려 있는 에스라서 후반부(7~10장)는 우리에게 시사 하는바가 크다. 유다는 주전 515년에 성전을 완성하여 하나님을 예배하는 공동체로서의 정체성을 확보했지만 그 이후의 역사는 지지부진 했던 것 같다. 이 기간 동안의 역사를 반영하는 것으로 추정되는 제3이사야서(사 56~66장)에 의하면 유다 공동체 내부에 문제가 심각했다. 목자들은 몰지각했고(사 56:9-12), 백성들은 엉터리 금식을 하며(사 58:1-5), 정의 없는 굽은 길을 만들어 갔다(사 59:1-8). 재건된 성전이 귀환한 사독계 제사장들 중심으로 재편되자 아비아달계 제사장들은 또 다시 좌절을 겪어 제사장 내부의 갈등이 심화됐다(사 63:15-19; 64:10-12). 더군다나 유다 방백들과 고관들이 이방 여인들을 아내와 며느리로 삼아 혈통적 정체성마저 심각하게 위협 받고 있었다(스 9:1-4).

아닥사스다의 조서에 따라 유다 땅에 들어선 에스라는 그야 말로 기가 막힌 현실을 목도한다. 에스라는 누구였는가? 아론의 16대 손 제사장이요 율법에 익숙한 학자였다(스 7:1-10). 바벨론에서 이미 고문서가 돼 버린 율법을 연구했다는 것부터 비범하다. 언젠가 유다가 회복될 날이 있을 것인데, 그 나라는 하나님의 율법에 의해 작동되는 사회가 되어야 할 것으로 믿고 힘을 다해 율법을 연구했고 이 율법을 가르칠 날을 손꼽아 기다려 왔다. 그리고 아닥사스다에 의해 파견됐을 때 남다른 기대를 지니고 유다 땅에 왔다. 하지만 이런 기대와는 상반된 유다 현실이 에스라를 기다리고 있었다.

에스라는 이때 어떻게 하는가? 에스라는 어떻게 했을 것으로 추정하는가? 사실 당시의 에스라는 개혁 작업에 최적화된 조건을 갖추고 있었다. 개혁을 추진하기 위한 여러 요건들을 지녔다. 에스라에게는 우선 정치 권력이 있었다. 페르시아 제국의 왕 아닥사스다의 전폭적인 후원을 받았기 때문이다(스 7:12-26). 또한 자신을 도와 줄 측근세력 역시 충분했다. 바벨론에서 에스라와 동행한 이들만 약 1,500명

가량 된다. 또한 예루살렘에는 같은 사독계열에 속하는 수많은 제사장들도 있었다. 이들의 도움을 받아 개혁의 당위성을 홍보하고 분위기를 몰아가서 개혁을 이룰 수도 있었다. 정치 권력, 측근세력 등의 요건 외에도 에스라에게는 무엇보다 지식 권력이 있었다. 율법에 정통한 학사였다. 따라서 개혁의 방향을 선점하고 주도할 수 있는 권한이 그의 손에 있었다.

하지만 에스라는 이와 같은 개혁에 도움이 되는 외적 요건들을 전혀 활용하지 않는다. 어그러진 현실 앞에 그저 주저앉아 울며 하나님께 공동체의 허물을 고백하며 회개 기도를 올린다(스 9장). 현실을 바꿀 수 있는 힘은 결국 인간적인 수평적 차원이 아니라 위로부터, 하나님으로부터 오는 것임을 알고 있었다. 성전에서 엎드려 울며 기도하자 이상한 일이 일어난다. 에스라 곁에 백성들이 몰려와 함께 통곡하기 시작한다. 스가냐가 마침내 에스라에게 부탁한다. 우리에게 아직 소망이 있다고 말한다. 그리고 자신들이 돕겠으니 일어나 개혁을 이루라고 요청한다(스 10:1-4). 에스라의 진심이 느껴졌고, 에스라야말로 진정성 있는 개혁의 적임자로 인정한 것이다. 자신이 지닌 권력이나 힘을 의지하지 않고 하나님을 의지하니 개혁의 동역자들이 나타났다. 이후 에스라는 다소 '과격한' 개혁을 시행한다. 이방 여인을 아내로 삼았던 이들을 향해 이들과 단절할 것을 요구한다. 당연히 반대도 있었지만 에스라는 결국 이행한다(스 10장).

혹자는 이런 개혁 방식의 정당성을 묻는다. 하지만 정체성의 극심한 혼란뿐 미래에 대한 희망이 전무해져 가는 상황을 고려해 본다면 에스라의 개혁이 과하다는 지적은 오히려 순진해 보인다. 에스라의 개혁을 향한 진심과 개혁의 과정에서의 에스라의 태도를 진지하게 고려해 본다면 더욱 그렇다.

　한 가지 더 생각해 볼 문제가 있다. 에스라는 개혁자가 됐다. 우리 현실을 생각하면 개혁해야 할 일이 너무 많기에 에스라와 같은 개혁자를 기대하게 된다. 하지만 이런 태도로는 개혁이 요원해 진다. 에스라는 개혁자를 겨냥해서 준비하고, 개혁자 인생을 목적으로 살아온 것이 아니기 때문이다. 단지 에스라는 자신이 처한 상황에서 신앙인으로서 최선을 다하는 삶을 살아갔을 뿐이다. 바벨론 땅에서는 율법이 민족의 궁극적 희망일 것이라고 생각했기에 힘을 다해 연구했다. 유다 땅에 왔을 때 통혼의 현실을 보았을 때, 한 신앙인으로서 하나님을 향한 송구스러운 마음을 가득 안고 성전에서 간절히 회개했다. 백성들이 율법을 읽어 달라고 요청하자 수문 앞에서 힘껏 율법을 읽어주었다(느 8장). 에스라는 개혁을 목표로 살아간 것이 아니라 자신에게 당면한 일들을 진심을 다해 이행했을 뿐이다. 그를 개혁자로 부른 것은 우리들이지 그 자신이 아니다.

　무슨 말인가? 우리는 개혁을 이야기할 때 에스라나 느헤미야 같은 개혁자가 나타나기를 기다린다. 하지만 에스라도 느헤미야도 자신들을 개혁자라고 생각한 것은 아니었다. 하나님 앞에 정도를 힘껏 가다 보니 개혁의 성과가 있었을 뿐이다. 우리도 마찬가지이다. 진정한 신앙인의 자세로 한국 사회와 한국교회를 보면 에스라가 성전에 주저앉아 울며 기도했던 그 마음, 느헤미야가 예루살렘의 처지를 들었을 때 수일 동안 슬퍼하며 기도했던 그 마음을 우리도 느낄 수 있다. 그리고 우리도 각자의 자리에서 하나님이 원하시는 정도를 걸어가면 된다. 그런 의미에서 우리는 모두 개혁자가 될 수 있다.

3. 현실과 결단

1) 한국교회와 한국 사회

신조어가 생겨났다. BC와 AC이다. "코로나 19" 이전과 이후의 세상을 말하는 용어다. 그래서 어떤 이는 코로나가 유행하고 있는 2020년부터가 진짜 21세기의 시작이라고도 말한다. 자연과 공생하지 못한 인간의 욕심으로 인해 앞으로도 다른 형태의 바이러스가 지속적으로 인류의 건강에 위협이 될 것이라는 전망이 많다.

인류사회에 거대하고 근본적인 변화가 이미 시작됐다. 유발 하라리는 현생 인류인 "사피엔스"가 곧 종말을 맞이할 것으로 예고한다.[9] 인공지능과 기계가 지구의 새 주인으로 등극할 것이라고들 한다. 제4차 산업혁명으로 인해 이미 다수의 스마트 공장이 인간의 일자리를 대체하고 있다. 커즈와일은 인공지능이 인간지능을 넘어서는 특이점이 2045년에 올 것이라고 전망하기도 한다.[10] 정부는 대학교들에 4차 산업혁명에 최적화 된 학사를 운영하여 인공지능 시대 인재를 배출하도록 권고하고 있다.

교회는 지금 큰 도전에 직면해 있다. 코로나로 인해 성도들이 비대면(untact) 예배에 익숙해지면서 예전의 신앙 형태로부터 빠르게 탈피하고 있다. 위험을 무릅 쓰고 대면 신앙생활을 하겠다는 이들이 소수가 되어 버릴 가능성이 점증하고 있다. 이로 인해 예배 형태 및 교

---

9 유발 하라리, 조현욱 역, 『사피엔스』(김영사, 2015).
10 레위 커즈와일, 김명남 역, 『특이점이 온다』(김영사, 2007).

회학교 교육 등에 대한 전면적인 수정과 대안 마련이 큰 과제가 되었다. 동시에 인공지능으로 대표되는 과학기술의 발전은 우주의 기원이나 생명의 기원에 대한 전통적인 교회의 가르침과 다른 이론적 설명을 내놓으며 새로운 세계관으로 초대하고 있다. 유전자 가위, 왓슨 인공지능 의사, 디지털 헬스 케어 등의 신개념이 이제 일상의 삶으로 정착되어 가고 있다. 이미 우리 곁에 현존하는 이와 같은 낯선 상황에 대해 교회는 적극적인 신학적 해석을 해야 할 과제를 안고 있다.

한국교회가 안고 있는 더 심각한 도전이 있다. 이른바 "가나안 현상"이다. 교회 출석을 포기하거나 거부한 성도가 현재 200만 명을 상회한다고 한다. 코로나 상황과 맞물려 이와 같은 가나안 성도는 더 많아질 가능성이 높다. 이들은 교회에 대한 실망으로 인해 교회를 떠나고 있다. 설교 문제도 있고 교회 내부의 여러 비도덕적 문제도 있다. 하지만 교회 '외적' 요인도 있다. 사회적, 경제적 요인이 있다. 곧 수도권 중심의 경제 구조로 인해 고향을 떠나 외지로 이동해야 하기에 새 교회 정착에 어려움을 겪는다. 또한 전세 등의 주거 불안정으로, 한 교회에서의 안정된 신앙생활 유지가 쉽지 않다. 정보와 지식의 확대로 인한 신앙의 불필요성에 대한 인식도 한 몫을 한다. 예전에는 교회와 성경에서 찾던 답을 인문학이나 과학 등에서 찾을 수 있다고 생각한다.

위기는 우리 곁에 상존한다. 과거에도 있었다. 에스라 시대에도 있었고 우리 시대에도 있다. 중요한 것은 위기 극복 능력이다. 위기는 있겠지만 헤쳐 갈 수 있다. 모두가 받아들일 수 있는 유일한 해답을 찾는 것은 불가능할 것이다. 하지만 위에서 살펴 본 에스라서의 교훈들로부터 적용해 볼 수 있는 점들 몇 가지를 생각해 보자.

2) 무너짐인가, 회복인가?

신앙인이라고 해서 코로나가 비껴가지 않듯이, 위기 역시 마찬가지이다. 이스라엘 백성 곁에는 골리앗과 같은 대적들이 있었다. 한국 교회도 위기가 없었던 적이 없다. 매 시대마다 교회의 대적자들이 있었다. 하지만 위기들 역시 극복되어 왔다. 누군가의 희생과 수고가 있었기 때문이다. 우리도 작은 힘이지만 이 수고에 동참하면 된다. 여기서는 에스라서의 교훈으로부터 우리가 취해야 할 태도와 대안들을 정리해 보자.

먼저, 현 상황을 어떻게 해석하는가 하는 것이 중요하다. 코로나라는 국가적 차원의 문제와 그로 인한 교회의 어려움, 그리고 가나안 현상으로 인한 교회의 총체적 위기가 있다. 이에 대한 다각적 분석이 있을 수 있다. 하지만 우리 신앙인들은 다른 분석을 해야 한다. 바벨론에 의해 예루살렘이 멸망당했을 때 국가의 패망을 군사적 이유에서 찾지 않고, 하나님의 심판 사건으로 해석해 낸 애가서 저자처럼 우리는 현 상황에 대해 다른 분석을 해야 한다. 코로나의 원인과 치료제 등에 대한 관심과 앞으로의 세계 경제 질서를 축으로 한 미래 사회에 대한 분석과 전망은 다른 전문가들로 충분하다. 우리 신앙인들은 이 사건들에 대한 신앙적 해석에 충실해야 한다. 만일 그렇지 않으면 교회의 정체성은 사라지게 되고 고유한 교회의 기능마저 위태롭게 된다.

고레스가 세상을 호령하는 사건을 보면서도 이 사건 뒤에서 일하시는 하나님을 주목한 것처럼 우리 역시 그렇게 해야 한다. 코로나의 경우, 코로나로 인한 교회의 달라진 상황에 대해 정신을 가다듬고 하나님의 근본적인 뜻을 묻고 찾아야 한다. 스바냐는 "여호와를 찾지도 아니하며, 구하지도(다라쉬) 아니한 자들"을 하나님께서 멸절하실 것임을 경고했다(습 1:6). 여기서 사용된 히브리어 "다라쉬"(דרשׁ)는 이치를 잘 따져보고 살피는 것을 뜻한다(cf. 전 1:13 등). 이럴 때일수록 코로나, 인공지능의 도전, 가나안 현상 앞에서 하나님과 우리의 관계를 총체적이면서도 근본적인 점검을 시작해야 한다. 예배 형식과 성도 돌봄의 방식도 과감히 새로운 시각에서 살펴보아야 한다. 성서의 가르침이 아니라 관습과 관행에 더 의존했던 부분이 있었는지 냉철히 따져 봐야 한다. 인공지능 시대이지만, 우리는 '인간'이기에 오히려 하나님과의 영적 교감을 늘릴 수 있는 측면을 적극 부각함으로써 하나님을 만날 기회를 제공할 수도 있다. 가나안 성도들의 태도를 게으름으로 치부하지 않고 오히려 이들의 목소리를 경청함으로써 근본적인 교회 개혁과 새 시대에 맞는 신학의 옷을 입을 수 있다. 현 콘텍스트에 대한 이런 적극적인 대응과 사고의 전환은 우리에게 위협으로 보이는 사건조차 하나님께서 역사를 이끌어 가신다는 확신에서 시작된다. 언뜻 보면 일련의 사회적 사태들이 교회에 위협이 되는 것처럼 보이지만 그것을 하나님의 사건으로 받아들이는 순간 그 어떤 것이라도 우리를 돌아보게 하는 긍정적 사건이 된다.

스룹바벨 시대에 사회적 갈등이 심했을 때 방관하거나 방치하지 않고 사회 전 구성원이 공감할 수 있는 "성전 재건" 사역을 통해 협력의 구도로 전환시켰듯이 오늘 우리 한국교회 역시 이와 같은 지혜가 필요하다. 교단 간 차이도 있고, 지역교회 간 차이도 당연히 있다. 이런 차이가 어느 순간 정치적으로 이용되어 교회 내부에 분란의 씨앗이 되기도 한다. 현실 이슈에 대해 반응하는 신학적 차이도 있다. 가령 진화론에 대한 입장이나 소수자 권리문제 등에 대한 입장 차이가 그렇다. 이런 상황에서는 "성전 재건"처럼 우리 모두를 하나로 묶어낼 수 있는 의제 생산이 필요하다. 모두가 공감할 수 있는 의제, 너도 나도 힘을 보태고 싶은 공동의 의제, 이 의제만 생각하면 가슴이 떨리고 하나님과 교회가 생각이 나서 기도하지 않을 수 없는 의제를 이 시대에 제시할 필요가 있다. 과거 루터의 슬로건이었던 "오직 성서, 오직 믿음, 오직 은혜"는 이와 같은 역할을 했다. 이 시대 한국교회에서는 그것이 "십자가의 신학"일 수도 있다. "과학적 무신론"에 대한 신학적 성찰과 대응일 수도 있고, 가나안 성도에 대한 교회 사랑 운동과 교회 내부 개혁 운동 일수도 있다. 이 화두를 한국교회에 던지는 것 역시 이 시대에 우리가 해야 할 중요한 과제이다.

이런 일들이 순조롭게 진행되어 한국교회가 멋지게 갱신되고 그로 인해 한국 사회와 국가에 기여하게 된다면, 우리의 후손들은 우리 시대를 기꺼이 위대한 개혁자들의 시대라고 부를 것이다. 생각만 해도 가슴 떨리는 이런 일은 어떻게 오는가? 전술한 대로 개혁가로 태어나거나 개혁 자체의 목적으로 삶이 만들어지는 경우는 없다. 하나님 앞에 정도라고 생각되는 일에 충실한 삶을 사는 것이 종국에 개혁가로 칭해지는 것이다. 우리도 개별적으로 보면 하나님께서 맡기신 일들이 많다. 누구는 코로나에 대해 좀 더 관심이 가는 사람이 있고, 누구는 인공지능 전문가로서 미래 사회에 대해 신앙적 고민이 있는 사람들이 있다. 또한 누구는 가나안 교인들에 대한 아픔을 누구보다 강하게 느끼는 사람들이 있다. 그리고 누구는 그저 자신에게 맡기신 성도들과 교회에 대한 사랑이 한없이 큰 사람도 있다. 하나님께서 부르신 자리는 다양하다. 우리는 이처럼 각각 '다른' 자리에서 살아가지만 우리는 하나님 앞에 정도를 살아가도록 '동일한' 부름을 받은 성도들이다. 우리를 두고 기계가 다스릴 세상 직전에 태어난 마지막 인류라고 전망하는 시대에 살고 있지만, 우리가 이런 마음으로 살아간다면 신앙인의 정체성을 유지하면서도 오히려 '하나님'이 보시기에 좋으셨던 바로 그 세상으로 가꾸어 갈 수 있을 것이다.

제3부

복음으로
회복되는
마을공동체

1 에스라와 공동체의 회복

소형근 교수(서울신학대학교)

1. 들어가는 말

 바빌론 포로 이후 페르시아 시대 유다 공동체를 가장 잘 대변해 주는 구약성서의 책으로 에스라-느헤미야서가 독보적이다. 에스라-느헤미야서를 통해 바빌론에서 돌아온 귀환 공동체의 삶의 양태와 성전 중심, 말씀 중심의 신앙 공동체 모습을 확인할 수 있다. 특히, 에스라와 그의 지지자들인 '하레딤'('떠는 자들'이라는 뜻임; 스 9:4; 10:3)은 공동체 정화와 공동체 정체성 확립을 위해 이방 여성과 결혼한 유다 남성 가정의 해체라는 파격적인 개혁을 통해 엄격한 율법주의자의 면모를 보여주었으며(스 9-10장), 또한 느헤미야를 필두로 한 견고한 언약(느 9:38-10:39)은 고전적 신명기 언약과 중간기 시대 다메섹 분파의 언약 사이를 연결해 주는 매개체가 되었다. 이처럼 에스라-느헤미야서는 포로기와 포로 이후를 거치면서 야훼 신앙이 유대교로 나아가는 중요한 다리 역할을 했다는 점에서 고대 이스라엘 역사의 불연속성 문제들을 해결해 줄 수 있는 중요한 자료가 되었다. 이 글은 바빌론 포로 이후 초기에 나타난 '귀환 공동체의 회복'이라는 주제를 다루기 위해 에스라 본문으로 제한하고자 한다. 특별히 에스라서는 '성전 건축(聖殿建築)'이라는 주제가 핵심에 자리하고 있으며, 이 '성전'을 중심으로 포로 이후 유다 공동체는 '예배 회복'과 '정체성 회복'이라는 커다란 두 주제를 기술하고 있다. 이 글은 포로 이후 귀환 공동체 회복에 대한 구체적인 내용을 다루게 될 것이다.

2. 예배를 회복시킨 공동체

1) "일제히" 모인 공동체

에스라 3장은 바빌론에서 돌아온 귀환자들(이들을 히브리어로 '골라[golah]'라고 부름)이 제단을 세우고(3절), 아침과 저녁으로 번제를 드리며(3절), 성전의 기초를 놓고(8, 11절), 성전 공사를 시작하는 내용을 다루고 있다. 특히 에스라 3:1에는 귀환자들이 "일곱째 달"에 일제히 예루살렘에 모였다고 알려준다. 히브리 달력에서 일곱째 달(티슈리월)은 오늘날 양력으로 9-10월에 해당한다. 일곱째 달에는 나팔절

(1일)과 속죄일(10일)과 장막절(15-21일)[1]이 있다. 에스라-느헤미야서에는 일곱째 달에 있던 나팔절과 초막절 행사를 소개하고 있다. 느헤미야 8:2에 나팔절 행사와 연계하여 에스라가 수문 앞 광장에서 율법책을 낭독한다. 나팔절은 한 해가 시작되는 것을 알리는 의미에서 나팔을 불며 지키던 절기였다. 고대 이스라엘은 초기에 니산월(오늘날 양력으로 3-4월에 해당)을 정월로 지켰으나(출 12:2; 레 23:5), 시간이 지나면서 티슈리월로 정월을 변경했고, 오늘날 유대인들은 티슈리월을 민족 고유의 정월로 지키고 있다. 구약성서에 의하면 나팔절은 안식일처럼 일하지 않고, 성회를 열며, 화제를 드리고 기념하는 절기이다(레 23:24). 그런 나팔절에 에스라는 모세의 율법책을 읽으며 백성을 회개로 이끌었다. 또한 에스라-느헤미야서에는 초막절 행사가 두 번 나온다. 스룹바벨과 귀환자들이 예루살렘에 도착한 후(스 3:4), 에스라가 모세의 율법책을 낭독한 후(느 8:14-17) 초막절을 지켰다. 초막절은 고대 이스라엘의 3대 절기들 중 하나이다(신 16:16; 대하 8:13). 초막절은 이스라엘 백성이 이집트에서 나올 때 광야에서 겪었던 고초와 하나님의 인도를 기억하면서 초막을 짓고 기념하던 절기이다(레 23:43). 이때가 올리브, 포도, 무화과 등을 추수하던 가을걷이 시기이므로 수장절이라도 부른다(출 23:16; 34:22). 그런데 여기서 주목할 것은 에스라 3:1에 각자의 성읍에 살던 이스라엘 자손이 "일제히" 예루살렘에 모였다고 알려준다. "일제히"에 해당하는 히브리어 단어를 우리말로 직역하면 '한 사람처럼'(like a man)이다. 바빌론에서 귀환한

---

[1] 장막절이 느헤미야 시대에는 하루 더 연장되어 22일까지 지켜졌다(느 8:18).

수 만 명(스 2:64에 따르면 귀환자는 42,360명임)이 "일제히", 즉 한 사람처럼 일사불란하게 예루살렘으로 모여든 것이다. 이들이 예루살렘에 모인 날은 언제였을까? 아마도 이들은 일곱째 달 첫째 날에 모였고(스 3:6), 이 모임은 초막절까지 지속되었던 것으로 보인다(스 3:4). 이와 유사한 상황이 느헤미야 8장에도 나온다. 일곱 번째 달 첫째 날인 나팔절에 모인 이스라엘 백성들 앞에서 에스라가 모세의 율법책을 낭독했고, 이후 이스라엘 백성은 15일이 되었을 때 초막을 짓고 성회를 열어 팔일 동안 초막절을 지켰다(느 8:2, 15, 18). 에스라 3장과 느헤미야 8장에서 귀환 공동체의 정기적인 절기수행을 볼 때 종교제도가 어느 정도 안정된 틀을 갖추었음을 짐작할 수 있다.

2) "하나님의 제단"을 만든 공동체

에스라 2:2과 에스라 3:2은 포로 이후 '골라' 공동체의 정치 지도자 스룹바벨과 종교 지도자 예수아에 대한 위상을 놓고 논쟁을 벌이는 본문이다. 에스라 2:2에는 정치 지도자 스룹바벨이 앞서 기록된 반면, 에스라 3:2은 스룹바벨 앞에 종교 지도자 예수아가 먼저 나온다. 에스라 본문의 저자는 왜 이런 나열을 계획했던 것일까? 에스라 2장의 귀환자 목록은 페르시아 초기 유다 공동체 상황을 반영했던 것이다. 페르시아 초기에는 스룹바벨에 대한 기대감이 컸었다. 스룹바벨은 유다 공동체의 총독이었으며(학 1:1), 혈통적으로는 다윗의 후손이었다(대상 3:19). 그래서 이런 스룹바벨을 통해 유다 백성은 공동체의 정치적 회복을 기대했을 뿐 아니라, 일부 세력은 스룹바벨에게 메시아적 기대감마저 갖고 있었다. 이런 기대감이 반영되어 에스라 2:2에는 종교 지도자 예수아 보다 정치 지도자 스룹바벨을 앞서 기록하게 된 이유였다. 그러나 에스라 3장에는 귀환 공동체 구성원들이 성전 터가 될 장소에 제단을 세우고(스 3:2), 번제를 드리며, 절기를 지키고 있다(스 3:4-6). 구약성서에서 제의 행위의 주도권은 늘 그랬듯이 대제사장에게 있었다. 따라서 에스라 3:2에는 대제사장 예수아와 그의 형제 제사장들이 먼저 언급되었고, 그 다음에 스알디엘의 아들 총독 스룹바벨이 뒤를 잇게 된 것이다.

 에스라 3:2에 예루살렘에 "하나님의 제단"을 만들었다고 하는데 그 장소가 어디였을까? 아마도 '옛 성전터'였을 것이다. 예루살렘 성전이 무너진 후에 예루살렘에서 제사가 계속되었는지는 정확히 알 수 없다. 다만 땅의 백성들 역시 야훼 하나님을 신앙하던 자들이었기 때문에(스 4:2, 4) 예루살렘에서 종교적인 행위는 지속되었을 것으로 짐작된다. 그러나 에스라 3:2에서 귀환자들이 하나님의 제단을 만들었다는 것은 제단이 없었기 때문이 아니라, 옛 성전의 영광을 봤던 자들에게는 성에 차지 않았기 때문에 새로 제작한 것이다. 그리고 이들에게는 "하나님의 사람 모세의 율법"(스 3:2)이 있었다. 구약성서에서 모세를 "하나님의 사람"이라고 부르는 본문이 6회 나온다(신 33:1; 수 14:6; 대상 23:14; 대하 30:16; 스 3:2; 시 90:1). 신명기 역사서에는 하나님의 사람을 예언자에게 적용한 예들이 자주 나온다(삼상 9:8; 왕상 13:1 등). 신명기 또한 모세를 예언자로 간주했었다(신 18:15, 18; 34:10). 포로 이후 본문인 에스라 3:2과 역대기 본문이 신명기와 신명기 역사서의 영향으로 이런 호칭을 사용했던 것이다. 에스라 3:2에서 말하는 "모세의 율법"은 무엇일까? 에스라가 유다 예루살렘으로 오기 전 바빌론에 있을 때 그의 손에는 하나님의 율법이 있었다(

스 7:14). 율법은 히브리어 '토라'(torah)인데, '토라'는 본래 '가르침'이 라는 뜻이었지만, 후에 '법'(law) 혹은 '계명'(command)으로, 이후에는 '율법서'(Pentateuch)로 의미의 확장이 있었다. 귀환자 공동체의 지도 자들인 에스라와 느헤미야는 신명기에 능통했던 자들이었고, 그들의 개혁의 근간이 신명기였으며(스 9:1-2; 느 5:10; 13:1-3, 25), 그들의 기도문(스 9:12; 느 1:5-6, 8-10)에서도 신명기 본문을 자주 인용하고 있는 것을 볼 때 에스라 3:2에서 말하는 모세의 율법은 협의적 차원에서 신명기로 볼 수 있다.[2] 블렌킨소프(J. Blenkinsopp)에 따르면, 신명기는 포로기 예언자 에스겔에게 영향을 주었고, 에스라와 느헤미야뿐만 아니라, 중간기 쿰란의 야하드(yaḥad) 공동체에도 커다란 영향을 주었다.[3] 결국 신명기는 야훼 신앙과 유대교의 기본 틀이 되었으며, 이스라엘 백성의 신앙을 가늠하는 기준이 되었다.

3) 상번제를 드린 공동체

에스라 3:2의 귀환자들은 예루살렘에 이미 정착해 있던 '땅의 백성'(스 4:4)에 대한 두려움과 공포가 있었다. 그들이 땅을 이미 선점하고 있었기 때문에 '골라'가 땅의 새로운 소유주임을 주장하기란 쉽지 않았던 상황이었다. 또한 그 땅 백성이 이미 옛 성전터에서 제의 행위를 하고 있었기에 '골라'가 따로 제단을 세우고, 번제를 드리는 행

---

[2] J. Blenkinsopp, *Ezra-Nehemiah* (OTL) (Philadelphia: The Westminster Press, 1988), 97.
[3] 조셉 블렌킨소프, 소형근 역, 『유대교의 기원: 에스라와 느헤미야를 중심으로』 (서울: 대한기독교서회, 2014), 306-312.

위는 분쟁을 가져올 수 있는 소지가 충분했다. 블렌킨소프는 에스라 3:3의 "모든 나라 백성"을 이스라엘과 이웃하고 있는 민족들, 즉 유다 네겝 지역의 에돔 사람들, 혹은 이스라엘의 북쪽과 중앙 지역에 정착해 있던 이방 혈통의 사람들로 생각한다.[4] 그러나 예루살렘에 정착한 '골라'가 옛 성전터에 제단을 세우고 아침과 저녁으로 제사를 드렸던 사건은(스 3:3) 에돔 사람들이나, 유다 북쪽 지역에 살던 사람들과는 무관한 일이었다. 결국 갈등은 예루살렘에 살고 있던 '땅의 백성'과 제의 행위의 주도권 다툼이 분쟁의 소지가 되었던 것이다. 따라서 3절의 "모든 나라 백성"은 예루살렘에서 멀리 떨어진 지역의 이방인이 아니라, 예루살렘과 그 근교에 있던 땅의 백성으로 생각하는 것이 적절하다. 그럼에도 불구하고 '골라'는 제단을 세우고, 아침, 저녁으로 야훼 하나님께 번제를 드렸다(스 3:3).

구약성서의 제의 규정은 거의 대부분 오경에서 시작되었다. '골라'가 아침과 저녁으로 야훼께 번제를 드리는 행위 또한 오경에서 기원했다. 예를 들면, 출애굽기 29장에는 매일 드리는 제사[5], 즉 상번제에 대한 정보를 알려주고 있다. 제사장은 매일 "일 년 된 어린 양" 두 마리를 잡되, 하나는 아침에, 또 하나는 저녁에 드렸으며, 양을 번제로 드리되 밀가루와 기름과 포도주도 함께 드렸다(출 29:38-40). 이런 제의 행위를 통해 야훼는 이스라엘과 만나 주셨다(출 29:42). 이와 동일한 본문이 민수기 28:3-8에 나온다. 그러나 출애굽기 본문과 달리 민수기는 일 년 되고 "흠 없는 숫양"을 매일 두 마리씩 번제로 드리고(

---

4 J. Blenkinsopp, *Ezra-Nehemiah* (1988), 98.
5 '매일 드리는 제사'를 히브리어로 '타미드'(tamid)라고 한다(단 8:11-13; 11:31; 12:11).

민 28:3), 야훼께 '독주'의 전제를 드렸다(민 28:7). 독주는 포도주의 변형된 형태로 보인다.[6] 이처럼 고대 이스라엘의 초기에는 제사장의 제사가 아침과 저녁에 두 번 드리는 상번제가 원칙이었다. 그러나 왕조시대가 되면서 이런 제사원칙에 변형을 가져왔다. 유다 왕 아하스는 제사장 우리야에게 아침에는 번제를, 저녁에는 소제를 드리도록 명령했다(왕하 16:15; 참고. 왕상 18:29, 36).[7] 즉, 아침과 저녁으로 드리는 상번제가 '번제'와 '소제'로 바뀐 것이다. 아하스 왕은 아시리아의 봉신왕 이었기에 아시리아 왕에게 충성심을 보이기 위해 왕이 안식일에 들어가던 성전 전용 통로와 성전 바깥에 만든 전용 출입구를 모두 봉쇄해 버렸다(왕하 16:18). 아침과 저녁으로 있던 두 번의 상번제가 아침 번제와 저녁 소제로 바뀐 이유는 아시리아 왕에 대한 경외심 때문으로 보이며, 그 결과 고대 이스라엘의 오랜 제의 전통이 '간소화' 되는 변화를 가져왔다.[8] 또한 포로기가 되면서 이스라엘의 제의 전통은 더 축소되었다. 에스겔서에 따르면 매일 드리는 제사가 아침 번제만으로 대신 되었다.[9] 즉, 포로기에는 아침에 일 년 되고 흠 없는 어린 양 한 마리를 번제로 드린 것이 전부였다(겔 46:13). 포로지에 야훼를 위한 성전이 없다보니 번제가 간소화 되었던 것으로 볼 수 있다. 그러나 포로 이후 '골라' 공동체는 옛 성전터에 제단을 세우고 다시 제의

---

6 필립 J. 붓드, 박신배 역, 『민수기』 (서울: 솔로몬, 2004), 515. '독주'의 전제는 바빌론의 희생제사와 비교할 만하다.

7 때로는 아침에 소제를 드린 경우도 있었던 것으로 보인다(왕하 3:20).

8 J. A. Montgomery, *A Critical and Exegetical Commentary on The Books of Kings* (ICC) (Edinburgh: T. & T. Clark, 1976), 461.

9 참고. 레슬리 C. 알렌, 정일오 역, 『에스겔 20-48』 (서울: 솔로몬, 2008), 492.

원칙에 입각하여 아침과 저녁으로 번제를 드렸다(스 3:3). 즉, 포로에서 돌아온 자들은 출애굽기 29장과 민수기 28장에 근거한 제사방식으로 회귀한 것이다. 왕정 시대 아하스 왕 시대에는 상번제로 변형시켰고, 포로기에는 상번제를 축소시켰다면, 포로 이후 귀환자들은 다시 원칙으로 돌아가 제사 규정대로 상번제를 실행하게 되었다. 아침과 저녁으로 드리는 상번제는 '골라' 공동체가 토라에 집중하고, 토라 실천을 중요시하며, 토라대로 살려고 노력하는 모습이라 할 수 있다.

3. 성전 완공과 봉헌식으로 하나 된 공동체

1) 성전 건축을 함께 한 공동체

제2성전 공사가 마침내 "다리오 왕 제육년 아달월 삼일"에 끝났다(스 6:15). 다리오 왕 6년은 주전 516년이며, 아달월은 히브리 달력으로 열두 번째 달이고, 오늘날 양력으로 2-3월에 해당한다. 쌀쌀한 겨울철에 성전 공사가 마무리 된 것이다. 예루살렘이 해발 약 800m에 위치해 있다 보니 겨울철 예루살렘에는 눈이 내리기도 한다. 건축자들은 극심한 추위와 맞서 싸운 것이다. 또한 이 시기는 이스라엘의 우기이다. 우리나라처럼 장맛비는 아니지만, 비가 내리면 건축공사가 쉽지 않은 환경이었다. 그리고 외부적으로는 페르시아 왕과 총독 닷드내와 스달보스내와 그의 신하들이 성전 건축을 방해했었다(스 5:3). 그러나 귀환 공동체는 이 모든 환경을 이기고 성전 공사를 마무리 지었다. 여기에는 예언자 학개와 스가랴의 독려(스 5:1)와 총독 스룹바벨과 대제사장 예수아와 유다 사람 장로들의 리더십과 '골라' 공동체 구성원들 모두의 수고가 있었으며, 이 모든 것의 배후에서 역사하셨던 하나님이 계셨기에 가능했던 일이었다. 예루살렘 성전이 주전 586년에 바빌론 군대에 의해 파괴되었고, 귀환자들에 의해 주전 516년에 완공되었으니 70년 만에 파괴된 성전이 재건된 것이다. 예언자 예레미야는 오래전부터 70년이 차면 바빌론에 포로로 끌려갔던 이스라엘 백성이 유다 예루살렘으로 돌아올 것이라는 하나님의 예언의 말씀을 선포했다(렘 29:10; 참고. 렘 25:11, 12). 물론 예레미야의 70년 예언이 포로 생활의 종식을 의미하는 숫자이지만 파괴된 성전이 재건될 때까지 기간과 일치하는 것은 우연이 아닌 듯하다.

2) "즐거이" 성전 봉헌식을 드린 공동체

에스라 6장에는 제2성전 건축 후 성전 봉헌식이 나온다. 성전 봉헌식에 참여한 자들 가운데 가장 먼저 언급된 그룹은 이스라엘 자손이다. 그러나 이스라엘 자손은 그 뒤에 나오는 제사장들과 레위 사람들과 기타 사로잡혔던 자의 자손을 모두 포괄하는 광의적 용어이다. 그렇기 때문에 '이스라엘 자손, 즉 제사장들과 레위 사람들과 기타 사로잡혔던 자의 자손'으로 번역하는 것이 옳다. 에스라 6:16은 제사장들과 레위 사람들과 기타 사로잡혔던 자의 자손인 이스라엘 모든 자손이 예루살렘 성전 공사에 협력했으며, 지금 이들이 성전 봉헌식에 한마음으로 참여하고 있음을 알려준다. 사로잡혔던 자의 자손은 '포로민의 자손들'을 의미하는데, 이들이 포로 이후에 '진정한 이스라엘(wahre Israel)'이자, 포로 이후 유다 공동체를 이끌었던 주도 세력이 되었다.[10] 이들은 바빌론에서 귀환 후, 유다 지역의 핵심그룹으로 부각되면서 제2성전 건축과 예루살렘 성벽 중수에 주도권을 쥔 자들이었다. 그런데 흥미로운 것은 16절 하반절에 나오는 아람어 단어 '하누카'(ḥanukah)는 봉헌식이라는 의미를 가지지만, 이 '하누카'는 이스라엘의 절기로 쓰이는 용어이기도 하다. 주전 2세기에 유대인들이 셀류쿠스 왕조인 안티오쿠스 4세 에피파네스에게 예루살렘 성전을 빼앗기는 일이 있었다. 안티오쿠스 4세는 안식일을 더럽히고 우상에게 제물을 바치도록 강요했으며, 부정한 동물들을 희생제물로 바칠 것을 강요했다. 또한 유대인 남자 아이들에게 할례를 금지시켰고, 율법을 폐기할 것을 강요했다(마카베오 상서 1:41-64). 이런 상황에서 유대인들에 의한 혁명이 시작되었고, 결국 2세기 중반에 빼앗겼던 성전을 되찾았다(주전 164년). 이것을 기념해서 지키게 된 절기가 '하누카', 우리말로 '수전절'이다. 이 '수전절'이 신약성서에서 딱 한 번 언급되고 있다(요 10:22). 따라서 '하누카'는 성전 봉헌식이라는 의미와 함께, 빼앗긴 성전을 되찾은 것을 기념하는 절기로 쓰이는 이중적 용어이다. 이 유다 공동체 구성원들이 성전 봉헌식을 드릴 때 "즐거이"(스 6:16) 행했다고 일러주고 있다. "즐거이"에 해당하는 아람어[11] 단어는 '헤드바'(ḥedwah)로 '기쁨'을 의미한다. 즉, 제2성전 건축 후 유다 공동체는 모두가 하나가 되어 '기쁨으로' 봉헌식에 참여했다.

---

10 포로 이후 '진정한 이스라엘'에 대해서는 다음 책을 참고하라. M. Oeming, *Das wahre Israel: Die genealogische Vorhalle 1 Chr 1-9* (BWANT 128) (Stuttgart: Kohlhammer, 1990).

11 에스라 4:8-6:18과 7:12-26은 아람어로 기록되었다.

3) 속죄 제물로 화합하는 공동체

에스라 6:17에 따르면 성전 건축 후 봉헌식에서 "숫염소 열두 마리"를 하나님께 드리는데, 이 "숫염소 열두 마리"는 이스라엘 열두 지파를 의식한 숫자이다. 그런데 아이러니하게도 '골라' 공동체의 구성원들 대부분은 과거 유다 지파와 베냐민 지파와 레위 지파의 후손들이었다. 그리고 과거 북 왕국을 구성했던 지파들은 주전 722/1년 사마리아 함락 후 거의 유명무실해졌다. 그럼에도 불구하고 '골라' 공동체가 열두 지파를 상징하는 "숫염소 열두 마리"를 속죄제로 드린 이유는 뭘까? 이러한 의식은 성전 봉헌식에 이스라엘 전체가 하나님께 희생 제사를 드렸음을 함의하는 것이다. 열두 지파를 상징하는 용례들이 포로 이후 문헌들인 역대기에도, 에스라-느헤미야서에도 자주 반복되고 있다. 예를 들면, 역대상 1-9장에는 이스라엘의 열두 지파 족보 목록이 열거되고 있으며,[12] 또한 솔로몬이 성전을 건축하면서 성전 안 제단을 만들었는데 열두 마리로 된 놋쇠 황소로 바다를 떠받치게 했다(대하 4:4). 에스라는 제사장의 우두머리들 중에 열두 명을 따로 세웠으며(스 8:24), 에스라와 함께 온 귀환자들은 예루살렘에 와서 번제로 수송아지 열두 마리와 속죄제로 숫염소 열두 마리를 드렸다(스 8:35). 느헤미야 본문에는 스룹바벨과 함께 귀환한 지도자들 열두 명을 나열하고 있다(느 7:7). 이 '열 둘'은 모두 '열두 지파'를 의미하

---

12 역대상 1-9장에 나오는 열두 지파 족보 목록에서 '단'과 '스불론' 지파 족보 목록이 빠져 있고, '납달리' 지파는 단지 네 명만 언급되고 있다(대상 7:13). 포로 이후에는 과거 북 왕국을 중심으로 활동했던 지파들에 대한 자료가 충분하지 않았던 것으로 보인다. 참고, 소형근, 『구약성서 역대기』(서울: 은성, 2006).

고, '이스라엘 전체'를 상징하는 숫자이다. 포로 이후 유다 공동체의 구성원들이 과거 남 왕국을 형성했던 지파들(유다 지파와 베냐민 지파) 중심이었던 것은 분명하지만(스 4:1-3), 포로 이후 역사서인 역대기나 에스라-느헤미야서는 이스라엘 민족을 상징하는 열두 지파를 항상 염두 해 두었던 점을 기억해야만 한다. 속죄제는 본래 죄나 허물로 인해 드리는 제사이므로 유월절을 앞두고 자신들의 죄를 속한다는 의미에서 속죄제를 드리고 있지만, 다른 한편으로는 마지막 유월절이 요시야 시대에 있었기(대하 35장) 때문에 이후 오랜 기간 동안 이스라엘의 불신앙을 속죄한다는 의미에서 드리는 제사로도 볼 수 있다.[13] 이런 점을 종합해 볼 때, 에스라서의 유다 공동체는 남 왕국 중심의 역사를 서술하지만, 민족 공동체로서 열두 지파라는 이상적인 개념이 그들의 사상적 기저(基底)에 존재했음이 분명해 보인다.

4. 정체성 회복으로 개혁하는 공동체

1) 포로기 이스라엘 공동체

주전 586년에 유다 예루살렘이 멸망하고 바빌론으로 끌려갔던 강제 이주자들은 어떤 생활을 영위했을까? 혹시 이들은 바빌론인 들의 감시 아래 강제 노역에 끌려 다니며 원치 않은 비참한 삶을 살거

---

13 J. Blenkinsopp, *Ezra-Nehemiah* (1988), 130-131.

나, 혹은 군대 용병으로 차출되어 전쟁에 동원된 삶을 살았던 것은 아니었을까? 또는 제한된 구역 안에 거주하면서 바빌론 제국의 허락을 받아야지만 외부와 접촉할 수 있었던 주거의 제한은 없었던 것일까? 우리는 포로민들에 대한 정경상의 제한된 정보로 인해 바빌론에 강제 이주된 유다 사람들의 삶의 양태에 대해 갖가지 예측만을 해보게 된다. 하지만 앞선 상상과는 달리 바빌론에 강제 이주된 유다 사람들은 비록 바빌론 제국의 감시 아래에 있기는 했지만, 그들만의 고유한 구획을 허락받아서 농사를 지을 수도 있었고, 자유롭게 결혼도 할 수 있었으며(렘 29:5), 또한 다른 민족의 포로민들과 상업적 목적을 위한 조직(ḫatru)을 만들어 상거래를 통해 제국의 왕실에 부과금이나 세금을 납부하면서 자유민의 신분으로 생활을 이어나갔다.[14] 또한 강제 이주된 자들은 바빌론 지역에서도 신앙 공동체의 삶을 이어가기는 했지만,[15] 이들의 삶은 과거 유다 지역과 달리 국제환경에 적응한 자유분방한 신앙인에 가까웠다. 메소포타미아 남부에 위치한 우룩(Uruk), 우르(Ur), 시파르(Sippar) 등지에서 발견된 수천 개의 쐐기문자 점토판들 중에 특히, 1893년에 니푸르(Nippur) 지역에서 발견된 무라슈 문서(Murašû texts)에는 히브리식 이름을[16] 가진 사람들이

---

14 조셉 블렌킨소프, 『유대교의 기원: 에스라와 느헤미야를 중심으로』 (2014), 170.

15 에스겔 11장 16절에는 하나님께서 포로민들이 도달한 나라들에서 잠깐 그들에게 성소가 되어 주시겠다고 말씀하고 있고, 제사장 에스겔의 집에 장로들이 찾아와 에스겔에게 임한 계시의 말씀을 듣게 된다(겔 8:1; 14:1 등). 또한 에스라 2장과 느헤미야 7장의 귀환자 명단에는 '제사장', '레위 사람', '노래하는 자', '문지기', '느디님'이라는 성전(소) 종사자들이 나열되고 있고, 레위 사람들은 가시뱌 지방에 집단 거주하게 된다(스 8:17-20). 그리고 비록 바빌론 지역은 아니지만 이집트의 엘레판틴 지역에서 '야후'(Yhw) 성전이 세워져 이스라엘 자손들이 야훼 신앙을 이어가고 있었다. 이런 점들을 통해 추측할 수 있는 것은 바빌론 지역에 강제 이주된 자들은 야훼 신앙을 계속 이어가고 있었다는 사실이다.

16 히브리식 이름은 다음 글을 참고하라. M. W. Stolper, *Entrepreneurs and Empire: The*

다양한 사회분야에서 활동하는 모습을 보여주고 있는데, 예를 들면 단체의 대표, 재산가, 감독, 전령, 관리, 교사, 서기관 등과 같은 일을 이스라엘 후손들이 담당했던 것으로 보인다.[17] 이러한 예들은 바빌론 시대와 페르시아 시대를 거치면서 강제 이주당한 이스라엘 후손들이 바빌론 지역의 사회적, 경제적 활동에 비교적 잘 적응했으며, 또한 그 사회에 잘 동화되었다는 증거이다. 그리고 이들은 국제환경에서 여러 민족들과 상생을 위한 목적으로 이방인과 결혼하는 것은 매우 흔하고, 일반적이었다.

2) 포로 이후 이스라엘 공동체

페르시아 제국을 설립한 고레스가 주전 538년 칙령을 선포함으로 바빌론 지역에 강제이주 되었던 유다의 후손들 중 42,360명이 유다 예루살렘으로 귀환하게 되었다(스 6:64). 이 '귀환자 공동체'를 흔히 히브리어 표현을 그대로 사용하여 '골라' 공동체라 부른다. 이 '골라' 중에는 바빌론 지역에서 상당한 부(富)를 축적했던 자들도 있었다. 에스라 2장의 명단에는 '골라'와 함께 돌아온 말이 736, 노새가 245, 낙타가 435, 나귀가 6,720이었고(스 2:66-67), 성전 건축을 위한 예물로 금 61,000다릭과 은 5,000마네와 제사장의 옷 100벌을 드렸던 것을 볼 때, '골라' 중에는 바빌론에서 경제적 성공을 이룬 자들이 포함

Murasu Firm, and Persian Rule in Babylonia (Istanbul: Nederlands Historisch-Archaeologisch Instituut, 1985), 70-85.

17 조셉 블렌킨소프, 『유대교의 기원: 에스라와 느헤미야를 중심으로』 (2014), 171-172.

됐었다. 또한 '골라' 중에는 상당한 권력자들도 포함되어 있었다. 에스라 2장에는 남종과 여종이 7,337명이었고, 노래하는 남녀가 200명이었음을 알려준다(스 2:65). 포로 이후에도 '골라' 남성이 이방 여성과 결혼하는 풍습이 여전했었다. 에스라-느헤미야서에는 도비야가 아라 자손과 결혼했고(느 6:17-18), 산발랏이 대제사장 가문과 결혼 동맹을 맺었으며(느 13:28), 요세푸스의 글에는 산발랏의 딸 니카소와 예루살렘 대제사장 므낫세의 결혼을 알려주고 있다(Ant. 11.312). 포로 이후 실세 가문들 간의 결혼은 국가와 사회의 엘리트 지위를 더 견고히 하려는 등용문이 되었다.[18] 그러나 에스라가 유다 예루살렘에 온 이후 분위기가 바뀌었다. 바빌론 지역에서는 국제적 환경이었고, 자유분방한 신앙생활을 했어도 누군가 지적하기 힘든 상황이었으나, 바빌론 지역에서 돌아온 자들이 다리오 1세 제6년 아달월에 제2성전을 건축한(주전 516/5년) 이후 이제 '골라' 공동체는 성전 중심의 신앙 공동체로 다시 무장해야 하는 상황이 되었다.

3) 정체성 회복을 위한 공동체 개혁

'골라' 공동체의 정체성 강화를 위한 개혁 조치 중 가장 으뜸으로 대두되었던 것이 '혼합 결혼'의 문제였다.[19] 혼합 결혼의 문제를 해결

---

18 이에 대해서는 에팔(E. Ephal)의 두 편의 글을 참고하라. E. Ephal, "The Western Minorities in Babylonia in the 6th-5th Centuries B.C.: Maintenance and Cohesion," Or 47 (1978), 74-90; "On the Political and Social Organization of the Jews in Babylonian Exile," in: XXI Deutscher Orientalistentag Vorträge, ed. Fritz Steppart, (ZDMGSup 5) (Wiesbaden: Steiner, 1983), 106-112.

19 소형근, "에스라-느헤미야에 나타난 신학적 기원들,"「구약논단」47(2013), 140.

하는 것이 공동체 정화의 최우선 과제임을 간파한 '골라' 공동체의 지도자들인 에스라와 느헤미야는 동일하게 이 '혼합 결혼'의 문제를 개혁주제로 삼았다(스 9-10장; 느 13:23-31). 혼합 결혼 금지에 대한 성서적 기원은 신명기 7:1-4이다. 신명기 7:1-4은 가나안 땅에 들어갈 출애굽 공동체에게 이스라엘의 아들들과 딸들을 가나안의 이방 족속들에게 주지 말라는 하나님의 말씀으로 소개되고 있다. 그런데 신명기 7:1-4은 이스라엘에게 이방인들과 혼인을 금하는 규정이지, 이방인들과 결혼한 이스라엘 기혼 가정을 해체시키라는 내용은 아니었다. 하지만 에스라의 개혁은 신명기의 혼합 결혼 금지 조항에서 한 걸음 더 나아가 이방 여인과 결혼한 '골라' 남성들의 가정을 해체시키라고 명령한다(스 10:3). 따라서 에스라는 신명기를 뛰어넘는 매우 엄격하면서도 매우 과격한 율법주의자였으며,[20] 신명기 율법의 재해석자로 자리하게 된다. 혹자는 에스라의 개혁 대상으로 '이방인'을 선택한 것이 '골라' 공동체 정화를 위한 필수불가결한 선택이었다고 주장한다. 하지만 우리말 '이방인'은 히브리어로 통일된 '한 단어'가 아니라, 다양한 히브리어 용례들을 가지고 있다. 예를 들면, 구약성서에서 사용하고 있는 '이방인', '나그네', '객'에 해당하는 히브리어는 '게르'(ger), '자르'(zar), '토샤브'(toshab), '노크리'(nokri; 혹은 '네카르'[nekar])로 크게 네 종류이다. 그렇다면 에스라가 개혁 대상으로 삼았던 이방인은 위의 네 부류 이방인들을 모두 포함하는 것인지, 아니면 이들 중에 어느 특정 그룹만을 대상으로 삼았던 것인지? 에스라 본문에 대한 세밀한

---

20 조셉 블렌킨소프, 『유대교의 기원: 에스라와 느헤미야를 중심으로』 (2014), 168.

분석이 필요하다. 또한 에스라가 개혁 대상으로 삼았던 '이방인' 중에는 '이방인 남자'가 아닌, '이방인 여자'에게만 한정시키고 있는데, 왜 이방인 남성은 개혁 대상이 되지 않았고, '골라' 남성과 결혼한 이방인 여성만 개혁 대상에 포함되었던 것인지.[21] 이에 대한 신학적 검토 또한 필요할 것이다.

우선 에스라 본문에는 '이방인'에 대한 히브리어 '노크리'(nokri; 스 10:2, 10, 11, 14, 17, 18, 44)만 사용되고 있으며, 이 '노크리'는 에스라의 개혁 대상으로 등장하고 있다. '노크리'는 '솔로몬의 봉헌 기도'(왕상 8:41, 43; 대하 6:32, 33)와 야훼의 종말론적 제의 공동체의 새로운 구성원(사 56:3, 6)[22]으로 등장하는 것을 제외하고는 구약성서 내에서 전적으로 부정적 관점 일색이었다. 그렇다면 '노크리'가 어떤 '이방인'이길래 왜 이렇게 부정적일까? 랑(B. Lang)은 '노크리'가 '비이스라엘인'(삿 19:12; 왕상 8:41)이면서 '타국인'(신 17:15)이자 '이방 여인'(왕상 11:1, 8)을 가리킬 때 사용하는 용어라고 정의하고 있다. 이런 이유 때문에 '노크리'는 이스라엘 안에서 법률적인 보장과 권리를 누리지 못하는 자들이었다.[23] 포로 이후 '골라' 공동체가 새롭게 정화된 공동체로 변모하기 위해서는 이방인 '노크리'를 배척의 대상으로 삼아야만 했던 것이다. 그렇다면 이방인 '게르'(ger)는 어떠한가? 미크(T. J.

---

21 '골라' 여성이 이방인 남성과 결혼한 경우에 대해 '골라' 공동체는 상대적으로 덜 위협적으로 여겨졌던 것으로 보인다. 본래 특별한 경우를 제외하고(민 36:1-12) 이스라엘 남성에게 기업이 이어졌기 때문에 '골라' 여성의 혼합 결혼의 경우는 세습적인 토지 소유권을 잃을 이유가 없었다. 따라서 '골라' 공동체는 '골라' 남성의 혼합 결혼에만 집중하게 되었다.

22 참고. 박경철, "이스라엘 포로기 이후 새로운 유대 제의 공동체 구성원에 관한 논쟁: 종말론적 구원의 대상자로서의 이방인과 고자, 그들은 누구인가? 사 56장 1-8절을 중심으로,"「구약논단」38(2010), 114-136.

23 B. Lang, nekar (ThWAT V) (Stuttgart: Kohlhammer, 1986), 460.

Meek)는 '게르'를 "야훼 종교로 개종한 자"라고 규정하고 있으며,[24] 신명기에서는 이 '게르'를 사회적 약자로 규정하고, 도와야 할 대상에 포함시키고 있다(신 14:28-29; 26:11-12). 그렇다면 에스라 본문에서 '게르'에 대한 입장은 어떠한가? 일단 에스라 본문에는 '게르'라는 히브리어 용어를 사용하지 않고 있다. 하지만 '게르'라 인정할만한 표현은 암시되고 있을 뿐이다. 예를 들면, 제2성전 건축 후 봉헌식(스 6:16-18)이 진행되고, 이후 유월절 기념 행사가 "사로잡혔던 자의 자손"인 '베네 학골라'를 중심으로 진행되었다(스 6:19). '베네 학골라'는 바빌론에서 돌아온 과거 포로민들의 후손들을 말한다. 그런데 유월절 행사에 참여했던 또 다른 그룹이 에스라 6:21에 장황하게 소개되고 있다. 이들은 "자기 땅에 사는 이방 사람의 더러운 것으로부터 스스로를 구별한 모든 이스라엘 사람들에게 속하여 이스라엘의 하나님 여호와를 찾는 자들"이다. 이들 또한 유월절 행사에 참여하여 먹고 즐거워했다(스 6:21-22). 윌리암슨(H. G. M. Williamson)은 이들을 가리켜 히브리어 '게르'에 해당하는 "개종자들"(proselytes)이라고 규정하고 있고,[25] 블렌킨소프에 따르면 비록 이들이 히브리어 '게르(ger)'로 불리지는 않지만 포로 이후 유다 공동체에서 내부자들(insiders)이 되고 싶어 하는 외부자들(outsiders)을 지칭하는 용어라고 규정하고 있다.[26] 즉, 포로 이후 유다 공동체의 유월절 기념 행사에는 바빌론에서 돌아온 자들 외에도 유다 땅에 거주하던 '게르'가 함께 동참했던 것이다.

---

24 T. J. Meek, *"The Translation of Ger in the Hexateuch and its Bearing on the Documentary Hypothesis," JBL* 49(1930), 172-180.

25 H. G. M. Williamson, *Ezra, Nehemiah* (WBC 16) (Waco: Word Books, 1985), 85.

26 J. Blenkinsopp, *Ezra-Nehemiah* (1988), 133.

이들은 '게림'('게르'의 복수형), 곧 야훼 신앙을 가진 '개종자들'이었다.

느헤미야 10:28에도 에스라 6:21의 '게르'와 유사한 그룹이 나온다. 느헤미야 10:1-27에는 언약에 인봉한 자들의 명단이 기록되어 있는데, 이 명단에 누락된 사람들을 요약적으로 소개한 본문이 느헤미야 10:28이다. 28절에는 가장 먼저 "그 남은 백성"이 나오는데, "그 남은 백성"은 뒤이어 나오는 그룹들을 대표하는 표현이다. 즉, "그 남은 백성"에는 "제사장들", "레위 사람들", "문지기들", "노래하는 자들", "느디님 사람들"이 나오는데 이들은 성전에서 활동하는 그룹들을 말한다. 그리고 이어서 "이방 사람과 절교하고 하나님의 율법을 준행하는 모든 자"가 나오는데, 28절의 히브리어 표현을 직역하면 '그 땅의 백성들과 구별된 모든 자'로 번역할 수 있다. 28절의 '그 땅의 백성'은 에스라-느헤미야서에는 부정적으로 인식된 자들로 이들은 제2성전 건축을 방해하던 자들이었으며(스 4:4), 더럽고 가증한 일을 행하던 자들이었고(스 9:11), '골라' 공동체가 끊어버려야 할 대상이었으며(스 10:11), 안식일 법을 어기던 자들이었다(느 10:31). 그리고 느헤미야 10:28의 '그 땅의 백성들과 구별된 모든 자'는 하나님의 율법을 지켜 행하는 자(느 10:29)[27] 이기 때문에 광의적인 의미로 본다면 '게르'를 포함한 야훼 신앙 숭배자들을 의미하는 셈이다.

따라서 주전 5세기 중반 포로 이후 유다 공동체의 지도자로 활동했던 에스라와 느헤미야는 유다 공동체 정화라는 관점에서 혼합 결혼한 가정을 해체시키려고 했지만, 그렇다고 모든 이방인을 혐오의 대

---

[27] J. Blenkinsopp, *Ezra-Nehemiah* (1988), 314.

상으로 삼았던 것이 아니라, '노크리' 여성과 결혼한 '골라'의 가정만 개혁했음을 알 수 있다. 즉, 에스라와 느헤미야가 모든 이방인들을 개혁의 대상으로 삼았다는 섣부른 선입견은 에스라-느헤미야서에 대한 그릇된 이해를 가져다줄 수 있다.

5. 나가는 말

에스라서는 고레스 칙령으로 시작하며(스 1:2-4), '골라' 공동체의 성전 건축(스 3-6장)과 제사장 겸 서기관 에스라의 귀환과 개혁(스 7-10장)이라는 내용을 담고 있다. 그런데 에스라서에는 유다 공동체의 하나 됨과 유다 공동체의 회복이라는 깨알 같은 소소한 이야기들이 독자들에게 흥미를 주고 있다. 앞서 살펴봤듯이 예배를 회복시키기 위한 유다 공동체의 모습으로, 이들은 "일제히"(스 3:1) 예루살렘에 모여들어 "하나님의 제단"(스 3:2)을 만들었고, 이전에 중단되었던 상번제, 즉 아침, 저녁으로 드리는 번제(스 3:3)를 다시 시작했다. 또한 학개, 스가랴와 같은 예언자들의 격려(스 5:1) 뿐만 아니라, 총독 스룹바벨과 대제사장 여호수아(스 5:2)와 유다 장로들(스 5:5, 9)의 리더십과 유다 공동체 구성원들의 협력이 한데 어우러져 무너진 제2 성전을 건축할 수 있었다. 또한 바빌론 포로기와 포로 이후 초기를 거치면서 글로벌 문화와 글로벌 관습에 익숙해 있던 이스라엘을 에스라는 정체성 회복을 위해 개혁을 단행했다. 물론 이 개혁에 반발하는 소수의 무리가 있었으나(스 10:15), 공동체의 정체성 회복을 위한 소수의 희생은 당시 필연적이었다. 이를 통해 에스라서는 포로 이후 공동체가 어떻게 살아가야 할지 알려주는 신앙의 조타수가 되었다.

2 오늘 우리 삶에서 공동체성의 중요성

정재영 교수(실천신학대학원대학교)

1. 들어가는 말

요즘 우리의 신앙생활에서 공동체라는 말을 자주 사용한다. 신학적으로도 교회에 대하여 예배 공동체, 증인 공동체, 하나님 백성 공동체라는 말을 사용하고 사회학에서는 종교의 사회적 차원이라는 측면에서 공동체를 매우 중요하게 여기고 있다. 그러나 공동체라는 말이 한국 교회에서 널리 쓰이기 시작한 것은 그리 오래되지 않았다. 권위주의 정권 시절에 공동체라는 말은 반체제, 반정부라는 인식이 있었고, 특정 부류에 한정해서 사용되는 말이었다. 그러나 오늘날에는 공동체가 훨씬 다양한 의미로 사용되고 있고 교회 안에서 사용하기에도 불편함이 없을 뿐만 아니라 신앙생활의 매우 중요한 요소로 여겨지고 있다.

이와 같이 교회는 스스로 공동체임을 표방하지만 그 공동체의 성격이 무엇이고 그것을 어떻게 이루어 가느냐 하는 것이 매우 중요하다. 교회가 공동체라고 할 때, 그것이 어떠한 공동체인지 대하여는 의견이 엇갈리기도 한다. 교회 중직자들의 의식 조사에서 필자는 교회가 공동체라는 말에 대해서 어떻게 생각하는지 물어본 적이 있는데, 모두 "교회는 당연히 공동체이다"라고 동의하였다. 그러나 공동체의 구체적인 의미를 묻는 질문에는 분명한 답을 하지 못하는 이들이 많았다. 어떤 이는 가족과 같이 돌봐주는 곳이라고 했고, 어떤 이는 막연하게 사랑이 넘치는 곳이라고 했으며, 어떤 이는 무슨 일이 생기면 달려가는 곳이라고 했다. 이런 대답들이 틀린 대답이라고 할 수는 없으나 공동체에 대해서 구체적으로 생각하고 논의해보지 못했기 때문에 막연하게 밖에는 표현하지 못하는 것이다.

이제 단순히 교회가 공동체라고 선언하기보다 어떤 공동체여야 하는지에 대해 논의해야 할 때가 되었다. 똑같이 공동체라고 말하면서도 어떤 이는 상하 서열의 피라미드 구조를 떠올리고 지도자에 따라 일사불란하게 움직이며 효율성과 성과를 추구하는 조직체를 떠올리고, 어떤 이는 인격적인 관계를 중시하면서 일보다는 사람 중심으로, 성과보다는 과정을 중시하면서 서로의 공감대를 형성해 가는 것이 공동체의 중요한 차원이라고 생각한다. 공동체를 어떻게 이해하느냐에 따라 지도자의 역할이 달라지고 교회 구성원의 역할도 현격하게 달라진다.

대개 공동체는 말 그대로 '공통의 몸'을 가진 '하나의 지체'라는 뜻으로 이해된다. 교회 구성원들을 한 가족으로 표현하듯이 가족과 같은 존재로 여기는 것이다. 실제로 한국 사람들은 가장 이상적인 공동체 모형을 가족이라고 생각하기도 한다. 그래서 친근하고 화목한 분위기를 "가족적인 분위기"라고 표현한다. 그러나 이러한 이해는 공동체 개념의 아주 작은 면밖에 보여주지 못한다. 또한 우리 사회의 가족이 그리 바람직한 모델이 된다고 보기도 어렵다. 생사고락을 함께 하는 공동 운명체로 여겨 가족 동반 자살을 하는 경우도 있으니 말이다. 또한 교회를 신앙 공동체라고 말하기도 하지만, 큰 범주에서 같은 기독교 신앙일 뿐 교단과 교파 또는 진보, 보수 노선을 따라 제각각의 신앙관을 가지고 있는 실정이다.

또한 사회의 흐름 속에 묻힌 오늘날 교회들의 모습은 성서에 나타난 초대 교회 시대에 기독교인들이 경험하였던 교회의 공동체 요소를 상실하고 있다는 지적이 보편화되고 있다. 오늘날의 한국교회는 근대화의 물결을 타고서 폭발력을 가진 성장을 이룬 반면에 교회의 대형화 추세에 따른 내부 빈곤감이 이전에 비해 증폭되고 있다. 교회의 생활이 질보다는 수와 양에 치중하여 교인 수 확장, 건물 확대, 재정 확대에 치중을 하면서, 한국교회들은 공동체로서의 교회관과 자기 정체성을 유지하지 못함으로써 교회의 공동체성이 점점 희박해지는 실정에 이르게 된 것이다. 이것은 목적과 수단이 전도되어 교회가 본연의 역할을 하지 못함으로써, 자체 집단 안에 있는 사람들에게조차 스스로의 권위를 인정받지 못하고 또한 영향력을 행사하지도 못하게 되었다는 것을 의미한다.

오늘날의 한국 교회는 교회의 대형화 추세에 따른 내부 빈곤감이 이전에 비해 증폭되고 있으며 교회의 생활이 질보다는 수와 양에 치중하여 교인 수 확장, 건물 확대, 재정 확대에 치중을 하면서, 한국 교회들은 공동체로서의 교회관과 자기 정체성을 유지하지 못하고 있다. 또한 최근에는 여러 가지 사건으로 도덕성마저 흔들리고 있어 세상에 본이 될 만한 공동체로서의 모습을 상실하고 있다. 이러한 문제의식으로 이 글에서는 공동체의 의미를 다시 생각해보고 그것을 교회와 우리의 신앙생활에서 어떻게 적용할 수 있는지에 대하여 살펴보도록 하겠다.

2. 공동체의 의미

그렇다면 교회는 어떠한 공동체가 되어야 하는가? 성경에는 공동체에 대한 다양한 의미가 포함되어 있다. 대표적으로 사도행전에 나타나는 초대 교회는 '유무상통하는 공동체'라고 이해된다. 가진 자와 가지지 못한 자가 내 것, 네 것 가리지 않고 필요에 따라 나누는 본을 보여주기 때문이다. 이러한 공동체의 모습은 구약에서도 발견된다. 하나님께서 이스라엘을 자신의 백성으로 삼으시고 광야에서 가나안으로 인도하셨고 이후에 포로기를 거쳐서 귀환하는 과정 모두가 이들을 하나님을 예배하는 신앙 공동체로 훈련시키는 과정으로 묘사된다.

특히 에스라와 느헤미야의 개혁은 하나님의 예배 공동체를 확고히 세우기 위한 과정으로 해석될 수 있다. 성전을 짓고, 율법을 받고 성벽을 짓는 것 모두가 예배 공동체를 세우기 위한 과정이다. 여기서 에스라는 율법을 중심으로 영적인 업적을 이룸으로써 신앙 공동체의 기틀을 마련하였다는 점에서 매우 중요한 역할을 하였다. 그리고 에스라가 율법을 통해서 공동체로서의 정체성을 강화하는 모습은, 공동의 의식과 생활양식을 중요하게 여기는 오늘날 공동체 개념과 일치한다는 점에서 매우 의미 있게 여겨진다. 이러한 전통이 신약 시대를 거쳐서 오늘날까지 교회를 신앙 공동체로 이해하는 뿌리가 되고 있다.

그럼에도 공동체에 대하여 한 마디로 정의를 내리는 것은 매우 어려운 일이다. 그것은 학자에 따라서 강조하는 공동체의 차원이 다르고 또한 맥락에 따라서 공동체의 의미가 여러 가지로 해석되기 때문이다. 실제로 소수로 구성된 가족이나 동료 집단에서부터 거대한 지역 사회를 의미하는 개념까지 포함하는 복합 개념으로 사용되고 있는가 하면, 뜻을 같이 하는 사람들의 집단 이데올로기나 공유 특성을 의미하는 경우도 있다. 이러한 공동체 개념의 혼란을 극복하고자 한 조지 힐러리는 "공동체의 정의"라는 논문에서 1910년부터 1950년대 초반 사이에 행해진 94개의 공동체 연구에서 나타난 공동체 정의를 비교 검토한 결과 대략 15개의 개념 범주로 인식되고 있음을 발견하였다. 대부분의 연구들은 공동체를 사회 교섭과 생태학 관계로 보았는데, 그 중에서도 많은 학자들이 공동체를 사회 교섭(social interaction)으로 인식하고 있었다.

이와 같이 현대의 공동체 이론가들은 공동체를 지역이나 공간과 같은 물리 차원의 조건과 관계없이 사회 공간에서 이루어지는 인간 관계의 망으로 인식한다. 이러한 관점에 따라서 공동체 개념은 상호 신뢰를 바탕으로 공동의 의식과 공동의 생활양식을 통해 결속감이 증대된 사회 집단으로 이해되어야 한다. 이러한 공동체는 특히 서로에 대한 책임과 의무를 다하는 도덕 공동체를 뜻한다. 일찍이 사회학자인 뒤르켐이 교회는 성직자들의 집단이 아니라 단일한 믿음을 가

지고 모든 믿는 이들에 의하여 구성되는 "도덕 공동체"라고 말한 것을 되새겨볼 필요가 있다.[1]

이런 점에서 공동체는 단순히 특정 공간에 개인들이 모여 있다는 뜻이 아니라 "사회성으로 서로 의존하고 토론과 의사 결정에 함께 참여하고, 공동체를 정의해 주면서도 그것에 의해 양육되는 특정 '실천'을 함께 하는 사람들로 이루어진 집단"을 가리킨다.[2] 이러한 공동체는 어느 순간에 갑자기 형성되는 것이 아니라, 로버트 벨라가 말한 바, 하나의 역사를 가지며 공통의 과거와 과거의 기억들로 한정되는 "기억의 공동체"이다.[3] 그 안에서 지난날의 밝고 어두운 이야기와 바람과 두려움의 역사를 잊지 않고 공유하는 것이며, 모든 구성원들이 모두 참여하여 서로에게 책임과 의무를 다하는 '도덕 실천의 공동체'가 된다.

이러한 공동체는 공동체 밖에 있는 사람들에 대하여 문을 닫고 자신들의 이익만을 챙기는 이기주의 공동체가 아니라 서로에 대한 책임과 의무를 공동체 밖으로 표출할 수 있는 도덕 공동체인 것이다. 프랑스 역사가인 퓌스텔 드 쿨랑주((Fustel de Coulanges)가 「고대도시」에 썼듯이, 고대 도시에서 신은 '도시'의 신이었으나, 기독교의 하나님은 특정 도시 경계 안에 갇혀 있지 않고 그 공간을 초월한다. 따라서 기독교 공동체는 특정 집단의 배타성을 초월하여 삶의 양식과

---

1 에밀 뒤르케임, 노치준·민혜숙 역, 『종교 생활의 원초적 형태』(서울: 민영사, 1992), 81.
2 박영신, "역사적 대화: 벨라의 탈사회학적 관심 세계," 『사회학 이론과 현실 인식』(서울: 민영사, 1992), 408.
3 Robert N. Bellah 외, *Habits of the Heart: Individualism and Commitment in American Life*(Berkeley: University of California Press, 1985), 333-336.

가치를 공유하는 집단이며, 서로에게 책임과 의무를 다하는 도덕 집단이어야 한다.

그런데 공동체는 곧잘 집단주의와 혼동되기도 한다. 개인보다 공동체를 우선시하게 되면 공동체주의는 집단주의로 변질될 수 있다. 그래서 개인의 권리를 무시하고 집단의 이익이나 획일화된 의식을 강요할 우려가 있다. 그러나 공동체를 어떻게 정의하든지, 개인을 무시하는 집단을 공동체라고 말할 수는 없다. 최근 한국 교계에서 중요한 문제로 논의되는 가나안 성도들은 나름대로의 문제의식을 가지고 있었음에도 무시당하고 관심을 받지 못하였다. 입으로는 공동체라고 말하면서도 이들을 진정으로 공동체의 일원으로 대하지 않으면서 공동체 의식을 주입하려고 했던 것이다. 따라서 바람직한 공동체라면 개인의 권리와 다양성을 존중하면서 유기적인 관계를 만들어가는 것이 매우 중요하다.

1) '안으로의' 공동체성

여기서 공동체 개념은 두 가지 차원을 포함하고 있다는 것을 이해하는 것이 중요하다. 하나는 공동체 내부 결속과 관련된 '공동체 의식'의 차원이고 다른 하나는 도덕과 실천의 공동체로서 '공동체 정신'과 관련된다. 따라서 교회의 공동체성을 생각할 때 우리는 공동체 개념을 두 측면, 곧 안으로의 공동체와 밖으로의 공동체라는 개념으로 나누어서 생각할 필요가 있다. 먼저 안으로의 공동체는 공동체의 통합 측면 곧 '공동체 의식'을 바탕으로 한 연합과 결속에 대한 것이다.

공동체 의식은 개인들 사이의 직접 교섭을 통한 공동생활의 원리

습득이라는 뜻에서, 대부분 개인주의화되고 해체된 사회 관계를 복원하려는 의도에서 사용된다. 이런 의미에서 공동체 의식은, 공동체 구성원들의 소속감 및 교섭을 통한 결속과 관련된 집합 의식과 함께, 공동체를 유지하고 지속 발전하려는 실천 의식이라고 할 수 있다. 이러한 공동체 의식은 개인주의와 대비되는 개념으로 볼 수 있으나 공동체주의에서 반대하는 개인주의는 이기적 개인주의일 뿐 개인의 인격이나 권리를 부정하는 것은 아니라는 점에 유의할 필요가 있다.

현대 사회에서 야기되는 조직 구조의 거대화와 관료주의화는 사회 구성원 사이에서 서로에 대한 친숙성을 어렵게 만들며 인간관계의 비인격성을 초래한다. 이런 상황에서는 구성원들 사이의 신뢰성과 인격의 상호성 또한 약해지고, 결국 소외감을 느끼게 된다. 그리하여 소외감을 느끼는 사람들 사이에는 예전의 공동체를 그리워하고 공동체 안에 안주하려는 욕구가 심화된다. 70, 80년대의 한국교회는 산업화와 도시화로 인해 전통의 공동체가 와해된 한국 사회에서 대체 공동체의 역할을 했으나 오늘날의 한국교회는 교회 자체가 대형화, 관료제화되면서 공동체성을 상실한 것이다. 따라서 교회가 다시금 공동체성을 회복할 수 있다면 교회는 교회에 속한 구성원들에게 기독교인으로서의 정체성과 교회에 대한 소속감을 강화하고, 공동체 환경에서 형성되는 폭넓고 깊이 있는 인간관계를 통해 사회생활에도 변화를 가져올 수 있는 힘을 갖게 될 것이다.

이를 위해서 한국교회는 성직자와 평신도를 엄격히 구분하고 평신도 역시 직분에 따른 위계서열을 중시하는 피라미드 구조가 아니라 모든 공동체 구성원이 주인 의식을 갖고 참여하는 민주적이고 평등한 구조를 추구해야 한다. 기존의 중앙 집권식 통제 구조에서 교회 안에서 활동하고 있는 다양한 소그룹들에 자율성을 부여하는 지방 분권식 위임으로의 전환이 필요하다. 이러한 소그룹은 다양하게 살고 있는 사람들을 한데 모아 서로 이해할 수 있는 토대를 마련해 줄뿐만 아니라 거대 조직에서 소외된 사람들에게 실제적인 권한을 부여할 수 있는 환경을 제공한다. 의도적으로 서로 마주하며 일하도록 구성된 소그룹에서는 능력 함양과 주인 의식이 주어짐으로써, 위에서부터 아래로 통제하는 제도가 아니라, 분권화된 참여 민주 조직이 되는 것이다. 이러한 소그룹을 중심으로 연결망형 구조를 갖는 교회는 안으로 공동체 의식을 강화할 뿐 아니라 외부 활동에도 효과를 높일 수 있게 된다.

2) '밖으로의' 공동체성

다음으로, 밖으로의 공동체는 교회가 자체 내의 공동체를 이룰 뿐만 아니라 교회의 도덕적인 공동체성이 교회 밖으로 나가서 사회 안에 구현될 수 있는 '공동체 정신'을 나타낸다. 성서에 입각한 공동체는 공동체 구성원들만의 효과 있는 삶을 위한 것만이 아니라 안으로 헌신되고 절제된 삶의 응집을 통해서 공동체 밖의 사람들에게도 나누고 베풀 수 있어야 한다. 공동체의 삶은 타인을 위한 여력을 가질 수 있는 삶이며 지역 사회와 함께 하는 삶인 것이다.

요즘 영성에 대해서 말들을 많이 하지만, 영성은 개인 수준에서 머무는 것이 아니라 공동체와 사회 수준에서 발현되는 것이어야 한다. 특히 현대 사회에서는 다원주의와 상대주의에 의해 개인의 느낌이 고립되고 소외되어 사사화(私事化 privatization)된 신앙의 경향이 조장

되어 왔다. 그러나 이러한 종교성은 그 내부 속성상 공동체 삶을 부정하기 때문에 재생산 자체가 불가능하고 설령 그들만의 공동체가 존재한다고 하더라도 확장되고 다원화된 현대 사회의 지평에서 어떠한 기여도 할 수 없을 것이다. 사회에 반하는 사사로운 경건은 성서의 정신과 부합하지 않는 것이며, 성숙한 기독교인의 관심은 마땅히 공공으로 확장되고 공동체의 삶은 다른 사람들을 위한 삶이 되어야 한다.

따라서 교회 공동체 안에서 훈련된 기독교인이라면 교회 밖에서도 일반인들과는 다른 도덕성 곧 더 엄격한 도덕 기준에 따라 일반인들의 삶의 양식과는 구별된 삶을 살아야 한다. 그리고 삶의 지평을 넓혀 사회 변화의 주체가 되어야 한다. 성숙한 공동체는 자신의 존재를 두고 있는 더 큰 사회를 변혁할 수 있는 영향력을 발휘할 수 있어야 하는 것이다. 교회가 이러한 역할을 할 수 있을 때에라야 교회는 현대 사회에 기여할 수 있는 올바른 시민을 길러내는 조직이라고 할 수 있을 것이다.

3. 교회 공동체와 시민 공동체

한국교회는 그동안 다양한 방식으로 시민 사회에 관한 의제들을 제기하는 노력에 참여해왔다. 여러 가지 형식과 방법으로 우리 사회의 주요 주제들에 대하여 문제를 제기함으로써 사회 참여를 해왔고, 사회 복지 활동에도 다른 종교 기관에 비해 높은 참여를 나타내왔다. 그러나 이러한 한국교회의 활동은 교회 안에 있는 일반 구성원들의 활동이라기보다는 주로 목회자를 비롯한 교회 지도자들과 명망가들을 중심으로 한 활동이었던 것이 사실이다. 시민 사회는 시민의 참여를 바탕으로 하는 사회이고, 풀뿌리로부터의 실제적인 참여가 있어야만 진정한 의미에서 시민들이 주인이 되고 주체가 되는 사회라고 할 수 있다. 따라서 한국교회가 교회라는 울타리 안에 머물지 않고, 울타리 밖의 사회와 의사소통하며 참다운 시민 사회의 구성원으로서의 역할을 다할 수 있기 위해서는 교회 안에 조용히 머물러 있거나 기껏해야 교회 안에서의 활동에 몰두하고 있는 대다수의 한국교회 구성원들이 한국 사회에서 의미 있는 참여자가 될 수 있도록 어떻게 동기를 부여하느냐 하는 것이 매우 중요한 부분을 차지한다.

여기서 시민 사회와 공동체에 대하여 생각해 볼 필요가 있다. 우리 사회에서 공동체에 대한 관심이 고조되고 있는 것은 현대 사회에서 무시되고 있는 도덕에 대한 관심의 부활이라고 할 수 있을 것이다. 곧 심각해져 가는 무질서의 문제가 결국은 전통의 생활 공동체가 와해되고 해체되면서 비롯되는 것으로 보고 어떻게 하면 공동체 회복을 통해서 질서 회복이 가능하겠는가 하는 문제의식과 관련된 것이다. 특히 최근에 논의되고 있는 시민 사회와 관련하여 '시민 공동체'라는 표현이 많이 사용되고 있다. 시민 공동체는 가족이나 혈연, 민족 등 타고난 지위에 기초한 전통 공동체와 달리, 시민의 덕성에 초점을 둔 현대 사회의 새로운 공동체를 뜻한다. 다시 말하면, 지역에 의해 제한되지 않고 자발성을 갖춘 참여에 터하여 구성원들의 상호 의무에 헌신을 요구하는 공동체인 것이다.

시민 사회에 대한 정의 역시 매우 다양하다.[4] 그러나 어떤 정의에 따르든지, 토크빌이 이미 한 세기 전에 미국 사회에 대하여 지적한 바와 같이, 자발 결사체가 시민 사회의 중요한 일부이며, 따라서 다른 종교 조직들과 함께, 교회 역시 시민 사회의 특징을 지니고 있다. 최근 사회과학계에서 새로운 관점에서 교회를 주목하고 있다. 그것은 시민 사회에 대한 논의가 활발해지면서 나타난 현상인데, 이른바 '제3섹터'로 불리는 비영리·비정부 영역이 국가와 시장에 대한 대안의 패러다임으로 주목을 받기 시작하면서부터이다. 국가의 통제로부터 자유롭고 시장 경제 체제로부터 벗어나 있는 교회는 당연히 제3섹터이자 시민 사회 영역에 속한다고 볼 수 있다.

이러한 교회는 시민 조직에 참여하는 데 필요한 인간관계를 형성하고 공공 활동에 필요한 정보를 교환하는 연결망을 발전하기에 매우 적합한 장소이다. 현대 사회에서 사람들이 누구를 신뢰할 수 있는지 확신하지 못할 때, 교회는 교회 안에서 친밀한 교제를 통하여 사회 교섭을 증진하고 절대로 혼자가 아니라는 신뢰를 발전함으로써 공동체주의 운동을 활성화하고 그럼으로써 시민 사회에 기여하게 될 것이다.[5] 교회는 교인들이 그리스도의 충실한 제자가 될 뿐만 아니라 이 사회의 건실한 시민이 될 수 있도록 가르치고 격려해야 한다. 이것이 현대 시민 사회에서 교회의 역할이다.

교회는 현실적으로 우리 사회 가장 기초 단위까지 영향을 미칠 수

---

4 시민 사회의 다양한 정의에 대해서는 이승훈, "시민 사회 사상의 역사와 딜레마," 굿미션네트워크 편, 『시민 사회 속의 기독교회』(서울: 예영, 2012)를 볼 것.
5 로버트 우스노우, 정재영·이승훈 역, 『기독교와 시민 사회: 현대 시민 사회에서 기독교인의 역할』, (서울: CLC, 2014), 46.

있는 사회 조직이다. 전국적으로 교회는 7만여 개가 있는 것으로 알려져 있는데, 전국 동·면사무소를 비롯한 관공서가 4,000여 개이고 공공 행정, 국방 및 사회 보장 행정 기관을 모두 합한 행정 기관 수가 1만 2,000여 개인 것과 비교하면 얼마나 많은 수치인지 알 수 있다. 동네마다 있는 편의점이 2만 5천 개이고 커피 전문점이 3만여 곳이다. 전국에 있는 사회 복지 시설도 2만여 개 정도이다. 물론 이것은 교회가 너무 많다는 뜻도 되지만, 이렇게 많은 교회가 협력해서 활동한다면, 전국의 지역 사회를 모두 엮을 수 있는 잠재력을 가지고 있다는 것을 의미하기도 한다.

이렇게 된다면 교회는 정부 차원에서 지원하지 못하는 전국적인 민간 차원의 사회안전망 역할을 감당할 수도 있을 것이다. 이렇게 교회가 우리 사회 현실에 참여한 대표적인 보기가 바로 3·1 운동이다. 독립선언문에 서명한 민족 대표 33인 중에 16명이 개신교 기독교인이었고 전국에 많은 교회가 독립 운동에서 거점 역할을 하였다. 이것은 신앙심에 기초한 애국심의 표현이기도 하지만 전국을 엮어낼 수 있는 의사소통 망이 당시에는 교회가 거의 유일했기 때문에 가능했던 일이다.

이러한 관점에서 교회는 하나의 사회 자본으로서 기능할 수 있다. 사회 자본이란 협력 행위를 촉진해 사회 효율성을 향상시킬 수 있는 사회 조직의 속성을 가리키는 말로, 사회학자인 퍼트넘은 사회 자본은 생산성이 있기 때문에 특정 목표를 달성하는 것을 가능하도록 해준다고 말한다. 곧 구성원들이 서로 신뢰하고 다른 사람들에 대한 믿음을 보이는 집단은 그렇지 않은 집단보다 많은 것을 성취해 낼 수 있다는 것이다. 퍼트넘은 『혼자 볼링하기(Bowling Alone)』라는 책에서 미국에서 볼링리그의 감소가 자발적 시민 결사체를 통한 공동체의 참여가 급감하고 있는 현실을 상징적으로 보여주고 있다고 말한다. 볼링장에서 맥주와 피자를 들면서 사회적 교류를 하고 공동체의 문제에 관해 이야기하는 사람들은 줄어들고 자기만의 여가를 즐기려는 나 홀로 볼링인 들만 북적대고 있다는 사실은 미국의 사회 자본의 감소를 상징적으로 보여주고 있다는 것이다.

퍼트넘은 이러한 현실에서 교회가 새로운 사회 자본으로 기능할 수 있다고 주장하였다. 원자화된 개인들이 운동 경기를 보듯이 모여 있는 교회 구성원들이, 공공의 문제를 토론하는 사회 관계를 발전하게 된다면, 시민 사회를 지탱할 수 있는 하나의 사회 자본으로 형성 될 수 있는 가능성을 가지고 있다는 것이다. 여기서 우리는 한국교회 안에서 활성화되고 있는 소그룹들을 활용할 필요를 느끼게 된다. 교회 소그룹들은 집단 구성원들의 대면 교섭을 통해서 형성된 신뢰를 바탕으로 하여 공동체성을 나타낸다. 그것은 일반 사회의 대규모 집단이나 조직에서는 가능하지 않은 친밀한 교섭을 소그룹이 제공하기 때문이다. 이를 통한 구성원들 사이의 신뢰 형성이 공동체 의식을 표출하게 된다.

전통의 공동체가 무너진 후 파편화되고 불확실성이 증가된 사회에서 사는 현대인들은 신뢰할 수 있는 관계의 형성을 필요로 하는데, 소그룹 안에서의 친밀한 교섭을 통해 이것이 가능하게 되는 것이다. 이러한 신뢰 관계를 바탕으로 한 공동체가 형성되면 불확실성이 감소함으로써 공공 활동에 함께 참여하기도 더 쉬워지는 것이다. 미국에서는 소그룹이 실제로 많은 점에서 전통적인 시민 결사체로서 기능한다고 보고되고 있다. 이와 같이 교회의 소그룹은 교회 자체를 공동체화 할 뿐만 아니라, 교회가 사회와 접촉점을 만들 수 있는 유용한 수단으로 활용될 수 있다.

개인 사이의 신뢰가 사회 전체의 신뢰 구조를 만들어내는 선순환의 구조가 있듯이 사회 안에서 큰 비중을 차지하고 있는 종교 단체의 사회 참여와 봉사는 다른 자발적 결사체에 자원을 공급하기도 하고 다른 조직들의 활성화에도 기여한다. 이것은 종교 단체가 신자들의 신앙에 영향을 주어 신자들의 사회 참여와 봉사를 유도하는 것과는 다른 차원이다. 개인 단위의 자원봉사가 아니라 집단 단위의 자원봉사가 시민 공동체 만들기에 더 큰 기여를 한다는 연구 결과도 있다. 교회와 같은 종교 단체의 사회봉사나 사회 참여는 중간 집단이나 매개 집단의 활성화를 통해 지역 사회 또는 시민 사회의 조직화, 공동체 만들기에 촉매 역할을 할 수 있다. 또한 신자들이 비종교적 사회 단체에 참가하도록 촉진하기도 한다. 이와 같이 교회는 시민 사회에서 중요한 역할을 감당할 수 있는 조직이다.

4. 교회의 시민 사회 참여

1) 지역 사회 참여

교회가 시민 사회에 참여한다고 할 때 가장 먼저 생각할 수 있는 것은 교회가 터한 지역 사회에 참여하는 것이다. 지역 사회라는 용어는 영어로는 'community'라고 하는 것으로 공동체라고도 불리는 사회학 개념이다. 지역 사회를 간단하게 정의 내린다면 "지리상의 근접성

(지역성)과 사회 차원의 단일성(공동의식) 및 문화 차원의 동질성(공동규범)을 가지는 공동의 사회 집단"이라고 할 수 있다. 좀 더 구체적으로 말하면, 지역 사회는 동질성을 가진 일정한 인구가 자연, 생태, 지리상으로 한정되고 근접한 지역에 살고 있으며, 역사 유산을 공유하여 단일한 의식을 가지고 있고 협동 생활을 할 수 있는 여건을 갖춘 공동체 사회이다.

교회 역시 교회가 터하고 있는 지역 사회에서 지방자치단체, 시민단체, 기업, 주민 등과 더불어 지역 사회의 주요한 구성원이다. 교회는 그 지역 사회의 정치, 경제, 사회 문제와 직접적인 관련을 가진 개인들로 이루어진 것이며, 이 사람들을 위하여 세워진 기관이다. 그러므로 교회는 그 지역 사회의 문제와 직접적으로 연결되어 있다. 교회 실존의 근거가 바로 지역 사회인 것이다. 교회와 지역 사회를 분리해서 생각한다는 것은 불가능하다. 따라서 교회는 지역 사회 안에서 일어나는 사회 문제를 진지하게 다루고 그것을 해결하려는 노력을 해야 할 의무를 가지고 있다.

이를 위해서 다른 사회 기관들과의 연대를 해야 할 필요가 있다. 특히, 시민 사회에 참여하는 교회는 시민 사회를 대표하는 행위자인 NGO에 참여하거나 협력하는 것이 좋은 방법이 될 것이다. 교회가 참여하는 NGO를 기독교 NGO에 제한할 필요는 없다. 기독교 간판을 걸고 있는가가 중요한 것이 아니라 기독교 정신을 구현하고 있는가가 중요하다. 비록 기독교인들이 모여서 만든 NGO가 아니라고 하더라도 특정 NGO가 추구하는 것이 기독교 정신과 통하는 것이라면 필요에 따라 얼마든지 파트너십을 갖고 연계 활동을 할 수 있다고 본다.

NGO 및 시민단체는 시민 운동을 전문으로 하는 단체이므로 인력이나 지식, 정보, 경험 등의 측면에서 많은 자원을 지니고 있으며 지역 자치 단체 역시 지역 사회에 관한 다양하고 정확한 정보와 풍부한 인적 및 기반 시설을 보유하고 있다. 교회 단독으로 확보하기 어려운 여러 가지 정보와 기술을 이들로부터 제공받을 수 있다. 따라서 적극적으로 지역 사회 단체들과 지속적이고 유기적인 관계를 맺을 필요가 있다.

그러나 교회의 지역 사회 참여는 단순한 구제 및 봉사 차원이 아니라 사회 구조의 개혁을 지향해야 한다. 지역자치센터에 참여하여 예산 심의 등과 같은 주요 의사 결정 과정에 관여하거나 행정 기관 및 관공서와 파트너십을 갖고 지역 사회를 위한 활동을 체계를 갖추어 지속해서 할 필요가 있다. 시민 사회의 역할은 자원봉사 차원만이 아니라 국가와 행정 기구 또는 시장에 대한 비판 활동을 포함하기 때문이다.

이와 관련해서, 최근 시민 사회에서 활발하게 논의되고 있는 마을 만들기에 주목할 필요가 있다. 이전에는 주로 지역 사회 개발 운동으로 지역 사회 주민들의 자주적인 참여와 주도적 노력으로 지역 사회의 경제·정치·사회적 조건의 향상을 추구해왔다. '참여'를 통해 진정한 민주주의를 실현하기 위한 방편으로 공동체주의 운동 활성화가 필요해지면서, 지역 사회 구성원들의 '참여'와 다양한 기관과의 '연대'를 강조하는 것이다. 그러나 최근에는 한 걸음 더 나아가, 단순히 경제 발전이나 개발을 지향하는 것이 아니라 지역 사회의 공동체 형성(community building)에 관심을 모으고 있다. 개인주의 사회가 경쟁을 앞세운 약육강식과 적자생존의 원리가 지배한다면, 공동체 운동은 배려와 관심으로 더불어 사는 공동체를 추구한다. 마을 만들기는 바로 이러한 취지에서 지역 사회를 재구조화하기 위한 시도로 볼 수 있다.

마을 만들기 운동은 일종의 주민 자치 운동으로 여기서 '마을'이란 시민 전체가 공유하는 것임을 자각할 수 있고 공동으로 이용하며 활용할 수 있는 장을 총칭한다. 그리고 '마을 만들기'란 그 공동의 장을 시민이 공동으로 만들어내는 작업을 말한다. 이러한 마을 만들기는 '눈에 보이는 마을 만들기'와 '눈에 보이지 않는 마을 만들기'의 두 가지 측면이 있는데, '눈에 보이는 마을'이란 말 그대로 물질로 구성되어 눈으로 관찰할 수 있는 마을을 뜻하는 것이며, '눈에 보이지 않는 마을'이란 눈에 보이지 않는 사람들의 활동으로 형성되는 마을을 뜻하는 것이다.

따라서 '마을 만들기'는 '사람 만들기'를 포함하는데, 곧 시민 의식을 가지고 참여하는 사람이 되도록 의식을 개혁하는 것을 가리키는 것이다. 이러한 마을 만들기 운동에 교회가 참여하는 것은 매우 의미가 크다. 시민 의식은 기독교 정신과도 통하는 것이며, 특히 눈에 보이지 않는 사람들의 의식을 형성하는데 기독교의 가치를 지향할 수 있도록 협력할 수 있기 때문이다. 이것은 기독교의 하나님 나라 사상과도 이어지는 것으로 교회는 지역 사회를 재조직하는 일에 당위성을 지닐 뿐만 아니라 실제로 그 기능을 할 수 있는 잠재력도 지니고 있다.[6]

---

6 교회와 마을 만들기에 대하여 정재영, 『함께 살아나는 마을과 교회』 (서울: SFC, 2018)를 볼 것.

2) 마을 공동체 운동의 실천

교회가 지역 사회에서 이러한 역할을 감당하기 위해서는 교회 지도자들의 의식이 먼저 바뀌어야 한다. 이제까지 한국의 개신교는 교회와 사회의 관계에 대해서 지나치게 이원론식 사고방식을 견지해 왔다. 곧 교회 안에서의 생활에 일차의 중요성을 부여하고 일상생활의 영역에 대해서는 중요성을 인정하지 않아, "죄악이 가득하고 썩어 없어질 세상"으로 치부해 온 것이 사실이다. 이러한 이원론식 사고는 기독교인으로서의 사회생활에 올바른 의미를 부여하지 못하여 기독교인들을 분리주의자 또는 배타주의자로 만들어 버린다.

그러나 하나님께서 우리에게 허락한 이 사회는 비록 죄악이 넘쳐난다고 해도 포기하고 방치되어야 할 곳이 아니라, 똑같이 하나님의 영광이 구현되어야 할 공간이다. 하나님은 교회뿐만 아니라 이 세상 만물의 주님이시기 때문이다. 따라서 교회 안에서의 삶에만 높은 가치를 부여할 것이 아니라 교회 안에서 요구되는 엄격한 윤리 기준을 모든 기독교인들의 사회생활에도 확대하여 적용해야만 한다. 교회에서는 세속 사회의 모든 활동에 대하여 기독교의 가치를 부여하고 기독교인들이 따라야 하는 윤리적인 지침을 마련해 줄 수 있어야 한다.

이러한 관점에서 목회자가 먼저 지역 사회 목회에 대한 필요성을 인식하고 교회 구성원들이 지역 사회 활동에 적극 참여할 수 있도록 의식 개혁 및 동기 부여를 해야 한다. 이를 위해서 강단에서 전해지는 목회자의 설교도 공공성을 지닌 설교가 되어야 한다. 현대 사회에서 종교의 사사화 경향은 설교의 주제를 개인의 안위와 행복, 마음의 평안에 대한 내용으로 축소시키고 있다. 기독교의 공공성을 회복하기 위해서는 개인의 사사로운 영역에 속하는 주제들보다도 사회 공공의 영역에 속하는 주제들에 관심을 가질 필요가 있다. 그리고 교회 구성원들에게 정치나 경제 또는 다른 분야에 대한 공공의 문제들에 대하여 기독교 관점에서 접근하는 설교가 제시되어야 한다.

그리고 교회 내부 (봉사) 활동만 아니라 교회 밖 활동도 교회에서 중요하게 여길 수 있어야 한다. 평신도는 자신의 삶의 자리에서 기독교인으로서의 역할에 충실할 필요가 있다. '작은 목자'라는 개념은 평신도를 동역자로 인정한다는 점에서 높이 평가할만하나 자칫 평신도에게 교회 안에서의 활동이 중요하고 사회에서의 활동은 중요하지 않은 것처럼 오해를 줄 수도 있다. 앞에서 살펴본 바와 같이 성도들은 예수 그리스도의 제자이면서 동시에 시민으로서의 역할도 감당해야 한다. 물론 그렇다고 해서 교회에서의 활동이 중요하지 않다고 말하는 것은 아니다. 필요에 따라 그리고 은사에 따라 각각의 영역에서 소명의식을 가지고 최선을 다하는 태도가 필요하다. 이렇게 교회 안팎에서 맡은 바 역할과 책임을 다함으로써 균형 있고 온전한 기독교인의 삶을 살게 되는 것이다.

다음으로, 실제적으로 교회가 지역 사회에 참여하기 위해서는 교회와 지역 사회에 대한 현장 조사가 선행되어야 한다. 먼저 교회 안에서 동원할 수 있는 물적 자원을 자세히 파악하여 지역 사회 활동에 적극 참여할 수 있도록 교회 조직과 구조를 재정비하여야 한다. 다음으로 과학적인 조사와 방법으로 지역 사회의 필요와 욕구를 파악한 후, 교회의 여건에 적합한 사업을 우선적으로 실시하여야 한다. 그리고 지역 사회 지도자들을 만나서 지역의 필요를 파악하고 필요한 기관이나 단체와 협의하여 파트너십을 구축해야 한다. 이를 위해서는 지역 사회 변화를 위한 목표 설정, 민주적인 절차, 자발적인 실천, 지역 지도자의 육성, 지역 주민 교육 등이 필요하며, 지역 사회와 호흡하며 결속 관계를 유지하기 위해 교회 시설을 지역 사회를 위해 개방할 필요가 있다.[7]

그리고 지역 사회 활동을 효과 있게 하기 위해서는 먼저 교회 구성원들의 지역 사회 활동에 대한 인식과 참여 의향을 조사하여 지역 사회 활동을 전담할 수 있는 전략팀을 구성할 필요가 있다. 이를 위해서 교회 소그룹을 TF팀으로 활용하는 것이 좋은 방법이 될 것이다. 교회 전체가 지역 사회 활동을 하기는 어려우나 각종 소모임들이 지역 사회 활동에 참여하게 되면 더 자발성이 있고, 적극적인 참여가 가능하게 되어 많은 효과를 나타낼 수 있다. 이 소그룹 TF팀을 중심으로 지역 사회를 조사하고 직접 실천 주제를 작성하도록 하는 것이 좋다. 그리고 교회 재정의 일정 부분(대략 10% 정도)을 지역 사회 활동비로 정하고 소모임을 지원 대상자와 연결하여 이들의 필요를 도울수 있는 책임봉사제를 실시하는 것도 중요한 원칙이 될 것이다.

교회는 일차적으로 예배 공동체의 성격을 지니고 있지만, 그와 동시에 사회 속에 존재하는 시민 공동체이기도 하다. 하나의 의례 행위로서 예배에 참여하는 것으로 그칠 것이 아니라 실천 윤리의 행동 지향성이 삶의 무대인 사회생활에서 표출되어 나타나야 한다. 특히 한국교회는 개 교회 내부 결속력은 강하지만, 다른 교회와의 협력이나 지역 사회에서의 연계 활동은 부족하므로 이에 대한 노력이 더욱 절

---

7 지역 조사에 대한 자세한 내용은 정재영, "마을교회와 마을목회의 실제," 노영상 외, 『마을목회 개론』(서울: 킹덤북스, 2020)를 볼 것.

실한 상황이다.[8] 교회가 지니고 있는 물질과 제도 자원이 지역 사회를 위해 효과 있게 활용될 뿐만 아니라 교회 구성원들이 지역 사회 구성원으로서의 정체성을 가지고 적극적으로 참여해야 한다. 그리고 뜻을 같이 하는 다른 교회나 시민 단체들과 협력해야 한다. 그렇게 될 때, 시민 공동체가 활성화되고 지역 사회가 기독교의 가치를 지향하게 될 뿐만 아니라 교회의 공신력도 회복하게 될 것이다.

5. 교회의 공공성 회복을 위하여

포스트모던 시대로 대변되는 현대 사회는 종교와 같이 절대 가치를 주장하는 담론을 해체해야 한다고 주장하며 상대화된 가치 또는 다원적인 가치의 중요성을 강조한다. 이러한 주장은 이미 근대 계몽주의 이래, '세속화' 논제라는 이름으로 표현되어 왔다. 오늘날의 철학자와 사회과학자들은 종교가 사회적인 가치를 만들어낸다는 것에 대해 더는 동의하지 않고 종교의 사회적인 중요성이 감소하고 있다는 주장한다. 이러한 세속화의 결과 중 하나는 '종교의 사사화'이다. 종교가 공공의 영역에서 물러나 개인의 사사로운 영역에서만 의미를 갖는다는 뜻으로 개인주의화된 신앙을 일컫는 말이다. 우리 사회에서 종교가 사회 활동의 근거가 되기보다는 자신의 입신출세나 개인의 영달을 추구하는 수단이 되어버린 것이 이러한 '사사로운 종교성'

---

[8] 퍼트넘은 자신의 책에서 교회의 내부 결속력을 bonding social capital로 연합 활동을 bridging social capital로 표현하였다.

의 보기가 될 것이다. 이러한 신앙은 성경의 가르침과 부합하지 않고 이러한 사람들이 모인다면 교회는 올바른 공동체를 형성하기보다 하나의 이익단체화 될 가능성이 크다.

이러한 상황에서 어떻게 교회가 바람직한 공동체를 형성하고 이를 통해서 사회에 대한 공적인 책임을 다할 수 있느냐가 관건이 된다. 우리가 논의한 시민 사회에서 교회의 역할은 종교의 공공성을 회복하는 중요한 방법이다. 종교가 완전히 사사화되어서 사람들이 공동의 관심사를 갖지 못하여 더는 누구를 신뢰할 수 있는지 확신하지 못할 때, 하나의 해결책은 공동체주의 운동의 지지자들과 자원 결사체의 지도자들이 했던 것처럼 사회적 교섭을 더 많이 증진하는 것이다. 사람들이 이러한 공동체 환경에서 서로 교섭할 때, 사람들은 다른 사람에 대한 신뢰를 고양시킬 것이다. 이러한 신뢰를 통해서 안으로는 공동체 구성원들에게 밖으로는 사회에 대하여 책임을 다하는 공동체가 될 수 있게 된다.

현대 사회에서 종교에 대하여 기대하는 것은 사회에서 무시되고 있는 도덕의 차원을 다시 공공 영역으로 들여옴으로써 사회 구성원들이 개인 및 집단 이기주의로부터 벗어나 다른 사람들에 대한 책임과 의무를 갖도록 하는 데 기여하는 것이다. 특히, 시민 사회는 법과 정치의 강제력에 의해서가 아니라 결사의 자유가 적용되는 자원의 영역이고, 이윤과 이기심보다는 헌신에 의해 동기 부여되는 삶의 영역들과 관련된다는 것을 감안할 때, 공공 영역에서 사람들 사이에 사회 교섭을 증가하고 도덕에 대한 헌신에 동기 부여할 수 있는 집합의 가치들을 형성하는 것은 매우 중요한 일이다. 교회가 이러한 시민 사회의 힘에 기여할 수 있다면 교회 스스로 의미 있는 공동체를 형성할 수 있을 뿐만 아니라 세속화 과정에서 사사로운 영역으로 물러난 교회가 다시 공공성을 회복하게 될 것이다.

3. 에스라서에 나타난 하나님께서 창조하신 생명 공동체의 참 모습:
코로나 19시대의 생명 윤리적 대응

김창모 목사(광주기독병원 원목실장)

1. 지구 공동체의 평화와 생명 공동체를 위협하는 현상들

이미 수 십 년이 지난 초등학생 때 흑백 텔레비전에 나온 베트남 전쟁(1960~1975)의 모습이 인상 깊다. 패망으로 가는 월남 국민들이 종이 화폐로 밥을 해먹는 장면, 철수하는 미군들이 아까운 헬리콥터와 각종 군사 장비들을 바다에 빠트리는 모습이 오래도록 잔상으로 남았다. 그때 국가라는 공동체가 멸망하면 돈이나 개인의 소유들이 헛된 가치로 전락하는 지혜를 얻었다. 또 미군들이 비싼 장비보다 사람을 귀하게 여기는 놀라운 모습도 느꼈다. 사실 인간은 역사 이래 각종 명목의 전쟁을 해왔다. 현대사에서도 제1차 세계대전과 2차 세계대전을 통해 엄청난 인명 피해와 재산상의 손해를 가져 왔다. 그 후에도 우리나라의 6.25 전쟁, 베트남 전쟁, 유고 내전, 걸프 전쟁, 이란과 이라크 전쟁 등이 끊임없이 이어져 왔다.

이슬람 세계를 지향하는 IS 국가와 비슷한 이념으로 무장한 무슬림 단체들의 세계를 향한 테러도 미국 2001년 9.11 테러, 유럽에서 프랑스와 스페인 등 테러, 중동 내 테러들 등의 각종 테러도 여전히 해외 토픽으로 잊을 만하면 계속된다. 또한 국가적 분쟁도 여전하다. 대한민국과 북한의 휴전선 대치, 우리나라와 일본의 독도 영유권, 중국과 일본의 조어도(센카쿠, 다 댜오위다오) 분쟁, 러시아와 일본의 북방 4개 섬 영유권 다툼, 남대서양 포클랜드 분쟁(영국과 아르헨티나 1982년 전쟁), 영국과 아일랜드의 북아일랜드를 향한 갈등, 중국과 인도의 국경 분쟁, 인도와 파키스탄의 국경 분쟁 등 각 국의 이익과 관점에 따른 갈등과 평화를 깨어 지구 생명 공동체를 위협하는 요소들이 산적해 있다.

또 세계와 생명 공동체를 파멸시킬 우려가 있는 재앙들이 많이 있다. 우선 핵전쟁의 위협은 북한이 핵보유국이라는 실제 상황이기에 더욱 우려스럽고 대도시에 핵폭탄이 떨어진다면 상상하기 어려운 엄청난 사상자들이 발생하게 된다. 또 지구 지층 아래 들끓고 있는 화산들은 '불의 고리'로 환태평양 조산대와 가까운 한반도에 큰 위기를 몰고 올 수 있다. 그리고 2020년 봄 아프리카에서 발생하여 중동과 동남아시아로 퍼진 대형 메뚜기 떼의 습격은 식량 위기를 가져올 우려가 있다. 그밖에도 변종 독감 바이러스와 변종 결핵균, 에볼라 바이러스나 지카 바이러스, 탄저균, 흑사병 등도 큰 위협이 된다. 그 외에도 지구 온난화로 인한 지구 기온의 급변화가 큰 문제적 요소이다. 과학자들 가운데는 지구 온난화로 인해 빙하지역이 해빙된다면 판도라의 상자가 열려 고대의 각종 질병들이 창궐할 수도 있다는 심각한 경고를 하기도 한다. 그리고 미세 플라스틱의 범람이나, 인간의 건강 유지를 위해 크릴새우들의 남획으로 해저 환경이 바뀌는 등 각종 환경오염의 문제들, 사람들이 특별행사를 위해 헬륨 가스를 넣어 공중에 올려 보내는 풍선들을 바닷새들이 해초로 오해하여 삼키다 희생되는 등의 잘못이 일어나고 있다.

이러한 모든 재앙들은 언제라도 지구 공동체와 우리 삶의 현장을 공격할 수 있기에 요셉이 7년 풍년 기간 잘 대비하고 식량을 저장하여 나중 7년 흉년을 극복한 일처럼 그리스도인의 가정과 교회, 국가 차원의 예방적 지식과 대비는 꼭 필요하다고 느껴진다.

2. 에스라 시대의 현실과 현대 사회의 위협들

에스라서와 느헤미야서는 역대기적 역사서의 일부로 저술된 책이다. 에스라 시대에도 이스라엘 백성들은 매우 어렵고도 힘든 상황에 놓여 있었다. 앗시리아에 의한 북 왕국 이스라엘의 멸망과 세월이 흘러 바벨론에 의한 유다 왕국의 멸망은 신앙 공동체에 엄청난 충격을 줬다. 바벨론 포로로 잡힌 유대인들이 모두 부모의 종교를 따르지도 않았다. 유대인 포로들은 미개발 지역에 있는 왕실 토지의 소작인으로 바빌로니아에 정착하게 되었다.[1]

당시 "어떻게 하나님께서 선택한 민족이 멸망한단 말인가?"는 의심

---

1 허셜 생크스 편, 김유기 역, 『고대 이스라엘 아브라함부터 로마인의 성전 파괴까지』 개정증보판(서울: 한국신학연구소, 2005), 306.

스런 고백은 로마 제국의 이민족에 의한 멸망을 본 어거스틴이 느낀 감정이기도 하다. 하지만 어거스틴은 그런 현실을 신앙적 관점으로 극복하려고 했다. 『하나님의 도성』[2]에서 그는 하나님의 나라와 세상 왕국을 구분한다. 그리고 비록 세상 왕국은 멸망할 수 있으나 우리가 장차 갈 하나님의 나라(왕국)는 영원무궁토록 지속된다는 신앙으로 대안을 제시했다.

에스라 느헤미야 시대는 고레스 칙령으로 고국으로 돌아가게 된 상황 속에서 성전 재건과 하나님의 말씀인 성결 법전의 준수를 강조하며 성전과 율법 중심으로 신앙 공동체로서 뭉치고자 한다.[3] 곧 유대 땅에서 쫓겨난 경험이 있는 자들이 다시 유대 땅으로부터 쫓겨나지 않으려는 포로기 이후 유다 사회의 신앙적 노력이 깃들여 있다. 그런데 유대 땅에서 쫓겨난 큰 요인으로는 다섯 가지가 핵심이다.[4] 첫째, 희년과 안식년을 지키지 않았다(레 26:34-35). 땅의 주인은 개인이나 자본가들이 아닌 하나님이시다. 둘째, 우상을 숭배했다(출 34:11-15). 셋째, 이방 여인들과 결혼했다(출 34:16-17). 이방 여인들은 다른 신들을 들여오고 이방 제의 양식으로 하나님을 섬기는 혼합주의 모습을 가져왔다. 넷째, 안식일을 지키지 않았다(렘 17:2; 사 56:1-8, 겔 20"12-13, 20-22 등). 유대인들이 거룩한 성소 예루살렘을 잃었지만 더욱 거룩한 시간을 갖아야 하는 것처럼 성전 존재 여부

---

[2] 아우구스티누스, 조호연·김종흡 역, 『하나님의 도성(CITY OF GOD)』, (서울: CH북스, 2016) 참고.

[3] John H. Walton ed. *Zondervan Illustrated Bible Backgrounds Commentary* Vol 3(Grand Rapids: Zondervan, 2009), 404.

[4] 김지은, "에스라-느헤미야 개혁의 성격," 『구약과 신학의 세계』 (서울: 한들출판사, 2001), 17-19.

와 상관없이 어떤 곳에서나 안식일을 지키라고 요구된다. 다섯째, 사회적 공평과 정의(正義)가 없었다(렘 7:5-15; 21:12-12;22:3-5; 사 5:12-13).

에스라와 느헤미야는 개혁의 내용을 야웨 신앙의 준수에 핵심 가치를 둔다. 구체적 내용으로는 초막절 준수를 명하기, 안식일 준수에 대한 강조, 이방 여인과의 혼합 결혼 금지, 성전 제도의 강화, 사회적 공평과 정의 구현에 힘쓰고자 했다. 이렇게 에스라는 포로기 예루살렘에 귀환하여 신앙 공동체의 재건을 위하여 율법의 재 반포에 힘쓰고 금식과 죄의 회개를 위한 총회를 주관했다. 또 신앙 공동체는 이방 여인들을 내보내고 공동체의 정화를 위해 노력했다. 단 어제의 복음이 오늘의 율법이 되지 않도록 21세기의 오늘날에 지혜로운 적용이 필요하다. 가령 불신자인 배우자와 이혼이 아닌 믿음을 가질 수 있도록 회복 공동체의 역할을 수행해야 한다.

한반도는 분단 국가로 핵과 장거리 미사일, 잘 훈련된 100만 명이 넘는 군대를 앞세운 신뢰하기 어려운 국가인 북한과 휴전선에서 대치하고 있는 현실이다. 비록 우리가 평화와 대화를 주장해도 상대방이 자신들의 체제를 유지하기 위해서 우리를 무시하고 국지적 분쟁이나 적대시하며 무력 분쟁으로 나갈 우려가 높다.

생명 공동체의 모습이 깨진 한국 사회와 세계의 형태는 현실이다. 한국 사회는 언제부터인지 몰라도 정규직과 비정규직, 전문직과 비전문직, 대기업과 중소기업 및 소상공인과 자영업, 인맥과 학력 등으로 갈가리 나뉘어져 있다. 또 서울 강남 3구를 중심한 수도권의 부동산 부자들과 그렇지 못한 다른 지역의 대다수 국민들로 자산 크기가 차이가 난다. 그리고 서울 강남과 부산 해운대구, 대구 수성구, 충남

세종시, 광주 남구 등 같은 지역 안에서도 한쪽 지역의 급격한 자산 가격 상승으로 인해 또 다른 부동산 지형의 차이를 나타내고 있는 실정이다.

또 급격한 저출산과 고령화 현상, 1인 가구의 증가로 말미암아 혼자 살아가는 혼밥(혼술: 혼자 밥이나 술을 먹는 현상)이나 홈밥(홈술: 집에서 혼자 밥이나 술을 먹는 현상)이란 신조어까지 생겨난 개인주의 중심의 상황이 되고 있다.

3. 2020년 코로나 팬데믹으로 가져온 세계 공동체와 한국 사회의 위기

2019년 11월 중국 우한에서 발생한 코로나 19로 말미암아 세계 전체가 몸살을 앓고 있다. 그동안 우리가 한 번도 경험해 보지 못한 코로나 팬데믹(세계적 대유행) 상황이 되었다. 전 세계적으로 500만 명이 넘는 발병자와 많은 사망자를 발생시켰다. 비록 죽음이란 두려우면서도 어쩔 수 없이 받아들여야 하는 순간이 오면 순응하겠다는 그리스도인다운 다짐에도 불구하고 질병이란 변수에 의한 일은 회피하고 싶은 심정이다. 코로나 확산이 중국의 관리 소홀이라는 미국 트럼프 대통령의 비난과 중국 시진핑 주석의 대립과 싸움은 무역 전쟁으로 책임 공방이 번졌다. 심지어 코로나 19는 백신 연구와 치료제 개발 속도에도 불구하고 팬데믹을 넘어서 엔데믹(endeic)으로 발전할 우려가 있어서 더욱 공포를 키운다. 엔데믹은 뎅기열과 말라리아, 에이즈바이러스(HV)처럼 사라지지 않고 지역 사회에 계속 살아남는 질병을 말한다.

　1980년대 이후 촉진된 세계화는 많은 나라의 경제 단위를 키웠다. 또 교역이 복잡해지는 과정에서 파생된 고용도 상당했다. 그리고 2000년대는 더욱 발전되어 초고속 인터넷과 스마트 폰의 발달 등으로 전 세계를 하나로 생각하는 지구촌 시대와 세계화라는 글로벌 시대를 찬양했다. 하지만 코로나 19 이후 세계는 각자도생의 길로 전환하고 있다. 마스크와 충분한 보호 장비 등 의료 장비를 서로 수입하기 위해 다툼을 벌이고 질병 확산을 방지하기 위해 공항을 포함한 국경을 봉쇄하는 등의 모습을 보인 유럽과 여러 국가들은 유럽 연합의 존립과 세계화의 이상까지도 위협한다. 독일에서는 중국을 상대로 거액의 손해 배상 소송을 거는 모습을 보였고 미국 등 다른 나라들도 동조 분위기를 나타낸다.

　또한 미국과 한국 등 전 세계에서 실업률이 2008년 세계 금융위기 때 이상으로 급등했다. 이것은 앞으로 코로나 사태 이후 보급될 원격 솔루션은 우리를 스마트하게 만들어 주는 동시에 비효율에 가려져 있던 많은 단순직들을 제거하는 폭탄으로 터질 것이다. 장기적으로는 가망 없는 기업과 가정, 교회들이 도태되고 성장 가능 기업과 미래를 대비하는 가정, 교회들이 생존할 것이다. 현실적으로 제조업 같은 구경제 체제보다 네이버, 카카오 같은 비대면 접촉과 관련된 기업들이나 아마존, 알리바바 같은 인터넷 상거래라는 새로운 시장의 확장을 보아야 할 것이다.

　다음으로 세계 생명 공동체를 위협하는 일 가운데도 국내외 관광객이 끊기고 각종 세계와 각 나라의 지역 축제들이 취소된 모습이 농수산물 소비와 지역 경제에 치명타를 안겼다. 그로 인한 코로나 이후 유럽에 번져가는 '식량 애국주의'가 극성이다. 우선 정부 비축량을 늘려달라는 농가들의 요구가 터져 나오고 농업 종사자들을 위한 정부 보조금과 긴급 자금 대출이 실시되었다. 각국의 식당과 카페 영업 금지령이 오래 지속되고, 국경 봉쇄령으로 식품 소비가 확 줄어들자 각 나라 정부에서 "가급적 자국산 농산물을 사달라!"고 요청하여 자국 농가 살리기에 나서는 모양이다. 이 같은 '식량 민족주의' 형태는 결국 유럽연합이 추구하는 '단일 시장(single market)'이 물거품이 되거나 흔들릴 우려가 높다.

역으로 식량 수출이 어려워진 코로나 19 상황에서 당장 큰 타격을 받을 나라는 만성적으로 식량이 부족한 북한을 포함하여 동남아시아의 빈국들과 가난한 아프리카 국가들이다. 따라서 유엔과 국제기구들의 힘을 모아서 국제적인 도움이 어려운 상황에 더욱 구체적으로 실천될 필요가 있다.

한국에서도 2020년 1월 첫 환자 발생 이후 상장 기업들의 영업 이익률이 현저히 떨어지고 상장사들의 실적이 현저하게 떨어졌다. 대기업들조차도 향후 감원과 고용 축소 등의 여파가 걱정된다. 또한 여러 업종 가운데도 특히 인바운드(국내에 여행하는 외국인 여행객)가 거의 끊긴 관광업, 해외 여행업, 항공업, 식당업 등의 서비스업과 자영업자들을 중심으로 대량의 휴직과 실직, 폐업 같은 참담한 사태가 발생했다. 무엇보다도 대구 지역에서 신천지교회 집단의 대량 발병과 서울 구로 콜 센터의 집단 발병, 이태원 클럽 발로 생겨난 집단 감염 등이 생명 공동체를 위협하고 파괴시켜 개인 이기주의와 집단 이기주의를 부추길 우려가 더 높아졌다. 한때 마스크 품귀 현상이 일어나서 원래 가격보다 몇 배씩 값이 솟아오르고 손소독제와 비접촉 체온계 등도 가격 상승과 품귀 현상을 나타냈다.

또 유치원과 초등학교, 중고등학교, 대학교 등이 등교를 하지 못한 채 장기간 비대면 수업과 부분적이고 제한적 등교라는 현실에 직면했다. 여기에도 가정의 소득 수준과 다니는 학교의 수준에 따른 격차를 발생시켰다. 사립초등학교 같은 쌍방향 수업이 가능한 학교가 극소수라는 점에서 교육 불평등이 더욱 도드라진 것이다. 수업에 재개된 후에도 무증상 감염이라는 복병 때문에 가정과 학교 공동체 차원의 철저한 대비가 필요했다.

무엇보다도 한국교회 대부분이 2020년 2월 하순부터 상당 기간 대면 예배를 드리지 못하고 인터넷 중계와 유튜브를 이용한 영상예배를 드려야 했다. 이것은 한국교회 초유의 사태로 갑자기 발생한 모습에 전통적인 예배와 성경 공부 및 친교 모임에 익숙했던 기존 신자들을 큰 혼란에 빠뜨렸다. 또 청년 세대들과 가뜩이나 가나안교회(교회 불출석 안 나가 교인)로 전락할 우려가 높던 신자들이 기독교 케이블 방송들이나 인터넷 방송, 라디오 예배 등으로 기울어져서 기존 모임을 등한시할 우려도 가져온다.

하지만 더 심각한 생명 공동체에 대한 위협으로는 세계적으로 "보이지 않는 적"으로 볼 수 있는 각종 전염병들이 인류를 위협하고 있다. 세계의 종말을 가속화 시킬 위협요소로 지구 온난화와 기후 변화, 우주로부터 엄청난 크기의 혜성이 지구에 충돌해 오는 현상, 수소폭탄과 핵전쟁, 화산 대폭발과 대지진 등과 더불어 지구 차원의 대규모 감염병이 위협적 요소로 제기된다. 예를 들어 과거 페스트(pestis)는 중국과 중앙아시아 교역로를 통해 서쪽으로 전파되었는데 흑해 연안을 떠난 배들이 그리스와 터키, 이집트의 항구들, 지중해의 여러 섬에 병균을 퍼트렸다. 1347년 11월에 프랑스 마르세유 항구에 입항하여서는 남부 프랑스와 이탈리아 도시들을 황폐화하고 다시 프랑스 중심부를 거쳐 영국, 아일랜드, 네덜란드, 스칸디나비아와 모스크바까지 질병이 확산되어 유럽 인구의 급격한 감소를 일으켰다. 더욱이 페스트의 원인으로 생각한 회개 운동은 이해되나 요한계시록 20장에 근거한 종말론 광풍이 불었고, 죄 없는 유대인(우물에 독을 뿌렸다고 수 천 명을 화형에 처함), 이방인, 이교도, 나병환자들에게 불똥이 튀어 이단으로 몰아 고문과 화형에 처하는 등의 억울한 희생자들이 속출했다. 또한 국왕 필리프 6세의 발병 원인을 조사하라는 지시에 대한 파리 대학 의대 교수들이 엉뚱한 목성과 화성이 나쁜 영향을 준 것이라는 잘못된 천문학적 대답과 "매일 공복 상태에서 토하고, 일주일에 최소 두 번씩 따뜻한 침대에서 이불을 잘 덮고 따뜻한 음료수를 마셔서 땀을 흠뻑 내라"는 황당한 처방을 내놓는 잘못을 저지르기도 했다. 현미경이 발달한 19세기에 들어서야 세균과 바이러스로 전염병의 원인을 찾는 과학적 접근이 시작되었다.

다음으로 1918년-1919년 유행한 "스페인 독감"은 전 세계를 휩쓸었고 약 5,000만 명(최소 2,000만 명 이상)에서 1억 명이 사망했다. 1차 세계대전으로 죽은 사망자보다도 훨씬 많다. 또 1957년 조류와 인간 바이러스의 혼합인 "아시아 독감"이 유행하여 100만 명 가까이 사망했으며, 1968년 역시 조류와 인간 바이러스의 혼합으로 보이는 "홍콩 독감"이 퍼져서 약 75만 명이 사망했다. 그밖에도 에볼라바이러스나 아프리카 돼지열병, 조류독감(H5N1) 바이러스 등의 변이 바이러스들이 계속 등장하여 인간과 동물들을 크게 위협한다.

인류가 항생제를 발견한 때는 1928년(알렉산더 플레밍)이고 치료에 사용한 때는 1940년대였다. 천연두의 종식은 1977년, 결핵·장티푸스·콜레라를 이제 겨우 통제할 수 있는 수준에 이르렀다. 문명이 호모사피엔스의 번성을 위해 자연과의 "위태로운 균형"을 깨면 깰수록 비가시적인 것들은 더욱 두려운 형태로 우리에게 나타날 우려가 있다. 즉 COVID-19(코로나 19)는 하나의 경고일 뿐이다.

종합 병원에서 결핵이나 바이러스 및 인플루엔자 같은 감염병은 주로 감염내과와 예방의학과에서 주관한다. 문제는 과거 카라반이 페스트를 전염시켰고 증기선이 콜레라를 전파하는 이상으로 현대 사회에서는 비행기 여행과 크루즈 여행이 세계적 질병 확산으로 나타날 수 있다는 일이다.

그동안 역사적으로 한국을 위협한 대표적인 감염병으로는 다음과 같은 것들이 있다. 첫째는 사스(SARS)다. 중국과 베트남 등 동아시아 26개국에서 퍼지다 소멸했고 2002.11-2003.7월까지 유행했다. 잠복기는 4-6일(최장 10일)이었고 한국 내의 확진자나 사망자 및 치사율은 0%였다. 현재 소멸된 감염병으로 추정된다.

둘째는 신종플루다. 미국에서 발생해 전 세계로 확산되었고 현재는 계절 독감형태로 존재한다. 2009.5.2~2010.4.1.일까지 영향을 주었으며 잠복기는 2-3일(최장 7일)로 국내 확진자는 75만 명이었고 사망자는 260명(치사율 0.017%)이었다. 치료제로 타미플루가 사용되며 백신도 개발되었다.

셋째는 메르스(MERS)다. 중동에서 주로 확산되었고 여전히 중동 지역에 산발적으로 발생한다. 2015.5.20~7.28일까지 국내 병원 내의 감염이 크게 영향을 주었고 잠복기는 5-6일(최장 14일)로 국내 확진자는 186명이었고 사망자는 38명으로 치사율은 20.4%나 되었다.

한국에서 잘 퇴치된 전염병이다.

넷째는 코로나 19(COVID-19)이다. 중국 우한(武漢) 지역에서 발생해 전 세계로 확산 하여 한국, 미국, 프랑스, 일본, 이란, 이탈리아, 남미 지역 등에서 특히 많은 호흡기 질환 환자를 발생시켰다. 노벨문학상을 받은 알베르 까뮈의 1947년 소설 『페스트』속에서 정부는 우왕좌왕하고 종교계는 신의 형벌이라 주장하며 상인들은 배급품을 빼돌려 비싸게 파는 암거래가 판친다. 실제 한국 정부는 초기 중국인 입국 차단을 정치와 경제적 관점에서 눈치보다 방역 실패를 할 뻔했다. 세계보건기구(WHO)에서도 코로나 19를 팬데믹(Pandemic 세계 대유행)으로 공식 선언할 만큼 아시아를 넘어 유럽과 미국, 남미 등에까지 수백만 명이 넘는 많은 감염자들과 수십만 명의 사망자들이 발생하여 큰 영향력을 끼쳤다. 또 마스크와 보호 장구 부족 대란으로 한국과 일본, 태국, 이란, 이탈리아 등이 한때 큰 혼잡을 경험했다. 동시에 『페스트』에서 "이 모든 일은 영웅주의와는 관계가 없습니다. 단지 성실성의 문제입니다. 페스트와 싸우는 유일한 방법은 성실성입니다"는 문구를 기억할 필요가 있다. 즉 개인을 넘어서 공동체 전체의 유익을 고려하며 불편한 상태를 감내하는 성숙한 국민의식이 요구된다.

한편 의료 체계에 따른 피해의 양상이 다른 결과를 보였다. 무상의료를 선택하고 있는 이탈리아, 영국, 스페인 등에 피해가 훨씬 컸는데 그 이유는 가벼운 증상 관리엔 문제없지만 응급 상황에서 대처가 어려운 구조를 보인다. 또 의료 재정 악화로 인해 의사 처우가 나쁜 이유로 해외유출이 심각하게 많았고 코로나 19로 의료 체계가 흔들렸다. 예를 들어 이탈리아는 의사보다 택시 기사를 하는 것이 수입이 더 낫다는 얘기가 있다. 그 결과 이탈리아는 코로나 19로 수 만 명이 넘는 사망자가 나오는 의료 대란이 일어났다. 영국의 경우도 2020년 한국의 축구 국가대표 손흥민 선수가 경기 중 손을 골절했을 때 한국에 들어와서 수술을 받고 갈 만큼 빠른 수술이 이루어지지 않는다고 한다. 반면에 의료보험 채택국인 한국과 독일은 환자 발생 수에 비해 사망률이 현저히 낮았다.

한국은 2020년 1월 20일에 첫 환자가 발견되고 대구신천지교회에서 집단적으로 발병하여 다른 감염병보다 독하고 빠르게 전국에 확산되는 것이 가속화되었다. 코로나 19는 대부분 가볍게 지나가지만 기저에 만성질환이 있는 병자들과 노약자들이 위험하고 일반인들 가운데도 흡연자들이 중증폐렴으로 연결되면 생명이 위험해진다. 또한 전 세계적인 확산으로 인해 세계적으로 여행업계와 항공업계, 수많은 소상공인들과 자영업자들이 운영하는 음식점업과 숙박업, 각종 서비스업, 여러 종류 학원들의 생존이 어려울 정도로 심각한 상처를 입혔다. 그리고 대한민국 여권소지자들이 세계의 120개가 넘는 국가에서 입국이 거부당하거나 14일 격리되는 수모를 당했다. 또한 초등 중등 고등학교 대학교의 졸업식과 입학식이 취소되고 2020년 1학기 대면강의가 여러 차례 연기되었으며 인터넷 수업을 교육자원부에서 추천했다.

그런데 미국과 영국에서 코로나 19 셧다운 대상의 직접적인 영향에 속한 업종에 근무하는 사람들 수천만 명이 일시 해고되었는데 대부분이 시간제 근로자와 저소득 및 저연봉 근로자, 막 사회에 진입한 젊은 층이 약한 고리를 이루었다. 또 메이저리그 구단의 경비 절감 차원에서 마이너리그 선수들 상당수가 해고되기도 했다. 이들은 고용 충격에 직격탄을 맞아 근로시간이 감소되고 소득이 감소되었다. 이렇게 20대에 실업난을 겪으면 그 피해는 평생 지속된다는 연구도 있다. 그리고 미국과 한국에서 실업 수당을 청구하는 근로자의 숫자가 급증했다. 그러므로 우리는 청년 세대의 어려움을 이해하기 위해서도 청년 문화를 올바르게 파악하고 기성세대를 꼰대로 인식하는 특징을 잘 알아 지혜롭게 선교의 동력으로 삼아가야 하겠다. 예를 들어 90년대 생들에게는 간단하거나 재미있거나 정직하거나 일과 삶의 균형을 추구하는 정직한 접근과 봉사로 접근해야 한다.[5]

4. 세계와 한국 사회 생명 공동체 회복을 위한 대안들

글로벌 전문가들의 분석에 따르면 코로나 19의 영향으로 크게 10가지 변화를 제시한다. 탈세계화, 거대정부, 세계에 경제 잠재력과 물가 동시 하락하는 일본식 불황이 닥쳐온다. 또 남유럽이 큰 타격을 받으면서 불안이 확산되어 유로존의 위기 발생, 중국의 위상이 정치적으로 올라가거나 반대로 세계적 불신이 더 커질 것이라는 예측이다. 그밖에도 포퓰리즘의 부상, 의도치 않은 재택근무 실험으로 '탈오피스' 반면에 여성들의 경제활동 기회는 늘어날 것, 인류의 대면 관행이 뒤바꿀 악수의 종말, 코로나 세대의 어려움, 항공편과 거리의 자동차들이 사라지자 세계 대도시들의 공기가 맑아지며 '환경 존중'과 온

---

5 임홍택, 『90년생이 온다』 (서울: 웨일북, 2019) 참고.

난화 논쟁이 새 국면에 들어섰다. 과거 처칠 총리의 명언 "좋은 위기를 낭비하지 말라"는 경구를 기억하며 치열해질 글로벌 생존 게임에서 개인과 가정, 교회와 국가의 경쟁력을 키워야 할 것이다.

이러한 비자나 여권 없이 세계로 퍼져가는 감염병 예방과 확산을 방지하기 위한 방법으로 방역이 중요하다. 우선은 봉쇄(containment) 조치이다. 2020년 코로나 19 사태 때 대만과 싱가포르가 중국 발 방문자 입국 금지 조치를 2월 초에 실시하면서 초기에 봉쇄하여 피해를 최소화시켰다. 다음으로는 완화(mitigation)전략이다. 이미 어느 정도 확진자가 전파된 상태에서 취하는 방법이다. '사회적 거리두기'와 경중 환자격리로 대규모 확산을 억제하면서 중증 위주로 진료 체계를 구성해 사망자를 줄이는 걸 목표로 하게 된다. 또 사회적으로 마스크 착용과 손 세척을 철저히 하는 방법 등이 추천된다.

사회적 거리두기(사랑의 거리두기)는 일상의 마비를 뜻하기도 하는데 "생활방역"이 요구된다. 이것은 생활습관처럼 백신이 완성될 때까지 장소적 방역을 받아들이는 장기전에 대비하는 방법들이다. 예를 들어 첫째, 대중교통을 이용할 때 가능하면 환승을 최대한 덜 하는 경로를 택하고, 손잡이 등을 잡았을 때 즉시 비누나 세정제로 씻는다. 둘째, 마트나 백화점에서는 장을 보거나 쇼핑 전후 손 씻기와 세정제 사용하기, 소독제 등을 이용해 손을 청결하게 유지한다. 셋째, 병원 방문 시에 미리 예약하고 반드시 마스크를 착용하며 동선을 최소화하고 불필요하게 여기저기 다니지 않는다. 또 환자 위로 방문을 삼간다. 넷째, 식당에서 음식을 먹을 때 나란히 앉거나 지그재그로 한 방향 식사를 유도하고 식사 중에 대화는 많이 하지 않는다. 다섯째, 직장에서는 사무실을 2시간 간격으로 자주 환기하고 환경 소독을 자주

한다. 여섯째, 엘리베이터 이용 시 너무 사람들이 많을 때는 한가한 때를 기다리거나 계단을 이용하는 것이 좋다. 버튼을 누르기 전후에는 손 소독제를 사용하는 게 안전하다.

우리 정부에서 제안한 생활방역 수칙 5가지는 다음과 같다. 제1수칙은 아프면 3~4일 집에서 쉰다. 발열, 기침, 가래, 근육통, 코 막힘 증상이 있으면 집에 머물며 쉬되 만약 38도 이상의 고열이 지속되거나 증상이 심해지면 질병관리본부 콜센터 1339나 지역번호+120, 보건소에 문의한다. 제2 수칙은 사람과 사람 사이에는 두 팔 간격을 둔다. 약 2m의 간격을 두면 침방울을 통한 코로나 19가 전파되는 것을 막을 수 있다. 또 만나는 사람과 악수나 포옹을 하지 않는다. 제3 수칙은 손을 자주 꼼꼼히 씻고, 기침은 소매로 가리는 기침예절을 지킨다. 특히 손은 식사 전후와 화장실 이용 후, 외출 후, 코를 풀거나 기침이나 재채기를 한 후 흐르는 물과 비누로 30초 이상 씻거나 손소독제를 이용한다. 제4 수칙은 매일 2번 이상 환기하고 주기적으로 소독한다. 손이 자주 닿는 문고리, 전화기, 리모컨, 손잡이, 스위치, 팔걸이, 탁자, 키보드 등은 주 1회 이상 소독한다. 제5수칙은 거리는 멀어져도 마음은 가까이한다. 모임은 어려우나 지인들과 자주 연락하고 마음을 나눌 기회를 만든다. 집에서도 혼자 운동하고 규칙적인 신체 활동을 하며 균형 있는 영양 섭취로 면역력을 지킨다.

다음으로 코로나19 같은 질병 확진자와 2m 이내 접촉한 사람은 자택에 2주간 격리를 원칙으로 한다. 이러한 자택 격리 대상자 생활수칙은 다음과 같다. 첫째, 격리 장소(집, 병원 등) 바깥 외출금지 둘째, 독립 공간에서 혼자 생활하기(창문 자주 환기, 식사와 화장실 사용은 혼자권유) 셋째, 진료 등 외출이 불가피할 때는 반드시 보건소에 연락하기 넷째, 가족이나 함께 거주하는 사람들과 대화 및 접촉 자체(불가피할 때도 2m 이상 거리두기) 다섯째, 수건, 식기류, 휴대전화 등은 개인전용으로 사용하고 옷과 침구류도 가능한 별도 세탁하기 여섯째, 손 씻기와 기침 에티켓 준수하기 이와 더불어 "사회적 거리두기"를 실천할 필요가 있다. 그밖에도 버스와 지하철 손잡이, 식당과 백화점 등 다중 시설 출입문 손잡이, 엘리베이터 1층 버튼, 공용 화장실 손잡이, 에스컬레이터 난간, 유통되는 지폐 접촉, 여러 사람과 악수 등을 했을 때는 반드시 손을 씻어야 한다. 또 집단 감염 우려가 있는 대학교 기숙사나 주요 공공시설 입구에 방역용 에어 샤워기 설치도 의미 있는 활동이다.

그렇지만 정말로 중요한 점은 먼저 국가 차원의 국립 감염 전문 병원들을 광역권별로 만들고 국가보건실(NHC: National Health Council) 등을 신설해야 한다. 보건복지부도 전문성이 크게 차이가 나기에 보건부와 복지부로 분리하는 방안도 고려해야 한다.

경제 정책에 있어서도 위기 때 구조 조정과 규제 개혁을 외면해서는 안 된다. 일본은 1985년 플라자 협약으로 환율이 급등하자 구조 조정이 아니라 중소기업, 자영업, 일자리 보호라는 명분으로 양적 완화와 금리 인하 등을 통한 "경제 좀비화"를 만들어 30년 패착을 했다. 우리나라도 무조건적으로 일자리만 지키겠다며 좀비 기업을 양산하는 정책은 수정되어야 한다. 도리어 치열한 경제 혁신을 하여 현재의 사회주의 실험인 "임금 상승이 시장을 키운다"는 잘못된 소득주도성장 정책(반대로 올라간 임금이 실업을 촉발한다는 주류 경제학의 견해가 있다), 노인 알바자리 증가(고용 비율 분석 꼼수), 공공 부문의 비대화(세계의 공공 부문 축소와 반대), 재정 건전성 포기(국가 부채 증가), 법인

세율의 세계적 수준의 증가(전 세계는 법인세 인하로 글로벌 기업 유치에 노력) 같은 악습을 바꾸어 진정으로 다음 세대들에게 좋은 경제 구조를 전승하는 노력을 기울여야 한다.

또한 유비무환의 자세로 어려운 일들이 터지기 전에 정부 차원의 사전에 사회경제적 약자들을 위한 사회 안정망 가동이 필요하며, 여러 예기치 못한 질병들에 대응하는 예방의학적인 조치와 평상시 위기 관련 신속대응 매뉴얼들이 준비되어 마스크 대란 등이 일어나지 않도록 해야 한다. 또 전염병 확산 때는 정부 관료보다 의학 및 질병 관리 전문가들을 활용하여 문제를 해결해 가는 유연성도 필요하다.

5. 그리스도교 가정과 교회 및 사회 생명 공동체를 만들어 가기 위한 신학적 생각들과 목회 및 사회적 실천방법들

1) 생명 윤리 입장에서 생태 신학과 생태 영성의 관점에서 천로역정의 본래적 신앙을 망각 하지 않는 하나님을 온전히 신뢰하고 하나님 나라를 향한 믿음을 지켜가야 한다.

생명 윤리는 인간의 육체와 영혼 모두를 중요시하는 전인적 생명을 중요시한다. 또 생태 신학이란 하나님, 인간, 자연에 대한 각각의 관계를 중요시하고 특히 자연과학 영역에 넘긴 자연을 사랑하고 보호하는 창조 보존의 신학을 의미한다.[6] 헨리 나우웬의 경우도 책과 사람들 못지않게 자연도 하나님을 가리키고 하나님의 임재와 뜻을 나타내는 표징과 경이로운 현상을 보여준다고 생각했다.[7] 중요한 점은 우리가 하나님을 바라볼 때 감춰지고 단순히 인자한 할아버지 같은 시각이 아닌, 모든 생명의 근간이자 근원으로 이해해야 한다.

이렇게 그리스도교는 전인건강을 추구한다. 곧 육체적 건강, 정신적 건강, 영적 건강의 조화와 통합을 의미한다. 이를 위해서 인간은 좋은 생각과 좋은 생활습관이 필요하다. 무엇보다도 인간은 하나님과의 바른 관계를 가질 때 강건한 생활이 지속된다. 따라서 우리는 자본주의 사회 속에서도 하나님 나라를 행해 가는 본래적 신분인 나그네 된 존재임을 기억해야 한다. 이를 위해서 속도보다 방향을, 소유보다 존재를, 빨리 빨리 보다 의미 있는 행동을 추구하는 인생이 되어야 한다.

2) 고난에 대한 바른 신학적 입장 및 신앙을 정립하자.

고난은 꼭 어떤 사람의 잘못이나 죄악 때문에 생겨나는 인과응보적인 사건은 아니다. 때로 진실한 그리스도인이나 공동체에도 찾아오는 일이 고난이다. 실제로 요셉과 욥, 다윗, 여러 시편 기자들, 예레

---

6 김도훈, 『생태 신학과 생태 영성』 (서울: 장로회신학대학교, 2009), 27-29. 생태적 패러다임은 인간의 한계와 책임을 강조하고 자연에 대한 청지기적 책임을 내용으로 한다. 또 실천을 지향하며 감내력, 적응성, 관계성, 검약성, 공평성, 연대성, 생물 다양성, 충족성의 생태학적 덕목을 지행하고자 한다.

7 헨리 나우웬, 이은진 역, 『분별력』 (서울: 포이에마, 2017), 102. 저자는 "자연은 하나님의 모국어"라는 표현도 쓴다.

미야 선지자, 다니엘과 사자굴 시험, 광야에서 40일 금식 기도 후 사탄에게 예수님이 당하신 세 가지 시험과 십자가의 고난, 베드로와 제자들, 초대 교회 성도들, 순교자들도 고난을 경험했다. 중요한 점은 시험받을 때 신앙인의 받아들이는 바른 태도이다. 따라서 고난은 아담과 하와가 선악과를 먹을 때처럼 인간의 반역에 대한 하나님의 제동 활동 양식도 있지만, 동시에 고난은 도리어 하나님의 인간을 위한 교육과 훈련 수단으로서 구원 섭리의 한 도구로서 이해해야 한다.[8]

그리고 고난은 모세가 자신의 이름을 생명책에서 제하여 주시고 동족을 살려달라고 탄원한 일이나, 유월절 어린 양으로서 예수님의 십자가 대속 형벌처럼 동족이 받을 징벌을 대신 받는 지도자의 속죄적 고난도 있다. 결국 고난에 대한 바른 이해는 하나님의 인류 구원사의 섭리가 어떻게 발전되어 왔는가 하는 것을 보여주는 의미가 있다. 그러면서도 우리가 이 땅에서 살아갈 때는 욥처럼 현실에서 닥쳐온 여러 고난과 끊임없는 투쟁을 통해 하나님 나라에 이르기까지 영적 전쟁을 하는 출애굽 이후 가나안 땅을 행해 가는 광야 교회를 살아가는 존재라는 것을 기억하며 살아가야 한다.

구약 시편 119편 71절은 "고난당한 것이 내게 유익이라 이로 말미암아 내가 주의 율례들을 배우게 되었나이다."라고 말한다. 곧 "고난의 경험"이 차원 높은 신앙으로 승화되어 마침내 하나님의 뜻을 배우고 체득하는 최선의 통로로 인식된다. 이것은 욥의 신앙에서도 "고난의 신비"로 나타난 바 있다. 죄인이 아닌 의로운 욥이 자식을 모두 잃

---

8 김이곤, 『구약성서의 고난신학』, (서울: 한국신학연구소, 1989), 26-29.

고 재산을 빼앗기고 몸에 질병이 생기고 아내와 친구들조차도 비난할 때도 하나님을 절대적으로 신뢰하며 고난을 이기고 더 나은 미래를 만들어가는 신앙인의 인내를 보여줬다. 이와 같이 우리도 암이나 코로나 19 같은 질병이나 경제적 어려움, 정치적 혼란, 세계적 재난 등 어떤 상황 속에서도 하나님을 온전히 신뢰하는 바른 고난의 신앙관을 정립해야 한다.

3) 목회 생태계가 파괴되어 교회의 공식 모임이 어려워질 상황에 대처하여 현재의 목회 형태를 뛰어 넘는 새로운 목회 패러다임을 구축하자.[9]

동시에 더욱 성례전 같은 전통적 예배의식의 중요성을 기억하자.[10] 또 지나친 세속적 일등지상주의를 뛰어 넘자. 고린도후서 2장 14절-16절에서 "항상 우리를 그리스도 안에서 이기게 하시고 우리로 말미암아 각처에서 그리스도를 아는 냄새를 나타내시는 하나님께 감사하노라 우리는 구원 받는 자들에게나 망하는 자들에게나 하나님 앞에서 그리스도의 향기니 이 사람에게는 사망으로부터 사망에 이르는 냄새요 저 사람에게는 생명으로부터 생명에 이르는 냄새라 누가 이 일을 감당하리요" 고 한 바처럼 각자의 자리에서 그리스도의 향기를

---

9 『재난과 교회-코로나 19 그리고 그 이후를 위한 신학적 성찰』 (서울: 장로회신학대학교 출판부, 2020) 참고.

10 Hans boersma and Matthew Levering ed., *The Oxford Handbook of Sacramental theology*(Oxford: Oxford University, 2015) 개신교는 예배 형태의 다양화를 위해서 도리어 전통적인 성례전을 통한 그리스도와 교회 공동체의 체험이 더욱 필요하다.

나타내는 열매를 맺도록 최선을 다해야 한다.

고3이나 재수생들 모두가 대학입시에서 최고를 꿈꾼다고 해도 합격에 수석이 있고, 차석이 있고, 중간 성적과 꼴등도 있는 법이다. 설사 드라마『스카이 캐슬』에서 지향하는 서울대학교 의과대학 입학이라는 최고를 이루었다 해도 다른 분야의 탁월한 사람들이 있으며 성적의 밑을 지켜준 사람이 있기에 가능한 일이다. 따라서 목회자들도 너무 당회장만을 지향하지 말고 여러 분야로 진출하자. 예를 들어 교회나 노회 차원에서 지역 사회 내에 있는 종합 병원에 원목(chaplain)을 파송하자. 그들은 기관에서 공적 교회가 모이기 어려울 때도 최일선에서 복음을 전하고 선교 하는 중요한 임무를 감당할 수 있다. 또 각종 기관이나 다양한 국내외의 선교지를 찾아보고 접근하는 노력이 필요하다.

4) 비접촉 대면 시기에 무너지는 성도들의 교제가 발생했다.

구체적으로 공적 예배, 교회 공동체 식사, 성도들과의 성경 공부, 카페 대화, 교회 학교 모임, 청년부 및 남녀 선교회 친교와 활동 등이 위축되거나 잘 모이지를 못했다. 이에 대한 대안을 모색해야 한다. 예를 들어 ZOOM을 이용한 100명 단위로 교역자들이 교인들과 만남을 유지하거나, 유튜브 활용이나 인터넷 영상 대면 모임, 카카오톡 카페 만들기 등을 활용하자.

5) 교회의 생명 공동체 형성을 위한 비대면 방법으로 각종 미디어를 활용해야 한다.

교회 도서관을 북 카페 형태로 만들어 신앙도서 대출로 활용하기, 목회자 설교나 신앙 강좌 등을 MP3나 동영상으로 제작하여 휴대용 USB로 제공하기, 교회 홈페이지 내 각종 동영상을 제공하고 전문 관리자를 두기, 인터넷 선교 방법의 모색 등이다.

6) 지난 '코로나 19' 시기 때 세계 여러 나라 현장에 나가 있던 선교사들과 그 가정들 다수가 한국으로 불가피하게 귀국해야 했다. 이러한 비상시국이나 평생 복음 선교에 정열을 쏟은 이들을 위해 교회 공동체나 총회 차원의 선교사들을 위한 수양관이나 쉼터 혹은 은퇴 선교사들을 위한 마을 조성 등에 힘을 쓰자.

예를 들면 미국 동부 노스캐롤라이나 주의 블랙마운틴 하이랜드 팜에는 한국에서 선교 사역을 하고 은퇴한 남 장로교 선교사들이 모여 살고 있는 마을이 있다. 블랙마운틴은 중앙에 호수가 있고 집들이 듬성듬성 떨어져 있는 자연경관이 뛰어난 청정지역이다. 마을의 가운데 위치한 중앙 본부는 중증 환자를 위한 병원 겸 숙소로 쓰이고, 마을 가장 외곽에는 침실이 두 개인 타운 하우스가 있다. 또 그 안쪽으로는 원룸식 타운 하우스와 아파트, 단체 식당 등이 있어서 고령의 은퇴 선교사들이 편안하게 지낼 수 있는 환경을 조성했다.

7) 가족 공동체가 생명 공동체로 변화를 위해 더욱 하나님 중심의

가정 교육과 가족 관계를 지향해야 한다.

'코로나 19' 때 믿음의 가정들이 가족들과 더 많은 시간을 지낼 수 있었다. 가족의 변화의 배경에는 '사회적 거리 두기'의 실천과 재택근무의 확대, 학생들의 등교 및 개학연기 그리고 인터넷 수업 등의 영향으로 어른이나 아이 모두 '집'이라는 공간에 종일 삼시 세끼를 먹으며 생활해야 했다. 이렇게 갑자기 증가한 가족들과의 시간은 가족의 변화를 가져왔는데 앞으로 인공지능(AI)의 발달로 미래 사회는 재택근무와 가상현실에 의한 사이버 강의 확대로 농경 사회처럼 가족이 집에서 지내는 시간이 더욱 확대될 것이라는 예측이 있다.

하지만 가족들과의 시간이 많아졌음에도 불구하고 가족 공동체들에게 행복의 질이 향상되었다고 보기는 어렵다. 도리어 심심치 않게 '코로나 불화,' '코로나 가정 폭력,' '코로나 이혼' 같은 부정적 모습들이 드러나고 있다. 따라서 가족 생활의 행복이란 본능처럼 저절로 찾아오는 것이 아니라, '생활교과' 같은 의식적인 노력과 지속적으로 가족 구성원들이 노력해야 할 학습과 의지적 실천이라는 점을 기억해야 한다. 가정의 평화와 부부관계의 강화를 위해서도 서로를 이해하는 소통의 장을 자주 마련해야 한다. 서로의 장점 보기, 감사 표현, 솔직한 대화, 화가 나도 3분 참기, 최악의 상황에서는 부부상담 받기 등을 실천하여 하나님께서 허락하신 그리스도인의 가정의 평화와 생명 살리기를 지켜가야 한다. 특히 평소 다툼이 많은 가정들은 더욱 가정 전체의 평화를 지키기 위한 노력을 더욱 기울여야 하겠다.

8) 나 자신뿐만 아니라 가족, 친구, 이웃, 교회 공동체, 지역 사회,

국가를 바르게 이해하고 삶의 질 향상을 위해 '생활 역량'을 신앙적 세계관 안에서 활용해 가야 할 것이다.

무엇보다도 이스라엘 백성들이 하나님과의 관계를 부림절(에스더의 용기), 유월절(출애굽 기념), 오순절, 초막절, 칠칠절 등의 절기와 상징적 사건들을 통해 신앙을 전승해 가는 점을 배워야 한다. 지금도 이스라엘 국민들 가운데 다수가 가정과 국가의 어려운 위기 상황에서는 달걀을 삶아 먹는 의식(불을 통해 단단해지는 달걀)을 통해 고난이 도리어 가정과 국가를 더 강하게 해준다는 교훈을 가족에게 교육한다. 또 로마 제국에 의해 마사다 함락으로 이스라엘 국가의 멸망을 당한 것을 기억하고 잊지 않기 위해서 장교 임관식을 마사다에서 진행하는 모습도 의미가 있다.

우리나라의 경우에도 경기도 가평에 있는 필그림 하우스에서 가족 공동체나 교회 공동체를 위한 천로역정 프로그램에 1박 2일이나, 3박 4일 정도로 참가하여 신앙의 선배들이 보여준 믿음을 지혜롭게 전승시켜 가는 영성 훈련에 동참할 필요가 있다. 그밖에도 국내나 해외 단기봉사활동에 참여하여 몸으로 배우는 사회 훈련의 계기를 확대할 필요가 있다. 이러한 그리스도인의 생명 윤리적 가치관으로 무장하고 삶 속에서 실천할 때 코로나 19 이후 다양한 고난과 시험들도 넉넉히 극복하는 생태 영성과 신앙의 용기로 잘 대처해 갈 수 있을 것이다.

4 에스라의 성전:
예배 회복에 있어 성전 전통과 회당 전통의 공존

조성돈 교수(실천신학대학원대학교)

에스라서의 핵심에는 예루살렘 성전의 재건이 있다. 에스라가 직접 관여했다고 할 수는 없지만 에스라서의 전반부, 즉 1-6장까지의 내용을 차지하고 있는 내용이다. 포로기 이후 약 50년이 지난 B.C. 537년의 1차 포로 귀환은 곧 예루살렘 성전의 재건으로 이어졌다. 예루살렘은 이스라엘 민족의 중심부이자 그들 신앙의 핵심적인 장소이며 심벌이다. 따라서 이스라엘 민족은 포로기 동안 무너진 예루살렘의 재건을 꿈꿔왔다. 그런데 페르시아 왕 고레스에 의해서 성전의 건축이 허가되었고, 비록 해방이라고 할 수는 없지만 예루살렘으로 돌아와 성전을 건축하게 되었다. 이것은 상징적으로 이스라엘의 회복과 함께 야웨 신앙의 회복을 의미했다. 실제적으로 성전의 재건은 후에 에스라의 종교개혁으로 이어지는 고리가 되었다.

이스라엘은 성전과 관련하여 다양한 종교 형태를 가졌다. 족장시대에 그들은 일정한 형태의 종교장소가 없었다. 때에 따라 단을 쌓아 하나님께 제사를 드렸다. 아브라함과 이삭이 그러했고, 야곱 역시 베델에서 단을 쌓고 하나님에게 제사를 드렸다. 출애굽의 명분 역시 광야로 나아가 하나님께 제사를 드리겠다는 것이었다.[1] 즉 애굽에도 이스라엘을 위한 종교 시설은 없었던 것으로 보인다. 이에 그들은 광야에서 임시적인 모임을 갖고 제사를 드리겠다고 주장하고 있다.

이후 광야에서 이들은 장막을 설치한다. 장막은 이들에게 하나님의 임재를 경험하는 상징이었다. 동시에 이 장막에서는 정기적인 제사가 이루어졌다. 동물들의 희생 제사를 중심으로 하는 정기적인 제사는 이스라엘의 정체성에 큰 역할을 감당한다.

솔로몬 시대에 이르러서 처음 성전이 세워진다. 다윗의 소원이 있었지만 하나님은 다윗의 손에서 성전이 지어지는 것을 거부했다. 하나님은 나단 선지자의 말을 빌려 단호하게 '너는 내가 거할 집을 건축하지 말라'(대상 17:4)고 말한다. 또 다윗 역시 하나님의 말씀을 빌려 '너는 전쟁을 많이 한 사람이라 피를 너무 많이 흘렸으니 내 이름을 위하여 성전을 건축하지 못하리라'고 그의 백성들에게 설명을 한다. 결국 다윗은 성전 건축을 위한 모든 준비를 하는 역할에서 그친다. 그리고 이스라엘의 위대한 왕 다윗의 대를 이은 솔로몬에 이르러 성전을 건축한다.

그러나 이 성전은 B.C. 587년 유다의 멸망과 함께 무너지고 만다. 이후 포로기 동안 이스라엘은 성전이 없는 떠돌이 신세가 된다. 그러

---

1 출5:3 그들이 이르되 히브리인의 하나님이 우리에게 나타나셨은즉 우리가 광야로 사흘 길쯤 가서 우리 하나님 여호와께 제사를 드리려 하오니 가도록 허락 하소서 여호와께서 전염병이나 칼로 우리를 치실까 두려워하나이다.

나 하나님은 이 시기 회당을 만드셨다. 포로로 잡혀갔던 이스라엘은 그곳에서 회당을 중심으로 해서 모임을 갖고, 이스라엘의 정통성을 이어갔다. 이것이 바탕이 되어 제2성전이 건축이 되는 놀라운 일이 일어난다. 아직 해방되지 못하고 식민지 시대를 사는 이스라엘 사람들이 예루살렘으로 돌아와 성전을 재건하게 된 것이다.

이 놀라운 일에도 불구하고 제2성전은 헤롯 성전을 거쳐 역시 로마에 의해서 A.D. 70년 무너지고 만다. 이후 이스라엘은 전 세계에 뿔뿔이 흩어진 디아스포라가 되지만 2천 년을 지나도록 이스라엘로 남았다. 이 놀라운 기적에는 비록 성전은 무너져 없어졌지만 그들 가운데 있었던 회당이 있었기 때문에 가능했다. 회당을 중심으로 그들의 정체성을 지키며 그들의 신앙을 지켜왔기에 가능한 일이었다.

앞에서 살펴본 바와 같이 성전으로 상징되는 종교 시설과 그에 따른 제사와 예식의 변화는 오랜 역사 동안 하나님의 임재와 역사의 표징이었다. 에스라 시대는 이러한 역사의 전환기였다. 무너진 성전에서 새로운 성전의 재건, 그리고 회당의 등장 등이 이 시대에 이루어졌다. 본고에서는 이러한 성전 재건을 둘러싼 종교적 의미와 함께 오늘날 이러한 개혁과 회복이 시사 하는 바를 함께 나누어 보려고 한다. 특히 코로나19로 인해서 맞이하게 된 시대에 예배당, 예배, 교회, 공동체 등에 대한 근본적인 질문이 제기되고 있는데 이에 좋은 답변이 될 수 있을 것 같다.

1. 에스라의 성전 재건과 신앙 회복

1) 예루살렘 성전의 공동체적 의미

이스라엘 백성들이 애굽을 떠나 광야를 지날 때 그들의 신앙의 핵심은 성막이었다. 성막은 40년간 광야를 떠돌았을 이들과 함께 움직였다. 성막은 장소적으로 고정적이지 않았고 이스라엘 민족이 움직일 때 함께 했다. 애굽을 떠날 때부터 솔로몬에 의한 성전이 건축되기까지 약 500년[2] 동안 성막은 이스라엘의 중심이었다. 놀라운 것은 이 성막이 유일한 제사의 자리였다는 점이다. 출애굽을 남자만 60만 명이 했다고 하는데 이를 전체 인원으로 하면 1백만 명이 넘는다고 볼 수 있다. 이 많은 인원이 광야에 있다고는 하지만 그 거주 면적도 보통 크지 않았을 것이다. 그런데 이들을 위한 종교기관인 성전이 유일하게 하나 존재했다.

지금으로 생각해도 재적 1백 만의 교회라는 것이 상상이 되지 않는데 당시의 상황에서 이 많은 사람들을 위해 존재하는 종교기관이 이 성막 하나였다는 것은 분명 놀라운 일이다. 이는 다른 민족과는 구분되는 지점이었다. 다른 민족들은 그 안에 수많은 신전을 가지고 있었다.[3] 그런데 이스라엘은 솔로몬 성전이 완성되기까지 이 유동적 장소에서 제사를 드리며 신앙의 중심을 삼았다.

---

[2] 왕상 6:1 이스라엘 자손이 애굽 땅에서 나온 지 사백팔십 년이요 솔로몬이 이스라엘 왕이 된 지 사 년 시브월 곧 둘째 달에 솔로몬이 여호와를 위하여 성전 건축하기를 시작하였더라.

[3] 김용신, 「성경에 나타난 예배 형태의 발전적 이해」『개혁주의 교회성장』개혁주의교회성장학회 9(2016). 8-36. 16.

비록 천막 형태를 가지고 있고, 고정적 자리가 아닌 유동적 장소로 움직였던 임시적 성격을 가지고 있었지만 하나님은 이 성막의 건축과 기물들에 대해 구체적으로 지시하고 있다. 또 그 안에서 이루어지는 제사에 대해서도 구체적인 지시가 있었다. 즉 하나님의 깊은 관심 안에서 이루어졌다.

솔로몬 성전은 다윗 왕조가 세워지고 가장 전성기였던 때 지어졌다. 사사기를 거치고 사울에 의해서 왕정이 처음 시작되었지만 사울은 당대로 그 왕의 명맥을 잃어버렸다. 하지만 다윗은 왕권을 안정시켰고 그 기반에서 처음 왕위를 아들에게 이양할 수 있었다. 즉 왕조가 만들어졌다. 솔로몬은 왕조의 두 번째 왕이지만 지혜로움으로 다윗의 전성기를 더욱 빛나게 했고, 중동의 제국들과 비견할 수 있는 세력을 만들었다. 덕분에 이스라엘은 가장 빛나는 전성기를 누렸다. 이러한 확고한 왕권에 기대에 예루살렘 성전은 지어졌다. 즉 중앙집권적인 왕권에 바탕을 가지고 종교적 중앙집권의 상징을 만들어낸 것이다. 성전이 건축된 후 곳곳에 세워진 산당들이 폐쇄되었고 우상의 모습들도 무너졌다. 특히 사사시대에 이루어진 혼동은 극에 달했다. 사사기 서문에서 여호와를 알지 못하며 여호와께서 이스라엘을 위하여 행하신 일도 알지 못하는 세대(삿 2:10)의 등장을 전제로 하고 있는 것은 의미심장하다. 이들은 사사에게 순종하지 아니하였고 다른 신들을 따라가 음행했다고 한다.(삿2:17) 심지어 사울 왕은 사무엘이 죽고 다급한 때에 신접한 여인을 찾고, 그곳에서 죽음에서 불린 사무엘과 만나기도 한다.(삼상28:14) 이러한 혼동 가운데 성전을 건축하고, 성전 이외의 장소에서의 제사는 금지되었다는 것은 왕권의 확

고함과 함께 종교적 질서도 중앙집권적으로 자리했음을 알려준다.[4]

솔로몬 성전은 하나님의 구체적인 지시에 따라 지어졌다. 그러나 중요한 사실은 솔로몬의 부귀영화가 모두 녹아 있는 형태라는 점이다. 성전을 만드는데 들어가는 재료들은 당시 그 세계에서 가장 귀한 것들로 채워졌고, 심지어 건축가들마저 당대 최고의 장인들이 투입되었다. 그러나 그것은 왕실의 번영을 반영하는 것이었다. 즉 성전은 '솔로몬'의 성전이었다. 성경이 기록하고 있는 바와 같이 성전과 왕국의 건축은 솔로몬의 소원을 이룬 것이었다.[5]

성전에서 이루어진 제사는 제사장들에 의해 엄하게 이루어졌다. 이미 성막 시절에 하나님이 명하신 율례에 따라 드려진 제사였다. 그러나 중요하게 볼 부분은 이 제사는 대리적 성격을 가지고 있다는 점이다. 하나님의 백성이 드리는 제사가 아니라 그들을 대신하여 제사장들이 드리는 제사였다. 백성들은 단지 1년에 3번 절기를 따라 예루살렘 성전으로 와 제물을 드렸을 뿐이지 제사에 참여하지는 않았다. 그들은 이스라엘의 뜰에 머물렀고 정작 성전 안으로 들어갈 수는 없었다. 그들은 철저히 구분되었고 거룩함에 다가갈 수는 없었다. 제사장들도 성소까지 들어갈 수 있었고 지성소는 또다시 구별되어 대제사장만이 출입할 수 있었다. 즉 온 이스라엘을 대신하여 단 한 사람만이 하나님께 다가갈 수 있었다.

김용신은 성전 예배의 특징을 정리하며 이 부분을 특정인을 통한

---

4 같은 책, 18.

5 대하 7:11 '솔로몬이 여호와의 전과 왕궁 건축을 마치고 솔로몬의 심중에 여호와의 전과 자기의 궁궐에 그가 이루고자 한 것을 다 형통하게 이루니라.'

대리, 위탁 예배를 드린 것이라고 했다.[6] 심지어 은준관은 '성전은 왕실채플로 전락하고, 제사 행위는 제사장들의 독점 종교적 의식으로 탈바꿈하였으며, 제사장들은 궁중 사제들로 변신하는 교권주의, 제도주의가 등장하였다'[7]고 평가했다. 즉 성전의 제사는 하나님 백성들과는 괴리된 대리적 성격을 가지고 있었음이 확실하다.

2) 포로기 회당의 출현과 의미

B.C. 587년 유다의 멸망을 전후하여 3차례에 걸친 바벨론 유수가 진행된다. 유다의 지도자들과 많은 백성들이 바벨론 포로로 잡혀갔다. 바벨론의 포로 정책은 너그러웠고 그곳의 유대인들은 잘 정착하였다. 하나님은 이사야의 말을 빌려 포로기에 있는 그의 백성들에게 이야기한다. '네 장막 터를 넓히며 네 처소의 휘장을 아끼지 말고 널리 펴되 너의 줄을 길게 하며 너의 말뚝을 견고히 할지어다 이는 네가 좌우로 퍼지며 네 자손은 열방을 얻으며 황폐한 성읍들을 사람 살 곳이 되게 할 것임이라'(사 54:2-3) 그들은 오히려 그곳에서 새로운 문화를 만들어내며 유대인의 전통을 새롭게 만들어냈다.

유대인들은 포로로 끌려갈 때 그들의 모든 구전 전승과 기록물과 함께 기록 전승들을 가져갔다.[8] 포로 생활 가운데 이들은 오히려 이러한 전승들을 정리하고 유지해 나갔다. 그들의 신앙의 중심이었던

---

6 김용신, 『개혁주의 교회성장』 (2016), 18.
7 은준관, 『실천적 교회론』 (서울: 대한기독교서회 1999), 17.
8 프랑스와 가스텔, 허성군 역, 『이스라엘과 유다의 역사』 (서울: 대한기독교서회 1992) 206.

성전이 무너지고, 예루살렘과 이스라엘을 떠난 이 포로들은 이러한 전승에 기반 하여 새로운 예배와 종교 형태를 가지게 되었다. 이것은 이들의 정체성을 새롭게 만들어 나갔다. 그래서 힌슨은 이때 '유대주의'가 나타났다고 하고, 성서의 기록들에서 이 시대부터 나타나는 사람들을 가리켜 유대인들(Jews)이라고 부르게 되었다고 한다.[9]

까스텔 역시 유대주의의 출현을 이야기하며, 이 당시 에스겔과 유대주의는 이스라엘 백성의 종교 생활을 다시 규범화해 나갔다고 한다.[10] 특히 그는 성전을 멀리 떠나 비로소 모든 유대인들이 개인적으로 안식일을 지킬 수 있었으며, 결정적인 형태로 기록된 하나님의 율법을 매일 묵상할 수 있게 되었다고 한다.[11] 특히 이러한 결과로서의 회당의 출현은 이 시기 가장 중요한 종교적 사건이라고 할 수 있다. 아마 이러한 노력의 결과로 유대인들은 오히려 포로 생활 가운데 신앙을 더욱 돈독히 할 수 있었던 것으로 보인다.[12]

회당의 출현에 대해서는 어디서도 명확하게 묘사되어 있지 않다. 그 시작도, 동기도, 심지어 초기의 형태도 알려진 바가 없다. 단지 바벨론 포로기에 시작되었을 것으로 추측하고 있다. 그런데 회당은 여러모로 예루살렘 성전과는 다른 형태를 가지고 있다. 그것은 단순히 건축에 대한 것이 아니라 회당을 중심으로 했던 종교 실천과 종교 생

---

9 데이비드 F. 힌슨, 이후정 역, 『이스라엘의 역사』(서울: 컨콜디아 1983) 188.
10 프랑스와 가스텔, 『이스라엘과 유다의 역사』(1992), 206.
11 위의 책, 208.
12 김영진, 「에스라-느헤미야서에 나타난 유다 백성의 야훼 신앙」 『구약논단』 10(2001) 103-121. 김영진은 귀환 공동체의 이름을 분석하여 이들이 신앙적 정체성을 유지하고 있었음을 밝히고 있다.

활까지도 포함한다. 이를 조목, 조목 비교해 보고자 한다.

성전과 회당의 비교		
	성전	회당
접근성	예루살렘	모든 지역(성인 10명)
종교 생활	1년 3회	매 안식일
참여성	제사장이 대리	모든 성인
종교 실천	제사 중심	말씀 중심
주체	솔로몬	공동체
하나님 섭리	1천년 역사	2500년 넘어 현재까지
성전과 회당의 공존	제2성전으로 제사 회복	포로기 이후 회당 유지

(1) **접근성**: 성전은 종교적으로나 정치적으로 중앙집권적이었다. 예루살렘 성전이 세워지고 전국에 있던 모든 산당과 제단은 폐쇄됐다. 온 이스라엘은 이에 따라 단 하나의 성전만을 가지게 되었다. 다윗왕 시대의 인구 조사에 보면 칼을 뺄 수 있는 자가 160만 명이라고 한다. 거기에는 베냐민 지파와 레위지파는 포함되지 않았다. 거기에 군인에 들지 않는 어린이와 노약자, 그리고 여자까지 하면 300만 이상은 훌쩍 넘는 인원이다. 그런데 전국에 종교 시설은 성전 하나였다. 그러나 회당은 모든 지역에 있었다. 회당이 설 수 있는 기준은 유대 성인(成人) 남성 10명이 모이는 것이었다. 이에 따라 바벨론에서도, 페르시아에서도, 돌아온 이스라엘에서도 회당은 설립되었고, 설립될 수 있었고, 누구나 쉽게 회당을 찾을 수 있었다.

(2) **종교 생활**: 일반인들이 성전을 찾아가는 것은 1년에 3번 밖에 없었다. 유월절과 칠칠절, 그리고 초막절이었다. 이 절기에 이스라엘 백성들은 예루살렘 성전으로 순례를 가게 되었다. 그러나 그 외에 이들이 성전을 얼마나 자주 갔을 지에 대해서는 의문이다. 온 이스라엘

가운데 단 하나 뿐인 성전을 가기 위해서 예루살렘 밖의 백성들이 얼마나 먼 길을 가야했겠는가. 심지어 이들은 제물로 드릴 가축을 동반해야 했으니 이 길이 그렇게 쉬운 길은 아니었을 것이다. 그러니 당연히 성전은 이들의 마음에만 있을 뿐 그렇게 자주 가볼 수 있는 곳은 아니었다. 그러나 회당에서는 매안식일마다 집회가 열렸다. 곳곳에 마련된 회당으로 사람들은 쉽게 모일 수 있었다. 회당은 하나님의 말씀을 공부하는 곳이기 때문에 이러한 정기적인 모임 외에도 사람들이 자주 모일 수 있는 곳이었다. 더군다나 접근성이 용이하니 유대인들에게 회당은 마을의 중심이었다.

(3) **참여성**: 성전은 대제사장을 정점으로 하여 제사장들에 의해 모든 것들이 주도되었다. 즉 종교적 엘리트들에 의해서 종교적 실천이 이루어졌다. 심지어 이러한 종교적 계급은 혈통에 의해 세습되었다. 제사장 가문이라고 하는 것이 당연시되었다. 이러한 제도 하에서 하나님의 백성이라고 할 수 있는 일반인들은 제사에서 소외되었다. 이들의 역할은 제물을 드리는 것에서 멈추었다. 이들은 제사의 순서에서 제외되었으며, 심지어 자신들이 드린 제물이 드려지는 장면조차 볼 수 없었다. 회당에서는 모든 유대인, 즉 유대 성인 남성이라면 모두 이 종교적 실천에서 주체가 되었다. 그들은 회당에 들어가 말씀을 꺼내 읽고 공개적으로 말씀의 해석을 할 수도 있었다. 심지어 그 회당의 성원이 아니며 그 지역의 사람이 아닐지라도 말씀을 읽고 해석할 수 있었다. 이러한 전통은 신약 시대에까지 이어졌으며 바울은 이러한 제도를 잘 이용하여 디아스포라 유대인들에게 쉽게 접근하였다. 고린도에서 바울은 심지어 회당에서 석 달 동안 담대히 하나님

나라에 대해 강론을 했다.[13] 즉 회당에서는 종교적 계급이 없었으며, 종교적 실천, 특히 예전에 있어서 모든 평신도들에게 열려 있었다. 이런 의미에서 회당은 철저히 공동체 중심이었다고 할 수 있다.

(4) 종교 실천: 성전은 철저하게 제사 중심이었다. 특히 동물들의 희생을 기반으로 하는 제사가 주를 이루었다. 이에 반해 회당은 말씀 중심이었다. 회당 예배는 예배의 부름, 쉐마 낭독, 기도, 토라와 예언서 읽기와 축복 선언 등으로 진행되었다.[14] 아주 단순한 형태로 이루어졌다. 그러나 이러한 형태도 말씀의 해석 가운데 명확하게 유지되지는 않았다. 즉 말씀의 전달과 해석이 중요했다.

(5) 주체: 성전은 성경에 그 건축에서부터 그 안의 기물들까지 상세히 묘사되어 있다. 그 안에서 이루어지는 제사와 제사장들, 그리고 그들이 입는 옷까지도 상세히 나와 있다. 그것은 하나님의 섬세한 간섭 가운데 이루어졌다. 이에 반해 회당은 성경에, 특히 구약성경에서 언급되는 바가 없다. 철저히 베일 싸여 있다. 이에 대해 하나님은 어떤 간섭도 지시도 드러내고 있지 않다. 그러나 회당은 포로기, 민간의 필요에 의해서 이루어졌다. 민간 중심의 자발적 모임 등을 통해서 형성되고 유지된 것으로 보인다. 어쩌면 성전은 종교의 주류를 나타내고 있다면 회당은 철저한 비주류의 모양을 가지고 있다.

---

13 사도행전 19:8
14 김용신, 21.

(6) **하나님의 섭리**: 성전은 건물의 파괴로 끝이 났다. 유대의 몰락과 함께 바벨론에 의해서, 그리고 후에 로마에 의해서 멸망하고 파괴되었다. 그래서 중간의 포로기를 포함하더라도 성전은 천 년 역사이다. 그러나 회당은 포로기 이후 지금까지 그 명목을 이어오고 있다. 포로기에 생긴 회당은 그 시기를 지나며 유대주의를 태동했고, 이스라엘의 독립 이후에도 그 지위를 더 튼튼히 하며 유대인들이 신앙과 삶에 깊이 자리했다. 그리고 로마에 의한 멸망 이후 디아스포라 유대인들의 중심으로 자리했고, 기독교 예배의 전형으로 그 전통을 이어가고 있다고 할 수 있다.[15] 이렇게 보면 회당의 역사는 2500년 이상을 이어왔고, 아직도 그 전통을 유지하고 있다. 비록 회당은 그 시작에서 비주류인 포로기 백성들의 필요에 의해서 형성되었지만 하나님의 역사는 회당을 통해 이어졌다고 해도 과언이 아니다.

3) 성전 재건과 회당의 공존

에스라서는 페르시아 왕 고레스의 고백으로 시작한다. 그는 '하늘의 하나님 여호와'께서 세상 모든 나라를 자신에게 주셨다고 하며 그 하나님이 자신에게 명령하사 예루살렘에 성전을 건축하라고 했다고 한다. 그러면서 그는 '이스라엘의 하나님은 참 신'이라고 고백한다. 그리고 그 명령에 준행하여 유대인들에게 예루살렘으로 돌아가서 성전을 건축할 것을 명령한다. 정말 놀라운 사실이다. 유대인이 아니라

---

15 김용신, 28.

페르시아의 왕에게서 이런 고백을 들을 수 있다는 것, 그리고 그로 인해 하나님의 성전을 다시 짓게 되었다는 것은 하나님이 이스라엘의 하나님일 뿐만 아니라 이 세계의 하나님임을 널리 보여주는 일이었다. 그래서 하나님의 성전을 짓는데 이 이방인의 큰 도움으로 이루어졌다고 에스라서는 첫 장에서 기록하는 것이다.

첫 번째 귀환으로 예루살렘으로 돌아온 백성들은 스룹바벨과 예수아(여호수아)의 지도하에 성전 건축을 시작하다. 그러나 성전 건축은 순조롭게 이루어지지 못했다. 그 땅에 남아 있던 자들과 주변 왕들의 방해로 인해 중단되었다. 이 어려운 시기에 학개와 스가랴 선지자가 나서서 백성들을 독려한다. 그래서 백성들은 다시 일어나 건축을 재개한다. 이 과정에 페르시아의 왕이 두 번이나 바뀌고 다리오 왕 때에 이르러 건축이 완성된다.

이렇게 완성된 제2성전은 제1성전인 솔로몬의 성전과는 확연히 구분되었다. 솔로몬 성전은 이스라엘의 전성기를 반영한 화려한 성전이었고, 건축자가 솔로몬으로 확연한 성전이었다. 그러나 제2성전은 이스라엘이 포로기에 있는 가운데, 정복자의 은혜로 이루어진 성전이었다. 포로에서 귀환한 백성들은 가진 것도 없었고, 예루살렘의 성벽조차 마련하지 못한 척박한 환경 가운데 있었다. 이런 상황에서 단 4년 만에 건축한 성전의 모습이 어떠했을지는 가히 상상이 간다. 이 성전을 향해 학개 선지자도 솔로몬의 성전을 본 자들의 눈에는 보잘 것 없는 모습일 것이라고 한다(학 2:3). 그런데 새로운 비전을 제시한다. '이 성전의 나중 영광이 이전 영광보다 크리라'고 한다. 즉 이 제2성전이 솔로몬의 성전보다 더 큰 영광을 얻게 될 것이라고 한다.

이 재건된 성전은 첫 귀환까지 50년의 세월 동안 쌓인 유대 백성의 소망의 결실이다. 이들은 이 성전을 그리워하며 눈물로 세월을 보냈다. 시편 137편은 유대인들이 바벨론 강가에서 시온을 그리워하며 울었다고 적고 있다. 예루살렘을 잊지 않겠다는 유대인들의 고백이 이 시편에서 절절히 흘러나온다. 이러한 시온을 향한 그리움은 세월이 흐르고, 세대가 지나도 그치지 않았다. 그래서 그들에게 귀환이 허락되고 성전 건축이 가능해진 그 날, 그 소망과 그리움, 그리고 그 상한 마음으로 성전을 건축한 것이다. 그러니 이 성전이 너무나도 귀하다. 아마 그래서 사람들은 입에서 솔로몬의 성전이나 헤롯의 성전과 같은 이름을 붙여 주지 않은 것 같다. 이것은 온전히 유대 백성이라는 신앙 공동체의 고백 가운데 선 성전이다.

성전이 재건되고 이제 남은 과제는 제사의 회복이었다. 끊어진 제사의 전통을 회복하는 것은 쉬운 일은 아니었다. 에스라의 귀환 때 무리를 모았으나 그 가운데 레위인이 없었다. 그 만큼 레위인이나 제사장이 드물었다고 볼 수 있다. 또 포로로 잡혀가지 않고 그 땅에 남아 있던 사람들과, 또 그들 가운데 있었던 제사장들과 레위 사람들은 그곳에서 이방인의 가증한 일을 행하였다고 한다. 그 가운데 제사의 전통을 회복하는 일은 쉽지 않았다. 그래서 가능했을지 모르지만 유대 백성이 포로에서 놓음을 받고, 예루살렘에서 성전을 재건했음에도 불구하고 회당의 전통은 유지되었다. 이미 살펴본 바와 같이 성전의 전통과 회당의 전통은 분명히 구별되고, 심지어 대척점에 서 있는 부분들이 있었다. 그럼에도 불구하고 회당의 전통이 받아들여 진 것은 하나님의 섭리였다고 할 수 있다.

이러한 회당 전통에서 실은 에스라를 다시 볼 수 있다. 그는 제사장임에도 불구하고 '학사'라고 불렸다. 학사라는 직책, 또는 호칭은 에스라에게 특별하게 붙여진 것으로 보인다. 한글 성경에서 학사라는 호칭은 유일하게 에스라에게서 발견된다. 물론 히브리어로 학사, 즉 소페르는 여러 의미에서 사용되었다. 에스라의 경우 그를 학사로 호칭할 때는 두 가지 의미를 가지고 있었던 것으로 보인다. 그것은 먼저 세속적 의미로서 정부 관리를 의미한다. 그래서 그는 아닥사스다 왕의 두터운 신임을 얻었던 것으로 보인다. 그는 당시 최고 제국의 왕에게 무엇이든지 구하는 것을 얻을 수 있다고 할 만큼 두터운 신임을 받았다. 그 결과 그는 2차 귀환민들을 이끌고 예루살렘으로 올라갈 수 있었다. 이를 돌아갔다고 표현할 수 없는 것은 에스라가 포로기에 태어난 자이기에 예루살렘 대한 연결점이 없었기 때문이다. 또 그를 학사라고 부르는 것은 그가 모세의 율법에 능통한 자였기 때문이다. 그에게는 말씀을 연구하는 학자로서의 역할이 컸다.

포로 귀환 이후 공식적인 지위는 총독과 대제사장이었다. 그런데 에스라는 이 두 지위에 속하지 않았고, 위에 언급한 이중적 의미의 학사로서 역할을 만들어 나갔다고 할 수 있다. 그래서 그의 종교개혁은 제사에 대한 것이 아니라 말씀과 생활의 개혁이었다. 그는 이스라엘 땅에 남아 있으며 이방의 전통을 따르고, 이방인 아내를 얻은 자들에게 회개를 촉구했다. 그리고 느헤미야의 명에 따라 모세의 율법책을 읽어주며 가르치는 것이었다.

에스라의 이러한 독특한 직책과 역할은 결국 말씀에 근거한 회당 전통에서 나온 것으로 보인다. 행정의 직책을 수행하면서도 말씀을 가르치는 역할을 감당한 그을 제사장으로 이해하기에는 불편하다. 그러나 그는 종교 지도자의 역할을 감당했는데 그것은 성경을 들어 읽으며 해석하는 일이었다. 결국 그의 지위는 기존 행정직인 총독과 종교직인 제사장과 더불어 새롭게 자리 매김 된 것이다. 이것은 포로기 이후 성전 전통과 함께 회당 전통이 공존하는 모습을 상징적으로 보여주는 것이다.

2. 에스라의 성전 회복과 회당의 공존이 한국교회에 주는 교훈

이스라엘 민족은 포로기라는 뉴노멀(New Normal)의 시대에 회당 전통을 만들어냈다. 신앙의 근본이었던 성전 파괴를 경험하며 무너졌던 그들의 신앙과 종교 실천은 회당을 통해 전혀 새로운 형태의 신앙과 종교 실천을 만들어 낸 것이다. 이를 요약하면 공동체의 신앙실천과 말씀 위주의 종교 형태였다. 비록 이것은 철저히 비주류의 흐름이었지만 결국 이 회당 전통이 오늘날까지 이어지며 유대인들의 정체성을 확고히 하는데 큰 역할을 감당했다.

한국교회는 코로나19로 인해 21세기의 바벨론 유수를 경험하고 있다. 예배당을 지척에 두고 찾아가지 못한다. 사회적 분위기로 인해 교회가 마치 바이러스의 집단숙주처럼 여겨져서 모임을 갖는 것이 불가능하다. 물론 교회의 모임을 통해서 몇몇 감염이 일어난 일이 있기에 현실적으로도 모임을 갖는 것은 자제하는 분위기이다. 실제적으로 한국기독교목회자협의회(한목협)와 한국기독교언론포럼이 지앤컴 리서치에 의뢰하여 3월 29일 조사한 자료에 따르면 응답자가 출석하고 있는 교회를 기준으로 61.1%가 온라인 예배로 대체했으며, 15.6%는 온라인 예배와 현장 예배를 병행 했다고 응답했다. 이후 4월 12일 부활절을 기준으로 하여 대부분의 교회들은 온라인 예배를 병행하는 현장 예배를 시작했는데 현장은 절반도 차지 않는 어려운 상황이 되었다.

많은 한국교회 교인들은 필자가 글을 쓰고 있는 2020년 6월 14일 기준으로 약 4달 이상 교회를 가지 못하고 있다. 거의 모든 교회는 주일 예배 이외의 집회는 폐지한 상태이고 주일 예배도 온라인을 병행하며 자제하고 있는 상황이다. 많은 교인들은 예배당에서 함께 드리는 예배를 그리워하고 있다. 예배당이 우리에게 주고 있는 의미가 적지 않기 때문이다. 한국교회 교인들은 전통적으로 주일이면 자신의 교회를 찾아가서 주일 예배를 드림으로 주일성수의 의무를 다해 왔다. 그런데 그 예배당의 출입이 막힌 것이다. 이는 마치 유대 백성들이 자신들의 신앙의 원천이라고 생각했던 예루살렘 성전의 파괴를 본 것과 비교할 수 경험이었다.

이 가운데 우리는 근본적인 질문과 마주하게 되었다. 우리가 생각하고 있었던 교회는 무엇인가에 대한 질문이다. 우리가 그리워하고 있는 교회의 실체가 무엇인지에 대한 질문이다. 그 동안 교회를 편의에 의해 건물 내지는 담임 목사로 이해를 했다. 또는 주일 예배를 함께 드리는 사람들로 이해를 했다. 그런데 이 모든 것이 끊기고 나니 교회에 대해 새롭게 생각해 볼 수 있는 기회를 가지게 된 것이다. 지금도 사람들은 교회 밖에서 온라인으로 바라보며 자신이 그 교회에 속해 있다는 것의 의미를 묻고 있다.

이제 우리는 현장에서 드리는 주일 예배와 예배당을 제외하고 교회에 대한 질문을 다시 해야 한다. 핸드폰과 컴퓨터 화면으로 드리는 예배로 만나는 성도들과 교역자들의 이 공동체에 대해서, 어떤 의미에서 교회라고 할 수 있느냐에 대한 질문이다. 마치 이는 성전을 잃어버린 유대인들이 하는 질문과도 같다. 예루살렘과 성전을 떠난 이들에게 당신들이 누구냐는 질문과 같다. 이들은 치열한 고민 가운데 제사를 내려놓고 말씀을 붙잡고 씨름했고, 그 결과가 유대주의 또는 유대인이라는 정제된 정체성을 갖게 되었다. 그러면서 하나님은 이스라엘의 하나님이면서 이 세계의 창조주이심을 고백하게 된다. 그 결과가 페르시아의 고레스 왕의 고백과 아닥사스다와 다리오 왕의 고백과 선의가 에스라서에 기록된 것이다. 이와 같이 우리는 이 상황에서 하나님의 섭리를 찾아가야 한다. 그리고 우리는 어떤 공동체였는지, 그리고 온라인이라는 새로운 공간을 통하여 형성되어 가고 있는 지금의 이 공동체는 무엇인지에 대해서 신학적인 고민을 해야 한다.

교회를 우리가 사도신경에서 고백하고 있듯이 '성도의 교제', 즉 '코이노니아 하기온'으로 이해한다면 새로운 가능성을 가지게 될 것이다. 코이노니아 하기온을 좀 더 직접적으로 번역을 한다면 믿는 이들의 공동체라고 할 수 있다. 교회는 바로 믿는 이들의 공동체라고 우리는 고백하고 있다. 여기에는 다른 조건이 없다. 교회당, 정해진 주일 예배, 담임 목사, 직분과 제도 등 우리가 상상할 수 있는 교회의 이미지는 포함되지 않는다. 단지 교회는 '믿는 이들의 공동체'라는 아주 단순한 정의에서 시작한다.

우리는 질병이라는 상황 가운데 그 동안 상상했던 교회의 모든 상징들을 한 순간에 내려놓았다. 그리고 마지막 그 한 형체라고 생각했던, 주일 예배를 중심으로 모였던 공동체마저 내려놓게 되었다. 이제 상당수의 교인들은 유튜브 생중계의 조회 수와 좋아요 숫자로만 확인되고 있다. 어쩌면 실체를 확인할 수 없는 이들과 함께 우리는 이

제 한 교회를 이루어야 한다. 현실과 가상현실, 현장과 온라인의 두 영역을 아우르는 한 공동체를 이루어야 하는 과제가 우리에게 주어진 것이다. 과연 우리는 이러한 형태의 교회를 맞을 준비가 되어있을까?

이제 점점 교회가 코로나19 이전으로 돌아갈 수 없다는 것을 현실로 받아들이고 있는 분위기이다. 처음에 온라인 예배로 대체할 때만 해도 그냥 몇 주 정도 지나면 교회당으로 돌아갈 수 있을 것이라 생각했다. 그러나 이제는 그때로 돌아간다는 것은 불가능하다는 것을 실감하고 있다. 그것은 단지 주일 예배나 교회의 집회에 사람들이 참석하는 것만을 의미하지 않는다. 이제 이번 사태가 장기화 되면서 사람들은 온라인 예배로 인해 나타난 새로운 주일 생활에 적응했고 분주했던 주일 생활에 대해 새롭게 생각하고 있다. 그런데 이들이 이전의 교회생활로 돌아갈 수 있을까. 물론 한국교회의 특성상 대부분의 사람들은 주일 예배당 예배로 돌아갈 것이다. 앞에서 언급한 한목협 조사를 보면 85.2%가 예전처럼 동일하게 교회 출석하여 예배드릴 것이라고 대답했다. 그러나 12.5%는 필요한 경우 교회에 가지 않고 온라인 기독교방송으로 예배 또는 가정 예배를 드릴 수 있을 것 같다고 대답했다. 어디에 주목하느냐에 따라서 해석이 달라지겠지만 이전처럼 돌아가지 않겠다고 대답한 12.5%에 주목한다면 이것은 결코 적은 숫자가 아니다. 문제는 이러한 숫자가 앞으로 늘어나면 늘어나지 줄어들지는 않을 것이라는 사실이다.

그런데 여기서 우리가 놓치면 안 되는 부분이 있다. 분명 이것은 코로나19 사태가 만들어낸 상황이지만 이것이 결코 갑자기 나타난 현상은 아니라는 점이다. 그동안 교계에서 주목해 왔던 가나안 성도,

또는 불출석 교인에 대한 상황을 같이 보아야 한다. 불출석 교인은 그 동안 대략 전 교인의 약 11% 정도였다. 그런데 2017년 한목협에서 조사한 자료에 따르면 갑자기 23%로 두 배 이상 증가했다. 즉 불출석 교인의 비율이 크게 늘어나는 추세이다. 그런데 이제 이번 기회에 이들의 비율이 더 빠르게 늘어날 것으로 예상된다. 거기에 온라인 예배를 경험해 본이들은 불출석의 정당성마저 확보했다. 이제 불출석 교인이 나타나는 현상은 가속도가 붙게 될 것이다.

그렇다면 우리는 다시 교회가 무엇인지에 대해서 물어야 한다. 한 교회당에 모여 함께 주일 예배를 드리는 사람들을 한 교회로 보아야 할지, 온라인을 통하여 연합되어 있는 자들까지 한 교회로 보아야 할지, 아니면 실시간이 아니라 녹화된 영상을 통해서 참여하는 이들, 그도 아니면 교회 소속은 아니지만 담임 목사의 설교를 듣기 위해 조회수로 표현된 사람들까지 한 교회로 보아야 할지에 대한 것이다.

이는 마치 선한 사마리아인의 비유를 통해 예수님이 우리들에게 던진 질문과 같다. '내 이웃이 누구냐'는 율법학자의 질문에 예수님은 선한 사마리아인의 비유를 들고 그에게 '누가 강도 만난 자의 이웃이냐'는 역질문을 한다. 그것은 율법학자를 중심으로 한 용납이라는 태도에 대해서, 네가 아니라 강도 만난 자의 입장에서 이웃의 의미를 새롭게 하라는 주님의 명령이었다.

이제 우리에게 다시 질문을 해보자. 우리는 어디까지 교인으로 받아들일 것이냐는 질문에 매여 있다. 교회에 나오지도 않는 이들을 교회로 보아야 하느냐의 질문이다. 그런데 예수님은 이렇게 묻는 것 같다. 교회에 못 나오는 그들, 또는 교회를 나와야 하는 이유를 찾지 못하는 이들, 온라인을 통하여 예배를 함께 드리겠다는 그들에게 우리는 한 교회가 되어줄 수 있는가?

이스라엘은 위기 가운데 '회당'이라는 새로운 제도를 만들어 냈고, 그들은 성전을 회복한 이후에도 이 제도를 공존시켰다. 이를 통해 그들은 제사 중심의 공동체에서 말씀 중심의 공동체로 전환되었다. 그리고 유대교는 제사장에 의한 종교에서 모두의 종교로 전환되었다. 아직 실체는 나타나지 않았지만 이제 이러한 교회의 뉴노멀에서 우리는 새로운 공동체를 만들어내야 하며, 그것은 공존을 통한 새로운 신앙생활이어야 할 것이다. 우리의 회복은 이전으로의 복귀가 아니라 새로운 창조적 회복이어야 한다.

이러한 새로운 도전은 교회에 대한 개념뿐만 아니라 예배에 대해서도 동일하게 적용된다. 온라인으로 참여하는 주일 예배에 대해 어떤 정당성을 부여할 것인가의 문제이다. 코로나19 사태로 인해 많은 사람들이 주일 예배를 온라인으로 대체했다. 현재의 상황으로 인해서 이는 용납이 되는 상황이다. 그런데 앞으로도 지속적으로 이러한 예배 형태는 유지될 것인가의 문제가 남았다.

교인들 입장에서는 앞으로도 온라인 예배로 주일 예배를 대체할 수 있다는 생각이다. 앞에서 언급한 한목협 조사에 의하면 '평소 주일 예배에 대한 다음 두 가지 의견 중 어느 쪽 의견에 조금이라도 더 가깝습니까'라는 질문에 54.6%%가 온라인 예배 또는 가정 예배로도 대체할 수 있다고 했다. 오히려 주일성수 개념에서 주일 예배는 반드시 교회에서 드려야 한다는 의견은 40.7%에 머물렀다. 이 질문을 좀 더 자세히 보면 교회를 매주 출석하는 교인들의 경우도 49.5%가 대체할 수 있다고 응답을 했고, 중직자의 경우도 42.1%가 그렇다고 응답했다. 월 2-3번 정도 교회에 출석하던 교인의 경우는 71.7%가 그렇다고 대답을 해서 앞으로 이렇게 될 가능성을 높게 보여주었다.

앞으로 주일에는 교회를 가야하고, 교회당에서 성도들과 함께 예배 드려야 한다는 생각이 많이 바뀔 것으로 보인다. 그렇다면 이들이 드리는 온라인 예배를 우리가 어떻게 인정해야 하는지에 대한 질문이 생긴다. 이것을 우리가 주일성수로 인정을 해야 하느냐의 문제이다. 좀 더 나아가서 온라인으로 드리는 예배가 현장 예배와 구별되어 약식으로 진행될 경우 이 역시 예배로서 인정해야 하는지, 더 나아가서 예배 순서를 안 따르고 설교만 듣는 경우는 어떻게 봐야 하는지도 생각을 해보아야 한다.

과연 우리가 이러한 형태를 통해서 하나님께 영광을 돌리고, 하나님의 임재를 경험할 수 있는지, 성령의 역사를 경험할 수 있는지에 대한 신학적인 성찰이 되어야 하고, 교단이나 교회의 입장에서는 명확한 신학적 지도가 필요한 지점이다. 이 부분은 앞으로 지속적으로 제기될 문제이기에 장기적 입장에서 생각해 보아야 할 것이다.

3. 결론

포로기 이후 에스라를 중심으로 이루어진 회복은 포로기 이전으로 돌아가는 것을 의미하지 않았다. 유대인들은 포로기 상황에서 지난 자신들의 역사를 곱씹으며 '하나님의 백성'이 무엇인지에 대해 고민을 했다. 그 결과가 다양한 성서의 기반들이고 유대교 신학이었다. 그리고 더 나아가서는 회당이라는 새로운 종교 제도의 탄생이었다. 어떻게 보면 포로기 70년은 이후 500년 동안 유지된 이스라엘의 기초였고, 이후 2천 년을 디아스포라 상황에서도 자신들을 잃지 않고 다시 그 나라를 회복할 수 있는 근본이었다. 더 나아가서는 기독교의 입장에서 회당이라는 종교 제도를 얻을 수 있는 기회였다.

에스라를 중심으로 펼쳐진 성서에서 물론 회당이라는 제도는 언급되지 않았다. 그러나 역으로 보면 제2성전이 재건되고, 제사 중심의 종교가 회복된 상황에서 포로기의 유산인 회당의 폐지가 언급되지 않은 것은 결국 성전과 회당의 공존을 의미한다. 어쩌면 '학사' 에스라의 지위가 정치적이며 종교적인 자리였던 것을 보면 포로기의 유산을 이어갔다고 볼 수 있다. 그래서 그를 중심으로 이어진 개혁은 말씀 전통의 회복, 회당에서 볼 수 있는 공동체의 회복을 의미한다.

오늘 우리에게 주어진 과제는 코로나19 이후의 회복이다. 역시 이 회복은 그 이전의 상황으로 돌아가는 것을 의미하지 않는다. 이 시간 우리의 깊은 고민과 간절함이 새로운 이해와 새로운 제도를 만들어 낼 것이다. 결국 우리의 회복은 이러한 생각과 변화의 공존으로 나타나야 할 것이다. 그렇다면 우리는 좀 더 넓은 생각과 유연성을 가지고 다가올 변화에 응답해야 할 것이다. 성전의 전통에 매이는 것이 아니라 새롭게 나타난 회당의 전통에 의거한 창조적 회복이 답이 될 것이다.